KB143116

제2언어 교육에서 교사의 성찰
― 영어교육전문가를 위한 체계

Promoting Teacher Reflection in Second Language Education:
A Framework for TESOL Professionals

제2언어 교육에서 교사의 성찰
영어교육전문가를 위한 체계

Thomas S. C. Farrell 지음

●

최수정 옮김

도서출판 ┃동인

| 차례 |

| 도표와 표 |

역자 서문

학습자의 성공적인 영어학습을 위해 선행되어야 할 내실 있고 체계적인 교사교육의 중요성은 이제 널리 알려져 있다. 영어교육 학계에서 교사교육은 그간 활발히 연구되는 분야는 아니었지만, 구성주의에 기반을 둔 사회문화적 관점이 대두되기 시작하던 1990년대 중후반부터 그 중요성이 부각되기 시작하였으며, 이후 교사의 교육적 자질과 지식의 개발 및 이를 담당하는 교사교육에 대한 관심이 꾸준히 증가해 오고 있다. 특별히 최근 영어과 교사교육의 화두는 무엇보다 교사의 전문성 신장에 있다. 전문가로서의 교사는 영어교육 분야의 공식 이론, 즉 교육 이론, 교수법 및 교과 내용에 대한 지식을 갖추고 있을 뿐만 아니라, 이러한 이론을 다양한 변인들이 살아 숨 쉬는 실제 교육의 현장에 적용하며 교사 스스로 구축하는 실천적 지식을 지니고 있다고 여겨진다. 이러한 교사의 능동적 지식은 자신의 교수활동을 체계적이며 비판적으로 분석하고, 이를 통해 교수의 발전적 대안과 개선책을 찾아 실행에 옮기는 일련의 과정을 통해서 개발 가능한데, 이는 교사의 전문적 실행을 향상시킬 뿐만 아니라 궁극적으로 학습자의 영어능력 향상에 기여하게 된다. 이러한 교사의 능동적이고 실천적 지식 개발의 과정에 필수적인 것이 바로 성찰적 실행이다.

Farrell은 이 책에서 교사 전문성 개발의 핵심인 성찰적 실행을 장려하는 유기적이며 포괄적인 체계를 제시한다. 철학, 원칙, 이론, 실행, 그리고 실행 그 이상으로 이루어진 *실행에 대한 성찰의 체계*는 다양한 교수경력을 가진 교사 모두가 활용할 수 있도록 구성되어 있으며, 따라서 교수 경험이 없는 예비교사부터 초보교사와 경력교사 모두에게 유용한 성찰적 도구를 제공한다. 이와 함께, 이 체계는 교사의 필요와 흥미도에 따라 다양한 방식─즉 연역적, 귀납적 또는 단일 단계 성찰─으로 활용될 수 있다는 점에서 독특하다. 교사는 이 체계를 통해 자신의 실행 기저에 있는 다양한 철학, 신념, 원칙 및 이론을 발견하고 어떻게 이러한 것들이 교실 안과 밖에서 자신의 실행과 상호작용하며 영향을 주고받는지를 체계적으로 살펴볼 수 있다. 이를 위해 교사는 자신의 교수활동에 대한 자료를 모으고, 이를 바탕으로 자신의 신념과 실행을 성찰하도록 장려되는데, 이러한 증거에 기반을 둔 성찰적 실행이 Farrell이 제시하는 체계의 핵심이다. 덧붙여, 교사 실행의 사회문화적, 정치적, 도덕적 영향력 및 사회 변화에 기여하는 교사의 역할에 중점을 두는 비판적 성찰 역시 이 체계에서 강조된다.

교사의 성찰적 실행을 돕는 이 유연하고 종합적인 체계는, 성찰에 대한 이론적 배경을 개괄하는 것뿐만 아니라 이를 실제 교수 환경에 적용한 사례를 보여줌과 함께, 독자가 책의 내용을 자신만의 교수 상황에 대입하여 성찰해 볼 수 있도록 하는 부분을 각 장에 포함함으로써, 성찰에 대한 이론과 실제를 통합적으로 제시하고자 했다. 따라서 이 책은 자신의 교수활동에 대해 적극적으로 성찰하고자 하는 초보교사 및 경력교사뿐만 아니라, 성찰 및 성찰적 실행에 대한 이론적 체계와 그 적용 방식에 대해 알기를 희망하는 예비교사─학부생과 대학원생─에게, 그리고 이들을 돕는 학교 운영진 및 관리자와 교사교육자 모두에게 유용한 지침서가 될 것이다.

이 책을 번역하면서 특별히 용어의 선택에 주의를 기울였다. 우리말 용어 사용의 통일성과 보편성을 위해, 기존의 영어교육 문헌과 연구를 참고하여 독자에게 익숙한 용어를 사용하고자 하였으며, 필요시에는 역자가 문맥에 맞게 새로운 용어를 제시하기도 하였다. 또한, 독자의 이해를 돕기 위해 원어를 병기한 부분도 있다. 이와 함께 직역하기보다는 우리말의 어법과 쓰임에 맞도록 번역하여, 독자가 책의 내용을 쉽게 이해하고 받아들일 수 있도록 노력했다.

이 번역서가 출간되기까지 도움을 주신 도서출판 동인의 이성모 대표님께 감사를 드린다. 편집 과정에서 원고를 세심히 작업해 주신 박하얀 선생님에게도 감사의 마음을 표한다. 무엇보다 늘 따뜻한 격려와 지원을 아끼지 않은 사랑하는 가족에게 존경과 감사의 마음을 전한다.

2020년 2월 7일
최 수 정

서문

　성찰적 실행은 이제 법조계, 간호업계, 그리고 교육 분야와 같은 다양한 전문 분야에서 사용되고 있다. 예를 들어, 성찰적 실행은 Anzalone(2010: 86)이 설명한 바와 같이, 실제적 경험이 부족한 법학도들에게 "이론적으로 학습한 내용과 대조하여 자신의 신념과 원칙을 검토하고 점검해 보도록" 한다는 점에서 특별히 도움이 되는 것으로 여겨져 왔다. 간호업계에서 성찰적 실행은 "이론과 실행의 간극을 줄여 … 실행에 근거한 지식을 발견하도록" 한다는 점에서 중요하게 간주되어 왔다(Kim et al., 2010: 159). 교육 분야에서 성찰적 실행은 초보교사를 위한 교사교육 프로그램에서부터 경력교사를 위한 전문성 개발 프로그램에 이르기까지 교사 인생의 모든 분야에 걸쳐 주요한 영향을 끼쳐 왔다. 실제로 교육 분야에서 Zwozdiak-Myers(2012: 3)는 성찰적 실행이 교사 발전의 중심에 있다고 강조했는데, 이는 성찰적 실행이 교사로 하여금 자신의 수업에서 "일어나는 일들을 분석하고 평가하도록" 도움으로써 교수의 질을 향상시킬 뿐만 아니라 학생들에게 더 나은 학습기회를 제공하도록 돕기 때문이다. 성찰적 실행은 또한 제2언어 교육 분야, 그리고 특별히 TESOL[1)]

분야에도 영향을 주었다. TESOL 분야에서 성찰적 실행의 개념이 등장한 이래로, 전 세계의 수많은 예비교사 및 현직교사 프로그램에서 성찰적 실행은 매우 인기 있는 용어가 되었다. 하지만, 성찰이 교사에게 바람직한 활동이라는 것에 대해 대부분의 교육자들이 동의함에도 불구하고, 성찰적 실행이 구체적으로 무엇인지 그리고 어떻게 하는 것인지에 대해서는 아직까지 의견 일치가 이루어지고 있지 않으며, 모든 교사가 도입할 수 있는 전반적 체계 또한 존재하지 않는다. 바로 이것이 내가 이 책을 집필하게 된 주요 이유이다.

『제2언어 교육에서 교사의 성찰: 영어교육전문가를 위한 체계』는 교사의 교수 경험과 상관없이 모든 제2언어 교사들이 자신의 교수활동에 대해 성찰할 때 사용할 수 있는 전반적 체계를 제공한다. 이 체계는 1단계-철학; 2단계-원칙; 3단계-실행의 이론; 4단계-실행; 5단계-실행 그 이상으로 구성된 다섯 단계/수준의 개요를 제시한다. 독자는 이 체계를 활용하여 어느 단계 또는 수준에서도 성찰을 시작할 수 있다. 예를 들어, 독자는 성찰에 대한 연역적 접근방식을 선택하고 이론에서 시작하여 실행(그 이상)의 단계로 나아갈 수도 있고, 또는 실행(그 이상)에서 시작하여 이론의 단계로 이동하는 귀납적 방식을 택할 수도 있다. 또는 하나의 단계에서 성찰하고, 성찰할 시간이나 흥미도에 따라 계속해서 한 단계에 머물러 성찰할 수도 있다.

내가 이 체계를 발전시키는 데 꼬박 35년이라는 시간이 걸렸으며, 이 체계에는 성찰적 실행에 대해 성찰해 온 나의 모든 시간이 담겨 있다. 이 체계는 성찰적 실행이라는 개념에 대해 내가 읽고 집필해 온 모든 시간에 기반할 뿐만 아니라 전 세계의 교사들과 함께 작업하고 성찰해 온 시간을 바탕으로 만들어졌다. 세계 곳곳의 다양한 나라와 상황 속의 수많은 교사와 함께 성찰할 수 있었던 것은 영광이었으며, 이들을 통해 성찰적 실행이 무엇인지에 대한 나의 이해의 폭을 넓혀갈 수 있었다. 올해(2014)만 해도 나는 성찰적 실행에 대한 워크숍을 열고 연설하기 위해 두바이, 아랍에미리트, 미국,

---

1) Teaching English to Speakers of Other Languages

싱가포르, 태국, 영국, 호주, 그리고 일본에 초대받는 행운을 누렸으며, 수많은 훌륭한 전문가들을 만나 함께 성찰하면서, 성찰한다는 것의 의미에 대한 이해를 발전시켜 나갈 수 있었다. 이러한 경험을 이 책에서 제시하는 체계 속에 녹여내고자 노력했다.

책의 개요

『제2언어 교육에서 교사의 성찰: 영어교육전문가를 위한 체계』는 아홉 개의 장으로 구성되어 있다.

제1장, 「성찰적 실행 입문하기」는 이 책의 나머지 부분을 이해하기 위한 배경지식을 제공하는 서론이다. 이 장은 내가 지난 수년간 성찰적 실행이라는 개념에 대해 작업해 오며, 어디서 그리고 어떻게 실행에 대해 성찰하기 위한 이 새로운 체계를 개발했는지를 설명한다. 이 장에서 나는 이 체계의 다섯 단계/수준에 대해 간략히 개요를 제시하고, 이 체계가 교사의 교수경력과 상관없이 모든 언어교사에 의해 활용될 수 있다는 점에서 얼마나 특별한지를 설명한다.

제2장, 「사색과 성찰」은 사색, 성찰, 그리고 성찰적 실행의 다양한 측면들에 대해 개요를 제시하고 논의한다. 이 장의 주목적은 교사 성찰(TESOL 및 타 분야에서)의 주요 개념을 이론적/역사적 그리고 실용적 관점에서 소개하는 것이다. 이 장은 먼저 사색의 개념 및 그 의식의 고취 효과에 대해 간략히 논의하는 것으로 시작한다. 이 논의는 "사색"과 성찰의 차이를 간략히 설명하는 것을 포함한다. 이후 근대 철학적 선례의 틀 안에서 성찰이 논의된다.

제3장, 「실행에 대한 성찰의 체계」는 새로운 체계를 자세히 소개한다. 상기 제시한 바와 같이, 이 체계는 교사의 경험과 상관없이 모든 교사에게

적용 가능한 성찰의 서로 다른 다섯 단계로 이루어져 있다. 이 다섯 단계는 다음과 같다: 1단계-철학; 2단계-원칙; 3단계-이론; 4단계-실행; 그리고 5단계-실행 그 이상.

제4장, 「철학」은 교사의 기본 철학이 그(그녀)의 어린 시절부터 예비교사 및 그 이후까지의 발전과정을 반영한다는 점에서, 어떻게 이러한 기본 철학이 교사의 교수 방식의 중심에 있는지를 소개하고 논의한다. 이러한 철학은 교사의 이야기를 반영하며, 교사의 개인적 신념 및 가치관의 발달과 같은 세부 사항들이 이 단계에 반영되어 있다.

제5장, 「원칙」은 교사가 자신의 교수활동을 지휘할 때 사용하는 원칙에 관한 최신 주제들을 기술하고 논의한다. 이 장은 교사의 가설, 신념, 그리고 가설과 신념을 형성하는 요인들에 대한 교사 개념을 탐구한다.

제6장, 「이론」은 교사가 어떻게 자신의 이론에 대해 성찰할 수 있을지에 대해 기술하고 논의한다. 교사가 이 단계에서 의식적으로 성찰할 때, 그들은 어떤 이론이 자신의 일반적인 수업계획 접근법에 내재되어 있는지를 주목하게 된다. 이 장은 또한 교수활동 중인 교사의 사례를 어떻게 보고하고 분석하는지 뿐만 아니라 결정적 사건을 구체적으로 살펴볼 것인데, 이는 이 둘 모두 교사 이론을 자세히 보여주는 지표이기 때문이다.

제7장, 「실행」은 교사의 교수활동에 있어 실제 무슨 일이 일어나는지, 그리고 교수활동에 대해 성찰하는 것이 왜 그리고 어떻게 이 책에서 제시하는 전반적 체계의 핵심 부분인지를 논의한다. 이 장은 교사가 교수활동에 대해 성찰하기 위해, 어떻게 실행연구 프로젝트를 활용하는지 뿐만 아니라 수업관찰에 참여하고, 기록하며(녹음 그리고/또는 녹화), 자신의 수업을 전사할 수 있는지를 소개한다.

제8장, 「실행 그 이상」은 교사로 하여금 자신의 수업을 벗어나 실행에 대해 성찰함에 있어 사회문화적, 도덕적, 감정적 영향력을 살펴보도록 장려한다. 비판적 성찰의 개념을 논의한 후, 이 장은 교사가 어떻게 교사 성찰 그룹

내의 다른 교사들과의 대화를 통해 비판적 성찰에 참여할 수 있는지 소개한다.

제9장, 「체계 활용하기」는 다양한 교수경력을 가진 교사들이 체계를 전체적으로 활용하고 적용할 수 있는 방법을 논의한다. 이 장은 또한 교사 커리어에 있어 서로 다른 단계에 있는 교사들이 자신의 교사개발 필요에 따라 이 모델을 적용하고자 시도하는 예를 소개하고 논의한다.

이 책의 특징

이 책은 명확하고 이해하기 쉬운 방식으로 쓰였으며, 언어 교사교육이나 성찰에 대한 기존 배경지식 또한 필요하지 않다. 이 책이 편한 문체와 이해하기 쉬운 어휘로 구성되어 있다는 점에서, 원어민 및 비원어민 교사 모두 책의 내용과 교감할 수 있을 것이다.

교사가 어느 단계/수준에서 성찰을 시작하느냐와 상관없이, 각 장에는 (1장을 제외하고) 이들이 잠시 멈추어 각 섹션에서 제시한 내용과 관계있는 성찰적 질문들을 생각해 볼 수 있는 「성찰의 시간」이 있다. 이 책이 성찰적 실행을 장려하고자 하기 때문에, 교사가 잠시 멈추어 읽은 내용 및 책에 제시된 아이디어에 대해 어떻게 생각하는지 성찰하는 이러한 시간이 나는 중요하다고 생각한다. 물론 어떤 교사들은 제시된 질문 모두에 대답하고자 할 때 압도되었다고 느낄 수도 있을 것이다. 따라서 모든 질문에 답하고자 하는 것보다 가장 흥미롭고 관심이 있는 질문들을 적절히 선택하는 것을 제안한다. 이 책은 다양한 독자를 위해 광범위한 질문들을 제공하고자 했기 때문에, 각 독자의 특별한 교수 상황에 가장 흥미로운 질문들을 결정하여 답하기 바란다. 또는 먼저 각 장을 읽고 그 후에 어떤 질문이 흥미로운지 결정하거나, 혹 너무 바쁘다면, 일단 각 장을 읽고 추후 시간이 날 때 다시 돌아와 성찰의 시간에 제시된 질문들을 고려해 볼 수도 있을 것이다.

이와 함께, 대부분의 장에는 결론 뒤에 「이 장에 대한 성찰」이란 부분이 있는데, 이 부분은 교사가 각 장과 관련하여 성찰해 볼 수 있는 더 많은 아이디어를 제공한다. 각 장의 「이 장에 대한 성찰」(그리고 「성찰의 시간」)에서, 독자는 스스로의 성찰에 대해 글로 작성하거나, 동료(들) 또는 한 무리의 교사들과 함께 성찰에 대해 논의해 볼 수 있다. 만약 독자가 먼저 성찰 질문에 대한 답을 작성하기를 원한다면, 글쓰기를 통해 자신만의 성찰을 시작할 수 있으며, 이후 이 책의 나머지 장에서 설명하는 성찰 체계의 자세한 사항들에 대해 읽어볼 수 있을 것이다. 따라서 이는 자신의 교수활동에 대해 교수저널을 작성하기 시작하는 적절한 시기가 될 것이다(Farrell, 2013 참조). 어떤 형식으로든(펜과 노트를 사용하든 컴퓨터에 문서를 작성하든) 저널을 작성한다는 것은 언어교사가 문제를 제기하고, 성찰하고, 교실 안과 밖에서 그들이 무엇을 하는지 분석하도록 도울 것이다. 이는 내가 앞서 제시한 바와 같이, 글을 쓴다는 행동 그 자체가 교사가 잠시 멈추어서 자신의 교수활동에 대해 작성한 것을 의식적으로 살펴보도록 돕는 내장된 성찰적 장치를 가지고 있기 때문이다.

독자층

실행에 대한 성찰의 체계가 교사의 교수경력과 상관없이 모든 제2언어 교사를 위해 고안되었다는 점에서, 이 책은 예비교사, 초보교사, 그리고 경력교사 모두에게 적합하다. 예를 들어, CELTA[2]와 DELTA[3]의 수업, 그리고 응용언어학/TESOL의 대학원 수업을 수강하는 학생들은 자신의 기본 이론과

---

2) Certificate in English Language Teaching to Adults
3) Diploma in English Language Teaching to Adults

실행 및 실행 그 이상에 대해 성찰하기 위해 이 체계를 사용할 수 있다. 이와 함께, 초보교사부터 좀 더 경험이 많은 교사에 이르기까지 교수활동을 하고 있는 언어교사들은 자신의 교수활동에 대해 성찰하기 위해 이 체계를 사용할 수 있다. 또한, 현직 교사개발 프로그램에 등록했거나, 또는 혼자서, 동료 교사와, 비판적 친구와 혹은 한 무리의 교사들과 함께 성찰하는 데 관심이 있는 경력교사들도 자신의 교수활동에 대해 성찰하는 데 이 체계를 사용할 수 있다.

이 책은 초보교사 및 경력교사를 위한 교사개발 기회를 제공할 책임이 있는 프로그램 책임자나 관리자에게도 적합할 것이다. 프로그램 책임자는 초보교사들에게 이 책을 읽도록 권함으로써, 그들에게 매우 중요한 첫해를 더 잘 준비할 수 있도록 도울 수 있다. 덧붙여, 많은 교사들은 수년간의 교수활동 이후 환상이 깨지고 실망하게 되는데, 따라서 프로그램 책임자는 성찰적 실행의 다양한 측면에 대해 잘 알게 되어, 교사들이 성찰적 실행을 통해 그들의 교수활동에 다시 전념할 수 있도록 돕는 것에 관심이 있을 것이다.

아무쪼록 여러분들이 이 책의 내용과 함께 즐거운 성찰적 여행을 떠날 수 있기를 바란다.

1장
성찰적 실행 입문하기

서론

　지난 20여 년간 교사교육 또는 교사개발 프로그램을 설명하는 데 널리 사용되어 왔던 유행어 중 하나는 "성찰"reflection 또는 "성찰적 실행"reflective practice이다. 좀 더 거슬러 올라가면, 1930년대 미국의 위대한 교육자 John Dewey에게서, 그리고 그 이후 상당 기간의 소강상태를 지나 1980년대 초, Dewey의 제자였던 Donald Schön의 이론에서 이러한 용어의 흔적을 찾아볼 수 있다. 서론과 이 책의 나머지 장을 읽으면서 명확해지겠지만, 지난 35년간 성찰적 실행에 대한 나의 저서들은 이 두 학자에 의해 많은 영향을 받았다. 서론은 이 책 전체의 배경지식을 제공할 것이며, 이와 함께 내가 어떻게 성찰적 실행 분야를 연구하게 되었는지, 그리고 지난 35년간의 성찰적 실행에 대한 저술을 통해 어떻게 이 책에서 소개하는 이론적 체계를 발전시켜 왔는지를 보여줄 것이다.

성찰적 실행 속으로

성찰적 실행이란 개념은 나의 교육자로서의 삶에 아주 일찍 그리고 비밀스럽게 다가왔는데, 물론 그때 나는 이 용어에 대해서 잘 알지 못했다. 1977년 어느 날, 나는 아일랜드 더블린의 한 고등학교에서 예비교사로서 해야 하는 교수활동의 일환으로, 중학생들에게 비즈니스 영어를 가르치고 있었다. 4주 차 즈음, 수업에서 한 학생이 갑자기 소리를 질렀다. "선생님, 선생님은 멍청해요!" 그 당시 나는 어떻게 반응해야 할지 몰라 그냥 깜짝 놀라서는 서 있었다. 비록 몇 분간 충격을 받은 상태였지만, 내 기억에 나는 그 학생에게, 선생님에게 그런 말은 할 수도 없고 해서는 안 된다고 말하고, 사과의 편지를 쓰지 않는다면 내 수업을 다시 들을 수 없을 것이라고 했다. 다음 날 수업 직전에 그 학생은 자신이 작성했다는 사과의 편지를 내밀었다. 그 편지에는(아직까지 나는 이 편지를 가지고 있다) 그가 왜 전날 나에게 그렇게 말했는지에 대한 이유가 담겨 있다. "선생님, 제가 어제 선생님에게 멍청하다고 한 것은 선생님이 엊그제에도 내준 똑같은 숙제를 어제도 내주었기 때문이에요. 그래서 선생님은 멍청한 거예요."

그 쪽지를 읽었을 때, 나는 그제서야 내가 그 전날 학생들에게 내준 똑같은 숙제를 실수로 어제도 내주었다는 것을 깨닫게 되었다. 내가 깨달은 또 다른 한 가지는 우리는 학생들이 선생님의 이야기에 관심을 가지지 않을 것이라고 생각할 수도 있지만, 사실 그들은 귀 기울이고 있다는 것이었다. 안타깝게도, 어제 그 이야기를 한 학생은 학교에서 선생님들이 통제하기 어렵다고 느끼는 수업활동의 중심에 늘 있었기 때문에, 선생님들에게 "문제" 학생으로 여겨져 온 학생이었다. 그렇지만 나는 그와 늘 좋은 관계를 유지했는데, 아마도 이는 그가 그 나이 때의 나의 모습을 상기시켰기 때문인 듯하다. 나는 이 "결정적 사건"critical incident을 결코 잊어버릴 수가 없다. 이는 내가 지난 수십 년간 성찰적 실행이라는 주제를 가지고 일해 왔던 것을 돌이켜 봤을 때, 이 일이야말로 Schön(1983)이 말한 행위 중 성찰reflection-in-action(그 학생의 말에 대한 나의 즉각적 반응)과 행위에 대한 성찰reflection-on-action(그 후 나의 반응)에 대해 내가 처음으로 알게 된 계기가 되었음을 깨달았기 때문일 것이다. 그 이후 오랫동안 나는 다양한 교실, 교수 환경, 그리고 다양한 나라에서 행위 중 성찰과 행위에 대한 성찰의 순간들을 경험했는데, 이 초기의 경험이야말로 내 마음속에 오랫동안 각인되어 왔다. 물론 내가 Schön의 성찰적 실행에 관한 주요 저서들을 정독하기 전까지는 성찰적 실행의 진정한 의미를 제대로 알지 못했지만 말이다.

이와 함께 이즈음에(나는 한국 서울에서 영어를 가르치고 있었다) 나는 나의 교수활동에 대해 관심을 가지기 시작했고, 어느 날 문득 내 수업에서 무슨 일이 벌어지고 있으며 내가 어떻게 이를 알 수 있을지가 궁금해졌다. 나는 점점 더 내가 수업에서 무엇을 하는지, 어떤 방식으로 그리고 어떤 이유로 그런 활동을 하는지를 되돌아보는 데 관심을 가지게 되었고, 나의 교수활동에 관해 내가 어떻게 탐구할 수 있을지에 대해 적극적으로 찾아서 읽기 시작했다. 결국, 나는 정식으로 성찰적 실행을 하기로 결심하고 박사과정에ー최근 나의 저서(Farrell, 2013)에서 기술한ー입학했다. 박사과정 기간 동안 나는 성찰적 실행의 개념에 완전히 빠져들었으며, 이 매력적인 개념에 대한 나의 연구의 틀을 갖추어 나가기 시작했고, 그 이후로 제2언어 교육 분야에서 성찰적 실행에 대한 개념을 연구하는 데 내 커리어의 평생을 바치게 되었다. 물론 이제 성찰적 실행이라는 용어는 전 세계적으로 예비교사 교육이나 현직교사 전문성 개발 프로그램에 널리 알려져 있다(거의 필수이다). 마치 모두가 성찰적 실행이라는 시류에 편승하고 있는 듯하며, Tabachnik과 Zeichner (2002: 13)가 언급하듯, "교사교육자 중 성찰적 태도를 지닌 예비교사를 교육하는 데 관심이 없다고 말할 사람은 없는 듯하다."

하지만 나는 이 책이 성찰적 실행이라는 개념이 제2언어 교육 분야에서의 또 다른 유행어는 아님을 보여주고자 한다ー비록 몇몇 학자들은 이 개념이 지난 수년간 그 명확성을 잃게 되었다고도 말했지만 말이다. 한편, 대부분의 교사교육자들은 여전히 어떤 형태로든 성찰이 바람직하다고 믿는 반면, 이들 사이에 그 개념의 정의 또는 "성찰적"이 무엇을 의미하는지에 대해서는 합의가 이루어지지 않았다. Tabachnik와 Zeichner(2002: 13-4)가 지적하듯이, 실제로 "성찰적 실행을 위한 기준이 너무 다양해서" 우리는 교사가 무엇에 관해 성찰해야 하는 것인지, 또는 "성찰 과정에서 어떤 종류의 기준이 필요한지"에 대해 여전히 모르고 있다. 이러한 혼란의 이유 중 하나는 지금까지 교육학과 제2언어 교육 분야에서 너무나 많은 성찰에 대한 정의, 활동, 전략 그리고 접근법이 우후죽순 쏟아져 나왔으며, 이러한 접근법이나 모델 간에는 교사들이-그들의 교육경력과 상관없이-매일의 교수활동에 적용할 수 있는 일관성이 없었기 때문이다(이 주제에 대한 좀 더 구체적인 논의는 1장 참조). 하지만, 이 책에서 나는 다양한 교수경력을 가진 교사들을 위한 성찰적 실행을 총망라하는 종합적인 체계를 제공할 것이다.

나는 35년이 넘는 기간 동안 아일랜드, 한국, 싱가포르, 미국, 그리고 캐나다에서 가르치면서 성찰적 실행 체계의 가능성을 연구해 왔다. 이 기간 동안 나는 성찰적 실행에 관한 많은 문헌을 정독했는데, 결국은 상기 언급한 것처럼 나의 연구에 계속해서 영향을 미쳐왔고 지금도 영향을 미치고 있는 두 학자-John Dewey와 Donald Schön-의 저서로 되돌아오곤 했다. 내가 이들의 이론에 끌린 이유는 이들의 접근법이 매우 실용적이어서, 학자들에게 깊은 인상을 주기보다는 교육의 최전선에서 일하는 교사들에게 도움이 될 수 있기 때문이다. 아일랜드와 한국에서 영어교사로 일했던 나의 초기 경험을 상기시켜 본다면, 나는 여전히 연구실보다는 교실 안에서의 실제의 삶과 더 연결되어 있다. 나는 성찰적 실행이 교사를 위한 탁상공론의 또 다른 형태일 뿐이라고 생각하지 않으며, Dewey와 같이, 이를 하나의 체계적인 연구의 형태 또는 증거에 기반을 둔 성찰적 실행이라고 생각하는데, 이것이 바로 내가 믿는 바이며 이 책의 전반에 걸쳐 드러나는 핵심이다. 나는 Donald Schön의 실용적인 이론에도 끌렸는데-그는 Dewey의 연구 이론에 관해 박사 논문을 썼다-특히 그가 제시한 행위 중 성찰의 개념, 즉 가르치는 도중에 성찰하는 것이 흥미로웠다. Dewey와 Schön의 업적은 성찰이라는 개념을 특정 상황에 대한 일상에서의 단순한 궁금증(또는 무엇인가에 대해 행동은 취하지 않으면서 그저 곰곰이 생각해 보는 것)을 넘어서서 좀 더 철저한 형태의 성찰적 사고 개념으로 변화시켰다는 점에서 매우 중요하다. 이러한 성찰적 사고를 통해 교사는 실행 가능한 해결책을 찾기 위해 파악한 문제점을 체계적으로 연구하게 된다.

초기 체계

나는 초기에 Dewey와 Schön의 이론을 아우르는 실행에 대한 성찰 모델 또는 체계를 개발하고자 했었는데, 이 모델은 교사로 하여금 증거에 기반을 둔 성찰적 실행에 참여하도록 독려했다(예를 들어, Farrell, 2004를 참조). 그 당시 나의 성찰 모델은 현직교사들이 "자신의 직업 정체성을 확립하고 교수활동에 대해 더 책임감을 가지도록"(Farrell, 2004: 6) 할 것이라는 개념을 강조했었다. 성찰적 실행에 대한 이 체계(Farrell, 2004)는 다섯 개의 구성 요소로 이루어져 있다: (a) 다양한 기회와 활동, (b) 기본 규칙, (c) 성찰의 네 가지 시간 또는 범주의 제공, (d) 외부 입력, 그리고 (e) 신뢰. 이 체계의 가장 중요한 점은 교사가 성찰할 수 있도록 기회를 제공하는 것이며, 나는 여전히 이것이 유용하다고 믿는다. 나는 최근에도 캐나다의 교사 성찰 그룹에 속한 경력교사들과 이 모델을 성공적으로 사용했고, 이 모델이 자신의 교수활동에 대해 성찰하기를 희망하는 교사들에게는 여전히 유용하다고 믿는다. 하지만, 이와 함께 이 모델은 전체적인 접근법에 있어 너무 일반적이고, 교수활동에 대한 성찰 중 세 가지 방식-그룹 토론, 수업관찰, 그리고 성찰적 글쓰기-만을 다룬다는 것도 인정한다. 또한, 이 방식은 멘토교사의 도움이 없다면 초보교사가 실행하기는 다소 어려울 수도 있다. 따라서 나는 성찰에 있어 좀 더 깊이를 제공하고 교수경력과는 관계없이 모든 교사를 아우르는 새로운 체계를 개발하고자 했다(새로운 모델에 관해서는 1장 참조).

새로운 체계의 개발

　　최근 나는 다른 학자들뿐만 아니라 Dewey와 Schön의 저서들을 다시 정독했다. 이와 함께, 영어교육전문가를 위한 성찰적 실행의 체계를 개발할 수 있을지 알아보기 위해, 세 명의 캐나다 경력 영어교사들과 함께한 나의 연구(Farrell, 2014)를 찾아보며 나의 초기 성찰 모델을 다시 살펴보았다. 이와 함께 다른 모델이나 체계들도 점검했는데, 이는 이러한 모델들로부터 내가 고려할만한 유용한 아이디어를 찾을 수 있을까 해서였다. 예를 들어, 내가 "순환 모델"Loop Model이라고 칭하는 Donald Schön과 Chris Argyris의 모델은 단일 순환 학습 및 이중 순환 학습이라는 개념을 발전시켰다(Argyris and Schön, 1974 참조). 나는 이 모델의 자세한 내용보다는 계속해서 순환하는 (또는 문제를 구성하고 재구성하는) 부분이 마음에 들었다. Schön의 이론도 다시 살펴보았는데, 그의 이론에서 그는 기술적 합리성technical rationality과 암묵적 지식tacit knowledge의 차이, 즉 이론과 실행의 간극에 대해 논했다. Schön은 전문가들이 어떻게 실행을 통해서 "알게 되는지"에 대해 관심을 가졌는데, 이는 전문가들은 자신들이 말로 설명할 수 있는 것보다 훨씬 더 많이 그들의 실행에 대해서 안다고 Schön이 확신하고 있었기 때문이다. Schön(1983: vii)이 논의하듯이, "우리는 실행에 대한 인식론을 탐구할 필요가 있다. 유능한 전문가들이 알고 있는 지식의 유형은 무엇인가? 전문가 지식은 학문적 교재, 학술 논문, 그리고 학회지의 지식 유형과 어떻게 비슷하거나 비슷하지 않은가?" Dewey처럼, Schön은 성찰은 전문적 활동에서 시작한 다고 주장했는데, 이때 어떤 활동은 "엉망이거나" 혼란스러울 수도 있다. 따라서 교사가 교과내용지식—그들의 이론적 지식(기술적 합리성)—을 안다고 하더라도, 이것이 실제 교수활동이 어떠할지를 설명해 줄 수는 없는데, 이는 교사가 이러한 실제 교실 경험으로부터 암묵적 지식을 얻기 때문이다. 따라서 교사는 행위 후 성찰(수업 후)뿐만 아니라 행위 중 성찰을 해야만 하며, 이러한 성찰은 향후 교사가 행위를 위한 성찰reflection-for-action을 하는 것을 도울 수 있도록 어떤 형태로든 기록되어야만 한다(Farrell, 2004 참조). Stanley(1998: 585)가 언급하듯이, 이러한 것들이 "성찰적 실행가가, 자신의 행위 기저에 있는 이유와 신념을 검토하고 향후 대안적 행위를 고려하기 위해 자신의 일에 대해 그 순간에(행위 중 성찰) 또는 회고적으로(행위에 대한 성찰) 살펴볼 때, 그들이 하는 것을 말한다."

　　이 책에서 제시하는 성찰 체계의 개발에 영향을 준 또 다른 모델/체계는 심리학 분야의 Shapiro와 Reiff(1993)의 모델이다. Shapiro와 Reiff(1993)는 자신들의 모델을 실행에 대한 성찰적 탐구reflective inquiry on practice, RIP라고 칭했는데, 이 모델은 성찰의 과정을 다섯 개의 기본 단계—철학, 기본 이론, 기술 이론, 기술, 그리고 행동—로 나누었다. 비록 이 모델은 자신의 실행을 분석하는 데 관심이 있는 경력 전문가들을 인터뷰할 목적으로 개발되었지만 (회고적 분석과 같은 논의를 통해), 그리고 비판적 성찰과 같은 중요한 이슈는 다루지 않지만, 그럼에도 불구하고 나는 성찰의 여러 단계 또는 수준이라는 아이디어가 좋다고 생각했고, 따라서 언어교사들을 위한 나의 새로운 *실행에 대한 성찰의 체계* 안에 이와 비슷한 것을 포함하기로 했다. 이 책에 제시된 새로운 체계의 다섯 단계/수준은 다음과 같다: 철학, 원칙, 이론, 실행, 그리고 실행 그 이상. 3장에서 새로운 체계의 개요를 소개하고 좀 더 자세히 논의할 것이다.

결론

　　본 서론에서 나는 지난 수년간의 성찰적 실행에 대한 나의 작업을 통해서 어떻게 *실행에 대한 성찰의 체계*를 개발했는지 체계화하고자 했다. 성찰의 다섯 단계/수준으로 이루어진 이 새로운 체계는 교수 경험과 상관없이 모든 언어교사들이 사용할 수 있다. 내가 알고 있는 바로는, 이러한 전반적인 체계가 우리 분야에는 존재하지 않기 때문에 새로운 체계는 조금 독특하다고 할 수 있겠다. 또한, 교사는 실행 그 이상 또는 자신의 교실을 넘어서 성찰하도록 장려되는데, 이는 제2언어 교육 분야에서는 꽤 등한시되었던 실행에 대한 성찰의 한 부분이다. 남은 장들은 성찰(과 사색)의 개념, 체계, 그리고 어떻게 체계가 모든 교사들에 의해 활용될 수 있는지를 설명할 것이다.

2장
사색과 성찰

서론

"성찰"이라는 용어는 라틴어 "reflectere"에서 온 것인데 "몸을 뒤로 젖히거나"(Valli, 1997: 67) 뒤돌아보고, 과거의 사건이나 이슈를 좀 더 인식하게 된다는 의미이다. 어떤 교사들은 대부분의 사람이 자신이 하는 일에 대해서 생각해 보는 경향이 있다는 점에서—예를 들어, 수업 전에 무엇을 할 것인가에 대해 그리고/또는 실제 수업이 어떻게 진행되었는지에 대해 생각해 보는 교사와 같이—성찰을 상식적인 사고라고 생각할 수도 있다. 몇몇 학자들은 이러한 성찰은 정해진 순서에 의한 체계적인 성찰을 다루지 않기 때문에 진정한 의미의 성찰적 실행이 아니며, 따라서 성찰적 실행이라는 개념에 포함되면 안 된다고 제안해왔다. 물론 나 역시도 이러한 "상식"적 성찰이 애매모호하고 잘 정리되어 있지 않은 경향이 있다는 데 동의하지만, 이 책에서 제시하는 바와 같이 추후 더 훈련이 되고 정돈된 성찰을 위한 중요한 예비단계가 될 수 있다고 믿는다. 나는 교사들이 자신의 "상식적 성찰"을 좀 더 발전시킬 수 있으며, 이러한 성찰이 좀 더 발전되었을 때 "사색적 성찰 실행" contemplative reflective practice 단계에 들어갈 것이라고 믿는다. 이 장에서 나는 의식을 고취하는 성찰적 도구로서 사색contemplation의 개념을 소개할 것이고, 3장에서는(새로운 체계의 1단계/수준 – 철학 – 하에서) "사색적 성찰 실행"을 좀 더 자세히 논의할 것이다. 이와 함께 이 장에서 나는 성찰적 실행의 정의, 접근법, 목적, 그리고 모델/체계의 개요를 서술하고 논의하고자 한다. 이러한 논의는 다양한 교수 경험을 가진 교사들의 성찰을 가장 잘 촉진하도록 돕는 성찰적 실행의 체계를 소개하기 위한 준비가 될 것이다(3장 참조).

사색

사색이라는 개념과 그 의식을 고취하는 효과는 오랫동안 종교와 철학의 한 부분이었다. 예를 들어, 불교에서 불자들은 "지금 여기"에 좀 더 집중하도록 장려되었고, 실존주의에서는 인간의 피할 수 없는 필사mortality에 대해 깊이 생각해 보도록 한다. 이러한 사색은 개인을 사색 과정의 중심에 놓지만, 이들로 하여금 사색에 대해 통제하거나 조정하도록 하지 않음으로써 오히려 자신의 주변에 대해 더욱 신경을 쓰고 의식하도록 만든다. Miller(1994: 3)가 설명하듯이 이러한 사색의 과정에 참여한다는 것은 "개인이 주변에서 무슨 일이 벌어지고 있는지에 대해 통제하고자 하지 않는 근본적인 개방성"을 가진다는 것을 의미한다. 이러한 사색은 어떤 개입도 없이 "조심스럽게 집중하고 조용한 경이로움을 느끼며"(Buchman, 1989: 39) 현재의 순간에서 자신을 의식적으로 관찰할 수 있도록 하는 것을 의미하는데, 이를 통해 결국 우리가 인간으로서 누구인지를 더욱 의식하도록 한다.

나는 이러한 사색이 교사가 스스로를 먼저 인간으로서 자각할 수 있도록 하기 때문에, 좀 더 체계적이고 증거에 기반을 둔 성찰적 실행의 선도적 단계가 될 수 있다고 믿는다. 이와 함께 나는 우리가 이러한 암묵적 지식을 보통 무의식 속에 가지고 있기 때문에, 우리가 누구인지 그리고 어떻게 세상과 상호작용 하는지에 대한 지식을 얻기 위해서는 사색을 해야 한다고 믿는다. Polanyi(1967: 4)가 언급하듯이, 대부분의 우리 지식은 단어로 표현하기 힘들고, "우리는 우리가 말로 표현할 수 있는 것보다 훨씬 더 많이 알고 있다." 따라서 암묵적 지식에 대한 Polanyi(1962, 1967)의 관점에서 본다면, 사색은 앎의 예비논리적 단계가 될 수 있다고 말할 수 있겠다. 예를 들어, Polanyi(1962: 54)는 개인이(어떤 분야에 있든) 능숙하게 일을 수행할 때, 이러한 수행은 "행동, 인식, 그리고 판단을 포함하는데, 우리는 어떻게 일을 처리해야 하는지에 있어 이러한 것들을 즉각적으로 알며, 수행하기 전 또는 수행하는 동안에 생각할 필요가 없다"고 주장한다. 이러한 실행을 하는 개인은 이러한 능력을 배웠다거나 또는 어떻게 처음에 이러한 것들을 능숙하게 처리할 수 있도록 알게 되었는지를 인식하지도 못할 것이다. 개인은 그저 수행할 뿐이다. 사실 이는 우리가 군중 속에서 어떤 이의 얼굴을 알아볼 때, 마치 말로 그 얼굴의 특징을 열거할 필요가 없는 것과 같은데, Polanyi(1967: 5)는 이를 다음과 같이 설명한다. "우리가 인간의 얼굴을 인식할 때, 우리는 어떤 신호에 의해서 이를 인식할 수 있는지 매우 애매모호하게 외에는 말할 수 없다." 나는 이를 "사색적 성찰 실행"(좀 더 자세한 설명을 위해서는 3장 참조) 그리고 "성찰"에 꼭 필요한 예비논리적 단계라고 칭할 것인데, 이러한 사색적 성찰 실행을 통해 우리는 인간으로서 우리가 누구인지를 더 잘 자각할 수 있게 된다. 언어교사에게 인간으로서 우리를 인식하는 것은 교사의 성찰에 있어 꼭 필요한 출발점인데, 이는 Knezedivc(2001: 10)가 지적하듯이 "우리가 무엇을 하는지"에 대해 성찰하기 전에 "우리가 누구인지"를 알아야 하기 때문이다.

성찰의 시간

- 당신은 사색적인 사람인가요?

- 사색이 당신의 일에 어떻게 영향을 미쳤나요?

- 성찰이 사색과 같다고 생각하나요?

- 당신은 성찰과 성찰적 실행을 어떻게 정의하나요?(당신의 정의를 다음 부분 및 그 이후 나오는 「성찰의 시간」에서 읽을 내용과 비교하세요.)

성찰

상기 언급한 것처럼 사색과 성찰에는 차이가 있다. 두 개념 모두 스스로를 좀 더 인식하도록 하지만, 사색할 때는 사색하는 사람과 그가 사색하는 주제(대상) 사이에 구분이 없다. 하지만 성찰할 때는, 성찰하는 사람이 의식적으로 무언가(대상)에 대해 생각하기 때문에 이 둘 사이에 구분이 있다(Miller, 1994). 따라서 성찰은 일반적으로 우리가 무엇을 하며 왜 그것을 하는지에 대해 의식적으로 생각하는 것을 의미한다. 교육학 분야에서는 지금까지 성찰과 성찰적 실행을 설명하기 위해 다양한 용어들이 사용되었는데, 그 정의에는 다음의 주요 단어들이 포함된다(이탤릭체는 저자 강조); 즉, 성찰은 *교수활동에 대한 개인의 신념, 경험, 태도, 지식, 그리고 가치관의 영향 및 함의에 대해 인식하고, 검토하고, 심사숙고하는 과정*으로 여겨진다(Copeland et al., 1993; Bailey, 2010; Farrell, 1999b, 2012, 2013; Hatton and Smith, 1995; Stanley, 1998). Jay와 Johnson(2002: 76)이 제시하듯이, "성찰은 경험과 불확실성을 수반한 개인적이며 협동적 과정이다. 성찰은 중요하다고 드러난 문제에 대해 질문과 주요 요소들을 파악하고, 이에 대해 자신 및 타인과의 대화 속에 참여하는 것이다."

제2언어 교육 분야에서 성찰적 실행은 교사가 자신의 교수 신념과 활동에 대해 적극적으로 자료를 수집하고, 미래의 교수활동을 위해 수집한 자료에 대해 성찰하는 접근법으로서 대두되었다(Bailey, 2010; Farrell, 2010, 2012; Perfecto, 2008). 이러한 증거에 기반을 둔 성찰 접근법은 교사로 하여금 충동이나 루틴에 기초하여 교수법적 결정을 내리는 것을 피하도록 하며, 그들이 수집한 자료를 활용하여 자신의 실행에 대해 더 잘 알고 교수법적 결정을 내릴 수 있도록 장려한다(Chien, 2013; Farrell, 2014; Perfecto, 2008). Richards와 Lockhart(1994: 1)의 성찰적 실행에 대한 정의는 이러한 증거에 기반을 둔 성찰적 접근법을 잘 요약해 주는데, 그들은 교사로 하여금 "자신의 교수에 대한 자료를 모으고, 자신의 태도, 신념, 가설, 그리고 교수활동을 점검하며, 모은 자료를 스스로의 교수에 대해 비판적으로 성찰할 수 있는 근간으로서 사용하도록" 장려한다.

지금까지 나는 성찰에 대해 교실 안에서의 사건과 교수활동의 루틴을 검토하는 것에 초점을 맞추며, 성찰을 기술적으로 다루었다. 하지만, 교실 수업은 외부와 단절된 상태에서 일어나지 않으며(교실 문이 닫혀 있기 때문에 그렇게 느껴지기도 하지만), 우리의 교수활동에 중립적인 것은 아무것도 없다. 따라서 성찰적 실행은 교수활동이 일어나는 문화적, 사회적, 정치적 맥락을 비판적으로 분석하는 것을 포함해야 한다(Smith, 2011). 이는 비판적 성찰이라고 칭해지는데, Brookfield(1995: 8)가 지적하듯이 이러한 비판적 성찰에는 두 가지 목표가 있다: "(1) 어떻게 힘power에 대한 고려가 교육적 과정 및 상호작용을 뒷받침하고, 만들어 내며 왜곡하는지를 이해하고, (2) 우리의 교사로서의 삶을 더 편하게 만드는 듯하지만 실제로는 우리의 장기적 관심사에 불리하게 작용하는 가설과 실행에 문제를 제기하는 것"이 바로 그것이다. 비록 최근까지 영어교육 분야에서 대체로 무시되어 왔지만, Graham Crookes와 같은 학자들은 "자신이 맞닥뜨린 문제에 대한 해결책을 찾고 그에 따라 행동할 준비가 되어 있는 … 적극적인 시민을 배양해 내는, 사회정의를 위한 교수활동"을 포함하는 좀 더 많은 비판적 제2언어 교수법이 필요함을 주장해 왔다(Crookes, 2013: 8). 이 책에서 제시하는 *실행에 대한 성찰의 체계*도 *실행 그 이상에 대해 성찰하기*라는 장에서(8장 참조) 이러한 비판적 성찰에 대해 다룰 것이다.

성찰의 시간

● 다음에 제시된 성찰적 실행에 대한 서로 다른 정의를 읽으세요. 이러한 정의에 대해 당신은 얼마나 이해했으며, 어떤 정의를 그리고 왜 그 정의를 따르기로 했나요?

　Ghaye와 Ghaye(1998: 16): "성찰적 실행은 우리가 하는 행동, 교수 및 학습 그 자체로의 활동, 그리고 교수와 학습이 일어나는 상황에 대한 우리의 사고를 향상하기 위한 방법이다."

　Cruickshank와 Applegate(1981: 553): "성찰은 교사로 하여금 무슨 일이 일어났는지, 왜 그런 일이 일어났는지, 그리고 목표를 성취하기 위해 다른 무엇을 할 수 있었는지에 대해 생각하는 것을 돕는다."

　Hatton과 Smith(1995: 35): "성찰은 나아지기 위해 자신의 행동을 건설적으로 비판하는 것 그 이상이다"; 성찰은 "특별한 이데올로기를 받아들이는 것을 의미한다."

　Loughran(2002: 34): "성찰적 실행은 학습과 교수활동에 접근하는 데 의미 있는 방법이다. 이를 통해 교수활동 및 교수활동에 대해 가르치는 것에 대해 더 잘 이해할 수 있다."

성찰 수준

많은 학자들은 성찰적 실행이 다양한 사람들에게 서로 다른 것을 의미할 수 있기 때문에 이를 정의하는 것은 어렵다고 말한다(예를 들어, 상기 제시한 「성찰의 시간」 참조); 하지만, 교사가 활용할 수 있는 성찰의 기본적인 세 수준에 대해서는 일반적인 동의가 이루어져 있다(비록 이들을 설명하기 위해 서로 다른 용어를 사용할 수도 있지만)(예를 들어, Farrell, 2004, 2007a; Jay and Johnson, 2002; Larrivee, 2008; Van Manen, 1977). 이 세 수준은 *서술적*descriptive(교사의 교수 능력에 초점), *개념적*conceptual(교수활동에 대한 근거), 그리고 *비판적*critical(교수활동의 사회문화적, 도덕적, 그리고 윤리적 결과에 대한 검토—상기 제시된 비판적 교수법 참조)으로 칭해진다. 아래에 제시된 것처럼 Jay와 Johnson(2002: 77-9)은 이 세 수준에 대해 매우 잘 요약했는데, 두 번째 수준에 대해서는 다른 용어를 사용하였다(이들은 이를 *비교 성찰*comparative reflection이라고 칭한다).

- *서술적 성찰*은 상황이나 문제에 대해 서술하는 것을 수반한다.
- *비교 성찰*은 상황을 다른 관점에서 성찰하기 위해 생각해 보는 것을 의미한다. 교사는 해당 문제를 해결하고자 하는 동시에 자신의 가치관과 신념에 대해 의문을 제기하고자 시도한다.
- *비판적 성찰*은 교사가 상황/문제점의 가능한 모든 다른 관점 및 관련된 사람들—교사, 학생, 학교, 그리고 지역공동체—을 살펴보는 것을 포함한다.

첫 번째 수준인 *서술적 성찰*은 교수활동에 대한 묘사 및 "나는 무엇을 하는가?"와 "나는 어떻게 그것을 하는가?"라는 질문에 대한 대답을 포함한다. 다음 수준인 *개념적* 또는 *비교 성찰*은, "당신은 왜 그것을 하는가?"를 묻는데,

이에 답하기 위해 교사는 자신의 교수활동을 개념화해야 하며, 이를 다른 사람들의 교수활동과 비교해야 한다. 상기 언급된 것처럼, 이 두 수준 그 자체만으로는 *비판적 성찰*을 구성하지 못하는데, 이는 세 번째 수준이야말로 자신의 교수활동을 넘어서서 교실 밖의 상황을 검토하는 것을 의미하며, 이와 함께 교수활동의 사회적, 정치적, 윤리적, 도덕적 측면에 대해 성찰해 보는 것을 아우르기 때문이다(이에 대해 8장 참조). 몇몇 학자들은 비판적 성찰이 성찰의 가장 중요한 수준이기 때문에 각 교사가 도달하기 위해 열심히 노력해야 하는 것으로 보았다. 이 문제에 대해 내가 동의할 수 있을지는 잘 모르겠다. 왜냐하면 내 생각에는 성찰의 다른 두 수준—서술적 그리고 개념적 수준—역시 많은 교사에게, 특히 교사교육 기관에서 그리고 첫 교수활동을 하면서 발전해나가고 있는 초보교사에게는 너무나도 중요한 성찰 수준이기 때문이다(Farrell, 2007a). 각 교사는 언제 한 수준에서 다음 수준으로 넘어갈 준비가 되었는지에 대해 스스로 결정할 수 있다. 이 모든 수준은 이 책에서 제시하는 *실행에 대한 성찰의 체계*에 포함되어 있다.

성찰의 시간

- 상기 논의된 세 수준(서술적, 개념적, 그리고 비판적)의 성찰에 대해 당신은 얼마나 이해하고 있나요?

- 당신의 성찰 수준은 어디쯤이라고 생각하나요: 서술적, 개념적, 또는 비판적?

- 교사는 어떤 수준에서 성찰해야 하며 왜 그런가요?

- *당신의 성찰 수준을 점검해 보세요*: 비록 다음의 질문들이 아주 과학적이지는 않지만, 그럼에도 당신의 성찰 수준이 어디쯤인지를 고려하는 시작점이 될 수 있을 것이며, 이를 통해 당신이 어떤 수준에서 성찰하기를

원하는지 논의하는 데 도움이 될 것입니다(Taggart와 Wilson, 1998에서 개작). 다음의 서술문을 읽고 각 서술문에 당신이 동의하는 숫자에 동그라미 치고, 다음과 같이 당신의 답에 점수를 주세요: *4 = 거의 항상; 3 = 정기적으로; 2 = 때에 따라; 1 = 거의 하지 않음.*

나는 나의 교수활동과 관련하여 문제점이나 궁금한 점을 찾아낼 수 있다. 4 3 2 1

나는 학생들의 필요에 따라 문제점/궁금한 점을 분석한다. 4 3 2 1

나는 나의 결정을 지지하거나 반박하는 증거를 찾는다(2번에서). 4 3 2 1

나는 윤리적 맥락에서 문제점/궁금한 점을 바라본다. 4 3 2 1

나는 문제점/궁금한 점을 해결하는 데 조직화된 접근법을 사용한다. 4 3 2 1

나는 판단을 내릴 때 직관적이다. 4 3 2 1

나는 문제점/궁금한 점을 창의적으로 해석한다. 4 3 2 1

나의 행동은 문제점/궁금한 점의 상황에 따라 다양하다. 4 3 2 1

나는 이미 정해진 루틴이 가장 편하다. 4 3 2 1

나는 나의 교수활동과 관련된 가치관에 강한 책임감을 느낀다. 4 3 2 1

나는 학생들의 교육적 필요에 즉각 반응한다. 4 3 2 1

나는 나의 교수활동과 관련된 개인적 목표와 행동을 점검한다. 4 3 2 1

나는 나의 교수활동과 관련된 사고에 유연하다. 4 3 2 1

나는 문제를 제기하는 성격을 가지고 있다. 4 3 2 1

나는 나의 교수활동 및 행동에 대한 동료 피드백을 환영한다. 4 3 2 1

나는 수업에 혁신적인 아이디어를 사용한다. 4 3 2 1

나의 교수활동의 초점은 수업 목표이다. 4 3 2 1

교수법에 최상의 접근법이란 없다. 4 3 2 1

나는 성공적인 교사가 되는 데 필요한 능력을 가지고 있다. 4 3 2 1

나는 성공적인 교사가 되는 데 필요한 내용지식을 가지고 있다. 4 3 2 1

나는 학생들의 필요에 맞게 나의 교수법을 의식적으로 수정한다. 4 3 2 1

나는 적절히 과업을 완성한다. 4 3 2 1

나는 교수활동과 관련된 개념, 절차, 그리고 능력을 이해한다.　　4 3 2 1

나는 나의 교수활동이 가지는 사회적 함의를 고려한다.　　4 3 2 1

나는 장기적 교수 목표를 세운다.　　4 3 2 1

나는 나의 교수활동을 스스로 점검한다.　　4 3 2 1

나는 나의 교수활동의 효과성을 평가한다.　　4 3 2 1

나의 학생들은 대체로 나의 수업 목표를 달성한다.　　4 3 2 1

나는 나의 교수활동에 대해 규칙적으로 글을 쓴다.　　4 3 2 1

나는 실행연구를 한다.　　4 3 2 1

점수 합산 절차: 동그라미 친 모든 점수를 더하세요: 총 계 ＿＿＿＿

　　어떤 수준이 가장 뚜렷한가요? *서술적 = 75점 이하; 개념적 = 75점에서 104점; 비판적 = 105점에서 120점.*

　　○　당신은 어떤 속성이 성찰적 교사를 가장 잘 나타낸다고 생각하나요?

　　○　상기 제시된 각 서술문에 대한 예를 기술하세요: 각 서술문의 특징을 나타내는 예나 행동을 기술하세요

　　○　교사는 어떤 수준에서 성찰해야 하나요?

성찰에 대한 접근법

　　상기 논의한 바와 같이 성찰적 실행에 대해 다양한 정의가 존재해 왔던 것처럼, 성찰적 실행에 대해 수많은 접근법이 있으며, 서로 다른 접근법을 설명하기 위해 학자마다 서로 다른 용어를 사용해 왔다는 것은 놀랍지 않다. 몇몇 용어는 1970년대 처음 출현한 이래로 존재해 왔는데(예, Schön, 1983, 1987; Van Manen, 1977), 이들은 아래 제시된 것처럼 제2언어 교육 분야의

최신 문헌에서도 사용되고 있다.

- *기술적 합리성*: 확립된 연구와 이론을 바탕으로 교수에 있어 교수 기술의 사용 및 즉각적 행동을 면밀히 살펴보는 것(Chien, 2013).

- *행위 중 성찰*: 상황이 발생할 때 그 즉시 문제를 다루는 것. 이러한 성찰 방식은 성찰적 대화를 수반하는데, 이때 실행가는 문제를 해결하는 것보다 그 상황에 귀 기울여 문제를 확인하는 상호적 과정에 참여하게 된다(Chien, 2013; Farrell, 2014; Yang, 2009).

- *행위에 대한 성찰*: 수업 후 자신의 교수활동에 대해 회고하는 것. 이러한 "회고적" 성찰 방식은 교사가 자신의 수업에서의 행동과 태도에 대한 이유를 탐구하는 것을 포함한다(Chien, 2013; Farrell, 2010, 2012; Majid, 2008; Yang, 2009).

- *행위를 위한 성찰*: 교사가 수업에서 어떤 일이 벌어질지 예상하며 미래의 행동을 안내하기 위해 하는 적극적 사고이며, 이는 앞서 설명한 성찰 방식의 결과에 기반할 수 있다(Chien, 2013; Farrell, 2013).

- *실행연구*: 교실에서의 교수활동을 향상시키기 위해 교사가 진행하는 자기성찰적 연구이며, 교실 밖에서의 성찰 또는 비판적 성찰을 포함할 수 있다(Chien, 2013; Crookes, 2013).

성찰적 실행의 접근법에 관한 이러한 논의는 아래에 제시된 바와 같은 성찰적 실행과 관련된 다양한 단계에 대한 논쟁 또한 수반한다(이러한 주제에 관심이 있고 시간적 여유가 있는 독자는 각각의 개념에 대한 좀 더 자세한 설명을 위해 다양한 인용문헌을 찾아볼 수 있을 것이다):

1. *문제 확인하기*: 의심이 가는 상황은 문제가 있다고 여겨진다(Farrell, 2012; Josten, 2011).

2. *해결책 제시하기*: 문제에 대한 가능한 해결책을 만들어 낸다(Farrell, 2012; Burton, 2009).

3. *해결책 테스트하기*: 잘 정제된 해결책을 찾았다면, 이러한 가설에 기반을 둔 해결책을 테스트해 본다; 이때 테스트는 실제 행동을 통해서 또는 생각을 통해서 행해질 수 있다(Bailey, 2010; Farrell, 2010, 2012; Perfecto, 2008).

4. *성찰을 통해 배우기*: 성찰적 과정은 교사로 하여금 문제가 확인된 교수 상황을 이해하도록 하는 데 향상을 가져온다(Bailey, 2010; Farrell, 2010, 2012; Chien, 2013).

상기 제시된 다양한 단계들을 요약하면서, Loughran(2002: 42)은 성찰적 실행이 효과적이기 위해서는 그 실행이 "교수활동 상황을 구성 및 재구성하고, 행위를 통해 이러한 구성된 틀을 발전시키고 반응할 수 있는 교사의 능력으로부터 도출되어야 한다'고 지적한다. "이를 통해 교사의 행위 중 지혜가 향상되며, 특별히 교사의 전문적 지식을 설명하는 능력도 장려될 것이라고" 말한다. 또한 Dewey(1933)는, 비록 성찰에 대한 접근법이 주로 인지적이지만, 성찰이 진정으로 의미 있도록 만들기 위해서는 일련의 태도 역시 수반되어야 효과적일 수 있다는 점을 지적한다. 그는 진정으로 성찰적이 되고자 하는 교사는 (적어도) 세 가지의 특징(또는 태도)을 가지고 있어야 한다고 설명한다. 이러한 교사는 *개방적*이어야 하고, *책임감*이 있으며, *진심을 다해야* 한다. 이러한 교사는 어떠한 이슈에 있어 한쪽의 이야기 외에 다른 쪽의 이야기도 듣고, 자신이 틀릴 수도 있다는 것을 적극적으로 받아들이고자 하며 *개방적*이되어야 한다. 이로 인해 자신의 신념이나 교수활동을 변화시킬 의지 역시 가지고 있어야 한다. 이러한 교사는 또한 자신의 행동이 학생, 지역공동체, 그리고 사회 전반에 영향을 줄 수 있다는 것을 이해하기 때문에 이러한 행동이 가져올 결과를 세심하게 고려하며 *책임감을 가져야* 한다. 이와 함께, 이러한 교사는 자신의 신념이나 행동을 끊임없이 돌아보고, 인간으로서 그리고 교사로서 배우고 자신을 개발할 수 있는 모든 기회를 찾으며, 성찰적 실행에 대한 접근법에 *진심을 다해야* 한다. 이러한 성찰적 성향을 유지하기 위해서, 교사는 자신의 커리어를 통해 계속해서 행위 중, 행위에 *대해*, 그리고 행위를 *위해* 성찰해야 하는 것이다.

성찰의 시간

- 당신은 행위 중 성찰, 행위에 대한 성찰, 행위를 위한 성찰, 그리고 실행 연구가 서로 어떻게 연결되어 있다고 생각하나요?

- 문제 해결과 문제 제기의 차이는 무엇이라고 생각하나요?

- 당신은 Dewey의 성찰적 실행과 관련된 세 가지 근본적 태도에 동의하나요? 당신은 각각의 태도를 어느 정도를 갖추고 있나요? 당신이 생각하기에 성찰적 실행가가 갖추어야 할 또 다른 바람직한 특징 및 성향에는 어떤 것들이 있나요?

성찰 목적

성찰적 실행에 대한, 초기의 매우 숭고한 그리고 모든 것을 아우르는 목적은 Argyris와 Schön(1974)에 의해 제시되었는데, 이는 오늘날에도 여전히 의미가 있다. 그들은 성찰의 목적은 신념과 가치관을 좀 더 신실하게 반영하는 세상을 만드는 것이라고 말한다. 나는 이것이야말로 교사이든 또는 의사, 과학자, 간호사, 출입국 관리관, 쓰레기 수거인이든, 이들로 하여금 자신의 행동에 대해 책임을 지도록 한다는 점에서 모든 학문 분야에 있어 성찰적 실행의 진정한 정수라고 생각한다. 우리는 우리가 되고자 하는 사람들이며, 우리의 행동은 우리가 누구인지를 반영해야만 한다. 이에 덧붙여, 아래에는 교육학 및 의학과 같은 다양한 학문 분야로부터 차용하여 영어교육전문가들을 위해 개작된 성찰적 실행을 하는 열 개의 목적이 제시되어 있다.

1. 영어교육에 대한 개인 이론을 개발하여 지식의 소비자보다는 창출자가 돼라.

2. 교수활동에 대해 서술한 후, 성찰을 통해 개념적 수준에서 영어교육 이론이 제시될 수 있고, 이는 다시 직업적, 사회적, 정치적 수준에서 변화를 가져올 수 있다.

3. 영어교육에 있어 이론과 실제의 통합이 이루어질 수 있도록 하라.

4. 영어교사가 증거에 기반을 둔 성찰적 실행을 통해 자신의 신념과 교수활동을 탐구할 수 있도록 하라. 이는 교수활동에 대한 전문가적 책임감을 받아들이도록 할 것이다.

5. 교수활동과 관련된 신념에 있어 왜곡이나 실수를 수정할 수 있도록 하라. 이를 통해 교사는 학생들에게 도움이 되지 않는 교수활동을 인식하고 그만두게 될 수 있다.

6. 증거에 기반을 둔 성찰적 실행을 통해 실제 문제를 확인하고 서술하며 해결할 수 있도록 하라.

7. 성찰적 실행을 통해 영어교사의 자존감과 자신감을 향상시켜라.

8. 증거에 기반을 둔 성찰적 실행을 통해 영어교육 분야에서 교사의 가시

성을 높여라. 이를 통해 사람들이, 영어가 모국어가 아닌 화자에게 영어를 가르친다는 것의 복잡성을 깨달을 수 있도록 하라.

9. 영어교육전문가로서 자신의 역할의 본질과 한계를 탐구하고 이해할 수 있도록 지원하라.

10. 영어교육 분야에서 미래의 도전과 변화를 직면할 때 필요한 자원과 탄력성을 개발하라.

성찰의 시간

- 당신의 직장에서(그리고 삶에서) 당신은 어떤 목적으로 성찰을 활용하고 있거나 활용해 왔나요?

- 교수활동에 대해 성찰하면서, 영어교육전문가로서 상기 제시된 열 개의 목적을 논하고, 당신에게 중요한 순서대로 순위를 매기세요.

- 다른 목적을 추가할 수 있나요?

성찰 모델

성찰을 증진하기 위해 이제까지 수많은 모델, 체계, 그리고 전략이 사용되어 왔다. 대부분의 모델은 교사에게 유용하지만, 너무 많은 모델과 체계가 존재하기 때문에, 그리고 논의를 간결하게 하기 위해서, 여기에서 나는 성찰적 실행에 대한 나의 생각에 영향을 주었고, 특히 이 책에서 제시하는 *실행에 대한 성찰의 체계*(3장 참조)를 개발하는 데 영향을 준 주요 모델 및 체계만을 소개할 것이다.

비록 내가 성찰적 실행을 이해하는 데 도움을 준 다양한 모델이나 체계가 있다는 것을 인정하지만, John Dewey(1933)의 *성찰적 탐구*reflective inquiry 모델이야말로 성찰적 실행에 대한 지난 35년간의 나의 작업에 큰(아마도 가장 큰) 영향을 주었다. Dewey(1933)는 교사가 성찰적 실행을 하고 싶다면, 가장 먼저 해야 하는 가장 중요한 것 중 하나는 사고와 행동 사이의 간격을 늦추는 것이라고 주장했다. 이것이 의미하는 바는 우리가 어떤 이슈나 문제를 검토하는 기회를 갖기 이전에 결론으로 뛰어들어서는 안 된다는 것이며, 이는 Dewey에 따르면 성찰적 탐구의 다섯 가지의 주요 단계를 따름으로써 성취할 수 있다:

1. *제안*: 의심이 가는 상황은 문제가 있다고 여겨지고, 애매모호한 제안이 가능성 있는 해결방안으로 제시된다. 예를 들어, 언어 교수에서(또는 어떤 분야이든지 간에) 우리는 학생들이 글을 쓸 때 많은 문법적 실수를 하는 것을 보았을 것이다. 하지만, 이 단계에서 우리는 어떤 판단도 하지 않으며, 학생들을 비난하기보다는 다른 이유를 찾아본다. 이러한 실수는 아마도 우리의 교수법이나 교육과정과 관계있을 것이다. 우리는 아직 모른다.

2. *지식화*: 문제에 대해 우리가 느끼는 어려움이나 당혹감은 해결해야 할 문제로 지식화된다. 이제 우리가 감지한 문제는 해결해야 할 문제로 바뀌고, 우리는 질문을 함으로써 문제를 정제화하기 시작한다. 예를 들어, 이제 나는 학생들의 문제점이 나의 문법 수정과 관계가 있는지를 질문하기 시작한다.

3. *도움이 되는 아이디어*: 여러 가지 제안이 주요 아이디어 또는 가설로서 사용된다. 초기의 제안은, 사실적 자료를 모으는 데 있어, 관찰 및 다른 작업을 시행하고 안내하기 위해 임시 가설로 사용될 수 있다. 우리는 이

제 '나는 교사로서 학생들의 오류를 수정하는 데 무엇을 하는가'와 같은 좀 더 세부적인 것들을 살펴보기 시작하며, 문법 수정이 담긴 학생들의 보고서를 점검하고 문법 수정에 대한 기존 문헌들을 살펴볼 것이다. 이를 통해 교사는 학생들의 모든 문법적 실수를 수정할 필요는 없다는 것을 알게 된다. 그 결과, 나는 이 문제가 나의 수정하는 방식과 관계가 있다는 것을 알고 이를 바꾸어야만 한다고 결심한다.

4. *사고하기*: 사고하는 것은 현재와 과거의 아이디어를 이어주고, 성찰적 탐구를 통해 얻은 가설을 자세히 설명하는 데 도움이 된다. 따라서 사고하는 것을 통해 나는 선택적 문법 수정방식을 활용하기로 하지만, 아직까지는 새로운 방식이 효과가 있을지 확신하지 않는다.

5. *가설 테스트하기*: 새로운 아이디어가 생겼고 이러한 가설을 테스트하게 된다. 테스트는 행동 또는 생각(상상적 행동)을 통해서 행해질 수 있다. 이제 나는 실제 교수활동에서 행동과 관찰을 통해 나의 선택적 문법 수정방식을 테스트 및 모니터하기 시작한다. 만약 성공한다면, 나의 해결책에 대해 매우 긍정적인 결론을 내릴 수 있다. 만약 실패한다면, 다른 해결책을 시도하고 어떤 일이 벌어지는지 관찰해야 한다.

상기 제시된 성찰적 탐구 주기는 교육학과 영어교육 분야에서 제안된 실행연구 절차와 매우 비슷하다. 성찰적 실행에 대한 나의 이론 역시 증거에 기반을 둔 성찰적 실행을 장려한다는 점에서 이러한 성찰적 탐구 주기에 영향을 받았다. 이 성찰적 탐구 주기는 지난 수년간 다른 학자들의 이론에도 영향을 주어, 이 모델에 근거한 이론을 성립할 수 있도록 했다. 예를 들어, Boud 등(1985)은 성찰적 사고의 세 가지 범주(경험, 성찰, 그리고 결과)를 기반으로 하는 순환적 모델을 제안했는데, 이 이론에서는 성찰적 실행의 한 요소로서 감정을 강조한다. Zeichner와 Liston(1996: 24) 또한 루틴 행동과 성찰적 행동을 구별하여 설명할 때 Dewey(1933)의 아이디어를 받아들였다. 이들은 교사에게 "루틴 행동은 주로 전통, 외부적 권위, 그리고 환경에 의해서 영향을 받지만" 성찰적 행동은 "어떤 신념이나 지식에 대해 적극적으로, 끈질기게, 그리고 신중하게 고려하는 것을 필요로 한다"고 주장한다. Zeichner와 Liston (1996: 44-7)의 체계는 성찰적 실행에 대한 문헌에 등장하는 수많은 비슷한 모델의 선구자인데, 이 모델은 성찰의 다섯 측면 또는 단계로 구성되어 있다.

1. *빠른 반응*: 어떤 일이 벌어지면 교사는 바로 행동한다. 교사는 즉각적으로 성찰하며 행동한다. 이는 즉각적인 행위 중 성찰과 일치한다.

2. *바로 잡기*: 교사는 일어난 일에 대해 생각하기 위해 잠시 멈춘다. 그 상황을 바로잡으려고 시도할 수도 있다. 1단계보다 좀 더 신중한 행위 중 성찰이다.

3. *검토하기*: 교사는 그 상황을 재평가하기 위해 시간을 갖는다(몇 시간 또는 며칠). 이는 지연된 또는 격식을 차리지 않은 행위에 대한 성찰의 한 형태다.

4. *연구하기*: 교사는 그 상황에 대해 모든 면에서 연구한다. 이는 좀 더 체계적이고 의도적인 행위에 대한 성찰이다.

5. *재이론화하기/연구하기*: 교사는 이전 네 단계의 성찰에서 발견한 것을 바탕으로 상황을 재고하고, 잘 정립된 이론이나 다른 사람들이 취한 해결책을 살펴보면서 좀 더 장기적인 성찰을 한다.

성찰적 실행의 매우 영향력 있는 또 다른 초기 모델—최근에는 때로 문헌에서 잊힌 듯하기도 하지만—은 Kolb와 Fry(1975)에 의해 개발되었다. 그들은 성찰의 네 단계를 계획했다: (1) 경험, (2) 성찰적 관찰, (3) 추상적 개념화, 그리고 (4) 적극적 실험. 교육학 분야의 많은 저자와 학자들은 이후 이들의 이론을 바탕으로 성찰적 실행을 증진시키기 위한 성찰 모델을 개발했다. 예를 들어, 성찰적 실행을 위한 ALACT[4] 모델을 개발하면서, Korthagen (1985)은 Kolb와 Fry(1975)의 모델을 개작했으며, 이 새로운 모델은 그 이후 많은 교사교육 프로그램에서 사용되어 왔다. ALACT 성찰 모델은 다섯 단계로 구성되어 있다: (1) 행동, (2) 행동 되돌아보기, (3) 필수적 측면 인식하기, (4) 행동을 위한 새로운 방법 만들기, 그리고 (5) 시도—이는 그 자체로 새로운 행동이며 따라서 새로운 주기의 시작점이다. 이와 함께, 경험적 학습과 성찰적 관찰을 통한 학습 스타일 이해하기에 관한 Kolb(1984)의 이론은 이 책에서 논의하는 성찰적 탐구의 개념에 영향을 주었다.

이 책의 서론에서 언급한 것처럼, 실행에 대해 성찰하기 위한 나의 초기 모델(Farrell, 2004; 2007a) 역시 이 책에서 제시하는 새로운 체계를 개발하는 데 영향을 주었다. 나의 초기 모델은 경력교사를 위해서 그들의 실제 교실에서의 교수활동에 근거하여, 실행에 대해 성찰하기 위한 전반적인 접근법을 설명하고자 했다(Farrell, 2004). 이 체계는 다음과 같은 다섯 개의 서로 연결된 성찰 단계로 구성된다:

1. 다양한 활동을 통해 교사가 성찰할 수 있도록 서로 다른 기회 제공하기.

2. 성찰 과정과 각각의 활동에 기본 규칙 만들기.

3. 네 개의 서로 다른 시간의 범주(개별, 활동, 발전, 성찰) 제공하기.

4. 풍부한 성찰을 위한 외부 입력 제공하기.

5. 낙담한 감정적 상태에 대비하기.

이 체계는 여전히 사용되고 있으며 주로 개별 교사보다는 자신의 교수활동에

---

4) A = Action; L = Looking; A = Awareness; C = Creating; T = Trial

대해 성찰하기를 원하는 교사 그룹을 위한 것이다(주로 경력교사를 위한 것이지만, 초보교사도 사용할 수 있다. 이때 초보교사의 성찰을 도울 수 있는 촉진자의 도움과 함께 사용할 것을 제안한다). 간략히 설명하자면, 이 체계는 성찰을 위한 특별한 도구를 제공함으로써 교사에게 성찰할 수 있는 기회를 만들어 줄 것을 제안한다. 교사가 이러한 기회를 활용할 수 있는 기본 도구는 저널 쓰기, 수업관찰, 그리고 그룹 토론이다. 이러한 전략은 개별적으로 또는 협동적으로 활용될 수 있다. 상기 제시한 기본 규칙이라는 것은, 성찰에 "집중"하기 위해서는 성찰을 위한 규칙이 필수적이라는 개념을 의미한다. 이러한 규칙에는 누가 그룹 모임 및 수업관찰을 주도할 것이며, 어떻게 성찰이 일어날 것인가를 결정하는 것을 포함하는데, 성찰이 일어나기 전에 논의되어야 한다. 또한, 교사는 성찰에 있어 중요한 네 유형의 시간에 대해 이해하고 있어야 한다: 개별 시간은 한 그룹에서 각 개인은 얼마나 많은 시간을 성찰에 투자해야 하는가를 설명한다; 활동 시간은 얼마나 많은 시간을 성찰 활동에 쏟을 것인가를 의미한다; 발전 시간은 개인이 성찰할 수 있는 사람으로 발전되기 위해서 필요한 시간을 나타낸다; 성찰 시간의 기간은 교사가 성찰하고자 하는 시간의 길이를 의미한다. 외부 입력이라는 네 번째 요소는 교사가 자신의 성찰 결과를 검토할 때 동료와 비교하는 것, 그리고 이론과 연결하는 것을 포함한다. 나의 초기 모델의 마지막 부분은 성찰적 실행에 있어 신뢰의 중요성에 대해 논한다. 교사가 자신의 생각을 자유롭게 공유할 수 있도록 성찰 환경이 서로를 지지하고 보살피도록 하는 것은 필수적이다. 이 체계에서 나는 또한 성찰적 실행은 개별 교사의 필요에 맞도록 조정되어야 함을 제안했다(이것이 어떻게 가능한지에 대한 논의를 위해서는 Farrell, 2001 참조).

마지막으로 제시할 모델-이 책에서 제시하는 체계를 개발하는 데 영향을 주었다고 이전 장에서 이미 언급한 모델-은 심리학자인 Shapiro와 Reiff(1993)의 모델이다. 이 두 명의 임상 심리학자들은 평생교육 분야에 몸

담고 있으며, 자신의 실행에 대해 더 잘 이해하기를 원하는 경력 전문가들을 위한 성찰 모델을 개발하는 데 관심이 있었다. Shapiro와 Reiff(1993)는 성찰적 실행을 개인의 실행과 이론을 검토하는 적극적 과정이라고 보았으며, 이러한 과정을 *실행에 대한 성찰적 탐구*Reflective Inquiry on Practice, RIP라고 칭했다. 이 모델은 특정 단계 또는 수준으로 나뉘어 있는데, 1단계는 실행의 *철학*을 검토하는 것이다(그들은 이를 개인의 실행에 있어 가장 강력한 원인이라고 여겼다). *기본 이론*이라 불리는 2단계 성찰이 그 뒤를 따른다(그들은 이 단계를 철학보다는 덜 영향력이 있다고 봤는데, 이는 기본 이론이 철학적 전제에서 파생되었기 때문일 것이다). Shapiro와 Reiff(1993)가 실행과 관계있다고 여긴 기본 이론 접근법에는 McGregor(1960)의 조직적 상황에서 사람들의 동기에 대한 X이론과 Y이론 태도가 포함되어 있다. 3단계 성찰은 그들이 *기술의 이론*이라고 칭하는 것을 포함하는 *실행의 이론*이다. *기술*이라 불리는 4단계 성찰이 그 뒤를 따른다. Shapiro와 Reiff(1993)는 이 단계에서 실행가들이 자신의 의도적 전문적 행동을 성찰한다고 언급했는데, 이때 이러한 행동은 자신의 강의, 역할극, 대화, 패널 토론, 그룹 문제해결 활동, 시뮬레이션, 그 외 그들이 참여하는 활동들을 검토하는 것을 포함한다. 성찰의 마지막 단계인 5단계는 *개입* 또는 *행동*이라고 불린다. Shapiro와 Reiff(1993)는 행동을 전문적 실행에서 직접적으로 관찰되는 행동방식이라고 설명한다.

Shapiro와 Reiff(1993)는 자신들의 모델을 Schön(1983, 1987)의 이론과 구별했는데, 이는 그들이 행위에 대한 성찰—즉, 행위 중이 아니라 사건 이후—에 초점을 두었기 때문이다. 또한, 성찰은 서로 지지하는 그룹 상황에서 일어나야 한다고도 덧붙인다(나의 초기 모델처럼). 하지만, Shapiro와 Reiff(1993)는 자신들의 체계가 성찰의 목적에 있어 전문적 실행을 향상시키기 위해 다양한 탐구 단계 간의 관계를 이해한다는 점에서 Argyris와 Schön(1974)의 성찰 및 이중 순환 학습과 비슷하다고도 말한다. 또한, 이 체계는 그들이 "전문가"라고 칭한 경력 전문인들이 Kolb(1984)가 말한 성찰적 관찰에 참여하도록 돕기 위해 고안되었는데, 이는 이를 통해 전문가들이 자신의 실행 패턴을 눈여겨볼 수 있게 하기 위함이다. 내가 Shapiro와 Reiff(1993)의 체계에 끌린 것은 이 모델이 성찰의 과정이 자연스럽게 흘러가도록 하기 때문이었다. 이를 통해서 나는 성찰의 다양한 단계라는 아이디어—즉, 이론에 대해서 성찰하고 이후 교수라는 기술에 대해서, 그리고 실행 그 이상으로 변화하는—를 얻을 수 있었다. Shapiro와 Reiff(1993: 1380)는 우리가 "행위 또는 실행에 대해 성찰하는 데 관심이 있다면 물어봐야 할 전략적 질문들을 모르기" 때문에, 우리의 메타이론을 명확히 해야 할 필요가 있다고 언급하는데, 나는 이에 동의한다. 이 책에서 내가 제시하는 체계가 바로 교사들이 자신의 메타이론을 검토하도록 돕는 모델이며, Shapiro와 Reiff(1993)가 경력교사에게만 집중한 것과 달리, 나의 체계는 교사의 교수 경험과 관계없이 어떤 교사라도 사용할 수 있다.

성찰의 시간

- 상기 제시한 모델 중 어떤 것이 당신에게 흥미로우며 왜 그런가요?

- 서로 다른 모델 간의 차이는 무엇인가요?

- 어떤 모델이 당신이 하는 일에 적용 가능한가요?

- Zeichner와 Liston(1996)의 성찰의 다섯 단계를 보세요. 어떤 교육자들은 교사가 첫 두 단계 이상 나아가지 못한다고 말합니다. 왜 그럴 것이라고 생각하나요?

- 나의 성찰적 실행 모델이 당신에게 어떻게 유용할 것이라고 생각하나요?

- 성찰적 실행을 고려할 때 왜 시간이 중요한 요소인가요? (예, 나의 모델에는 네 개의 서로 다른 시간이 있습니다: *개별*: 각 교사가 성찰에 투자

하는 시간; 활동: 각 활동에 쓰는 시간; 발전: 자신의 일에 대한 성찰의 결과로서 개별 교사가 발전하는 데 드는 시간; 성찰: 개별 교사(그리고 두 명의 또는 한 그룹의 교사들)가 성찰하는 데 쓰는 시간)

- 당신은 왜 내가 교사는 외부로 눈을 돌려 다른 이들이 해온 것을 확인해야 한다는 아이디어를 포함했다고 생각하나요? 교사는 이러한 외부적 입력을 어디에서 얻을 수 있을까요? 교사는 어떤 연구를 읽을 수 있을까요? 어떤 책이나 논문이 적절할까요? 당신은 이제 교육의 일환으로 또는 전문성 개발의 일환으로 이러한 연구를 읽나요?

- Shapiro와 Reiff(1993)의 실행에 대한 성찰적 탐구 모델이 다소 복잡하지만, 이 모델은 개인의 가치관이 그들의 이론적 선택을 결정하고, 이러한 이론적 선택은 다시 실행에 이르도록 영향을 미친다는, 즉 이론에서 실행으로 변화한다는 것을 제안합니다. 이러한 흐름의 과정에 대해 당신은 어떻게 이해하고 있나요?

- 당신이 만약 자신만의 성찰 모델을 개발한다면, 이 모델에 무엇을 포함할 것이며 왜 그런가요?

- 당신은 어떻게 당신의 모델을 사용할 건가요?

상기 제시된 성찰적 실행의 다양한 정의, 접근법, 목적, 그리고 모델을 검토하면서, 우리는 대부분의 모델이 결국 성찰은 과정으로서 가장 잘 정의될 수 있으며, 성찰을 행한다는 것은 특정 단계에 적용된 구체적 전략을 활용하는 것으로 가장 잘 설명될 수 있다고 제안함을 확인할 수 있다. 이 장에서 개괄한 대부분의 모델은 문제점을 확인하는 것에서 시작하고 이후 교사가 그 문제점에 대해 자료를 모아 자세히 검토하며, 어떤 형태로든 행동을 하고, 그 이후 결과를 점검하게 된다. 따라서 대부분의 모델은 문제점을 이해하는 데 필요한 새로운 증거를 만들어내기 위해 성찰을 장려한다.

나는 이러한 모델들이 증거에 기반을 둔 성찰적 이해를 장려한다는 점에서 매우 흥미롭다고 생각하지만, 아직까지 어떤 모델도 모든 교사—예비교사와 초보교사부터 가장 경험이 많은 교사까지—를 아우르는 전반적인 실행에 대한 성찰 모델을 제공하지는 못한다. 실제로 대부분의 모델은, 교수경력이 어떠하든지 간에, 교사가 특정 전략을 사용하며 다양한 단계를 통해 성찰함으로써 혜택을 얻을 수 있고, 이러한 체계적인 성찰의 결과로 교사 실행이 향상될 것이라고 가정한다. 하지만, 교사 커리어에 있어 서로 다른 시기에 있는 교사들은 전문성 개발의 측면에서도 서로 다른 필요와 욕구를 가지고 있다. 따라서 어떤 교사에게는, 자신의 성찰이 무엇을 했는지에 대해 단순히 서술하는 것을 넘어서고자 한다면, 교수활동에 대해 성찰할 수 있는 능력을 발전시키기 위해 좀 더 구체적인 도움이 필요할 수도 있다(이 장의 다양한 수준의 성찰에 대한 논의 참조). 예를 들어, 예비교사와 초보교사들은 자신의 실행에 대한 묘사를 이론적 틀과 연결할 때, 특히 그들이 비판적 성찰을 하기 원해서 이러한 묘사를 더 큰 사회적 이슈와 연결하고자 할 때, 더 많은 지도가 필요할 것이다. 간호학 분야의 한 성찰 모델은 세 가지 질문을 함으로써—무엇을? 그래서? 이제부터는?—기초에서 상급 수준까지의 성찰을 장려하고자 시도했다(Rolfe et al., 2011). 보건전문가들을 위한 이 3단계 성찰 체계는 이 장에서 설명한 다른 3단계 모델들과 매우 비슷하다; 하지만, Rolfe 등(2011)은 서술적 "무엇?" 수준을 넘어선 좀 더 경험이 많은 실행가들만이(초보 실행가들이 아니고) "그래서?"라는 제2수준에서 개인 이론을 만들기 시작하며, 환자 간호와 관련된 좀 더 큰 이슈에 대해 성찰하는 제3수준의 성찰로 나아갈 수 있다고 주장한다.

대부분의 모델과 체계가 성찰을 촉진하는 질문을 제공함으로써 실행가를 위한 다양한 유형의 체계적인 성찰 방식을 제공했지만, 이들은 주로 성찰하고 있는 개인을 살펴보지 않고 기술적 이슈를 어떻게 해결할 수 있는지에 대해 교사를 안내해 왔다. 다시 말해, 많은 모델은 성찰하고 있는 사람과 그 사람이 무엇을 성찰하고 있는지를 포함하는 더 큰 관점에서 성찰적 실행을 바라보지 않는다. 이 책에서 나는 교사가 자신의 철학, 신념, 가치관, 이론, 원칙, 교실에서의 교수활동, 그리고 교실 그 이상을 성찰하도록 전반적인 체계를 제공하면서 성찰적 실행의 개념을 좀 더 전체적인 접근법으로 변화시키고자 노력했다. 내가 아는 한 영어교육 분야에서 교사의 교수경력과 관계없이, 그리고 교사의 모든 교수활동의 면면에 대해-교수활동 그 이상까지-모든 교사가 성찰적 실행을 발전시키도록 촉진하는 포괄적 체계는 존재하지 않았다. 3장에서 이 체계에 대해 좀 더 자세히 개요를 설명하고 논의할 것이다.

결론

이 장의 주요 목적은 성찰적 실행의 수많은 정의를 요약하여 설명하고 이와 함께 다양한 접근법, 목적, 성찰적 실행 방식을 개괄하는 것이었다. 이 장에서의 논의를 통해, 다양한 경력을 가진 영어교육전문가들을 위해 성찰을 장려하는 전반적 모델이나 체계는 없다는 것이 밝혀졌고, 따라서 나는 그러한 모델 또는 체계 한 가지의 개요를 설명했다. 이 모델은 앞서 논의된 다양한 정의, 접근법, 목적, 그리고 모델에 이미 존재하는 많은 것들을 포함하고 있다.

이 장에 대한 성찰

- Donald Schön(1983)은 성찰적 실행이 "실행이라는 예술과 직관을 탐구하도록 할 것이라고"(p. vii) 주장합니다. 이 서술문을 당신은 어떻게 이해하나요?

- Zeichner와 Liston(1996: 6)은 성찰적 교사의 역할은 다음을 포함한다고 제안합니다:

  ○ 교실에서의 교수활동에서 문제점을 점검하고 구성하고 해결하려고 노력하기.

  ○ 자신이 교수에 대해 가지고 있는 가설과 가치관을 인식하고 문제 제기하기.

  ○ 자신이 가르치는 학교 및 문화적 상황에 주의 기울이기.

  ○ 교육과정 개발에 참여하고 학교 변화 노력에 함께 하기.

  ○ 자신의 전문성 개발에 책임감 가지기.

    ■ 이러한 역할에 대해 얼마나 이해하고 있나요?

    ■ 당신이 최근 성찰한 내용에서, 이러한 각각의 특징의 예를 들어 보세요. 또는 향후 교수활동에 대해 성찰할 때, 이러한 각각의 특징을 어떻게 포함할 수 있을지 설명하세요.

- Hatton과 Smith(1995: 36)는 "성찰적 접근법을 방해하는" 몇 가지 "장애물"을 다음과 같이 서술합니다: "성찰은 학문적 연습으로, 그리고 '연구'로 여겨지며, 교사는 '연구'를 해야 할 필요성을 느끼지 못한다. 교사는 발전을 위해서 시간과 기회가 필요하다. 현재 너무나 빠르게 돌아가는 학교 환경 속에서 그들에게 이러한 여유 시간은 없다. 한 무리의 모르는 사람들 사이에서 자신을 노출시킨다는 것은(다른 교사들과 함께 성찰하는 것과 같이) 이들이 상처받기 쉽도록 만들 수도 있다."

  ○ 당신은 상기 제시된 주의할 점 중 어떤 것에 동의하며 왜 그런가요?

  ○ 당신은 상기 제시된 주의할 점 중 어떤 것에 동의하지 않으며 왜

그런가요?

○ 교사가 성찰적 실행에 대해 고려할 때 주의해야 할 다른 점들은 어떤 것이 있을까요? 이곳에 열거하세요.

• 몇몇 학자들은 성찰적 실행이 효과가 있으려면, 전문적 교수활동과 수업의 결과를 향상시키는 수단으로서 의도적으로 행해져야 한다고 말합니다(Josten, 2011; Majid, 2008; Perfecto, 2008; Smith, 2011). 이에 대한 당신의 의견은 어떠한가요?

• 예비교사와 초보교사가 교실에서의 교수 경험이 많지 않다는 점을 고려할 때, 당신은 그들이 의미 있는 성찰적 실행을 할 수 있다고 생각하나요?

• 만약 그렇지 않다면, 왜 그런가요? 만약 그렇다면, 예비교사와 초보교사는 어떤 성찰적 실행 접근법(상기 논의된 접근법 중에서)을 활용해야 하며 왜 그런가요?

3장
실행에 대한 성찰의 체계

서론

　앞 장에서 나는 수많은 성찰 모델, 체계, 그리고 성찰을 위한 전략이 있음에도 불구하고, 언어교사는—초보교사이든 경력교사이든—여전히 자신의 교수활동에 대한 성찰을 안내해 줄 전반적인 체계를 가지고 있지 않다는 것을 지적했다. 또한, 성찰적 실행은 사색을 포함할 수 있지만, 결국은 교사가 자신의 교수활동에 대해 정보(자료)를 모으고, 이에 대해 그리고 교수활동 그 이상에 대해 잘 알고 결정을 내리기 위해서 정보(자료)를 활용하는 증거에 기반을 둔 성찰이 중요하다는 것을 설명했다. 이 장에서 제시하는 체계는 증거에 기반을 둔 성찰을 지지한다. 이런 방식을 통해 교사는 자신의 행동뿐만 아니라 그 기원, 의미, 그리고 그러한 행동이 교실 밖으로 미치는 영향력에 대해서도 더 잘 인식할 수 있게 된다. 교사는 자신의 교수활동과 관련된 철학, 원칙, 이론을 검토하면서 상기 제시한 것들에 다가갈 수 있으며, 이러한 성찰의 결과는 그들이 향후 교실 안에서 또는 밖에서의 행동을 계획할 때 평가 및 결정을 내리는 데 기초자료로 활용될 수 있다. 본 장은 이 체계의 개발에 대해 짧게 논한 후, *실행에 대한 성찰의 체계*에 대해 좀 더 자세히 개괄하고 논의할 것이다.

실행에 대한 성찰의 체계

도표 3.1은 *실행에 대한 성찰의 체계*를 보여준다. 이 체계에는 성찰의 다섯 단계/수준이 있다: *철학, 원칙, 이론, 실행, 그리고 실행 그 이상.* 비록 이 체계 안의 각각의 다섯 단계/수준은 서로 구별되어 다루어지지만, 독자들은 이들이 독립된 성찰의 단계가 아니며, 모든 단계가 연결되어 있고 각 단계/수준은 다른 단계를 기반으로 한다는 것을(양방향 화살표 참조) 알아야 한다. 또한, 모든 단계는 전체적인 성찰적 실행 경험을 제공하기 위한 전체로서 여겨져야만 한다.

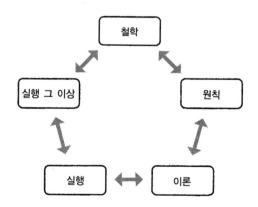

도표 3.1 *실행에 대한 성찰의 체계*

이 체계는 각 단계를 이론적 관점에서 다루는 것뿐만 아니라, 성찰을 독려하기 위해 탐색적 질문을 던지거나 전략을 제시한다. 성찰의 과정 동안, 교사는 각 단계에서 자신의 내재된 가설에 대해 서술하는 것뿐만 아니라 검토하고 이의를 제기하도록 장려된다. 이를 통해 그들의 직업 세계(그리고 개인적인 삶) 및 자신의 전문가로서의 삶에 영향을 준 것들을 바라보는 관점으로서 이 체계를 사용할 수 있으며, 자신의 철학, 원칙, 이론, 실행, 그리고 어떻게 이러한 것들이 교실 안과 밖의 이슈들에 영향을 주는지를 좀 더 인식하게 된다. 나는 각 단계/수준을 따로 설명할 것인데, 이는 교사가 모든 것을 한꺼번에 하려다가 너무 압도당하지 않도록 하기 위해서다. 각 단계/수준은 교사가 특정 시기에 자신의 교수활동의 구체적 부분에 초점을 맞출 수 있도록 하기 위해 그 자체만으로 탐구될 수 있다. 이에 덧붙여, 이 체계는 각각의 교사가 서로 다른 교수 경험을 가지고 있을 것이라는 것을 인정하고(자신의 커리어를 막 시작한 초보교사부터 경험이 많은 교사까지), 따라서 교사로 하여금 어디서부터 성찰을 시작하고 싶은지를 결정하도록 할 것이다—즉, 교사들은 아주 기본적인 철학적 단계/수준에서부터, 또는 교수활동 및 그 이상에 대해, 또는 원칙이나 이론 단계의 그 중간쯤에서부터 성찰을 시작할 수 있다. 앞으로 살펴보게 되겠지만, 이 체계는 그 포함 범위에 있어 포괄적인데, 나는 개개인의 교사가 자신의 필요, 흥미, 경험에 따라 어디에서부터 성찰을 시작하고 싶은지 그들에게 맡길 것이다. 이제 먼저 이 체계의 각 단계 또는 수준의 개요를 설명하고, 이후 어떻게 교사가 자신의 커리어 동안 이 체계를 활용할 수 있을지에 대해 논할 것이다.

성찰의 시간

- 도표 3.1에 제시된 *실행에 대한 성찰의 체계*에 대해 처음 든 생각은 무엇인가요?

- 각 단계/수준이 무엇인지 예측할 수 있나요?

- 이 체계는 어떻게 연결되어 있다고 생각하나요? - 각 단계/수준은 어떻게 연결되어 있나요?

- 당신은 교사가 어느 단계에서도 성찰을 시작할 수 있다고 생각하나요, 아니면 교사는 먼저 실행에 대한 자신의 철학에 대해 성찰한 후 다음 단계로 나아가야 한다고 생각하나요?

- 이 도표에서 보이는 화살표는 무엇을 의미한다고 생각하나요?

철학

이 체계의 첫 단계/수준인 철학은 교사 실행의 근원에 대한 창이라고 생각할 수 있다. 실행에 대한 철학을 가지고 있다는 것은, 교사의 관찰 가능한 행동 뒤에 이를 안내하는 이유가 있다는 것을-비록 교사가 그 이유를 말로 설명하지 않는다고 하더라도-의미하기 때문이다. 이전의 자극-반응으로서 교수활동을 바라보는 행동주의 방식은 교사의 전문적 활동에 대한 성찰이라는 체계 안에서는 더 이상 설 자리가 없다. 이 새로운 체계에서 성찰의 첫 단계는 "인간으로서의 교사"를 검토하는 것이며, 이는 교사의 교실 안과 밖에서의 전문적 실행은 결국 교사의 기본 철학에 영향을 받을 수밖에 없으며 이 철학은 태어날 때부터 발전되어 온 것이라는 것을 시사한다. 따라서 교사로서 우리의 기본 철학을 성찰할 수 있기 위해서 우리는 자신에 대해서 알아야 한다. 이러한 지식은 우리가 자라온 배경-즉, 언어교사로서 우리가 누구인지에 복합적으로 영향을 준 전통, 민족성, 종교, 사회경제적 배경, 가족, 개인의 가치관-을 탐구하고, 검토하고, 성찰함으로써 얻을 수 있다.

철학에 접근하기

철학에 대해 성찰하는 이 기본적 단계는 자신에 대해서 알아가는 것이기 때문에, 우리는 사색과 "사색적 실행"contemplative practice의 개념을 포함해야 한다. 앞서 언급한 것처럼, 나는 이러한 사색적 실행이 의식적이고 좀 더 적극적인 증거에 기반을 둔 성찰적 실행의 전 단계라고 생각하고, 이러한 성찰은 스스로를 더 잘 인식하도록 한다고 믿는다. 보통 언어교사가 선뜻 사색에 잠기지도 않고, "자신"이나 "교사로서의 자신"의 개념에 대해 의식적으로 성찰하는 것은 아니기 때문에, 자신의 교육철학을 말로 설명할 수 있도록 하기 위해 도움이 필요할 수도 있다(Farrell, 2014). 사색에 잠길 때, 교사는 발생한 경험에 대해서 그리고 그 경험이 발생한 순간에 대해 의식적으로 더 주의를 기울임으로써 좀 더 집중하는 상태에 도달할 수 있다. 이를 메타인지적 성찰이라고 부르는데, 다음 장에서 나는 교사가 가르칠 때 자신의 생각, 느낌, 판단을 의식적으로 자각할 수 있도록 하는 활동에 관해 설명할 것이다. 이러한 활동은 교사가 가르칠 때 성찰할 수 있도록 돕는 일종의 마음 챙김 행동 mindfulness behavior을 배양할 수 있도록 하는데(서론의 행위 중 성찰에 대한 논의 참조), 이는 이러한 활동을 하며 교사는 교실에서 순간순간의 경험에 대해 좀 더 주의를 기울이고 의식하게 되기 때문이다.

이러한 사색 이후, 우리는 자신의 마음을 좀 더 돌아보게 되고, 이와 함께 우리가 누구이며 어떻게 그리고 왜 교사가 되기로 결심했는지에 대한 자전적 이야기를 하는 것을 통해서, 스스로의 교수활동의 철학에 접근할 준비가 된다. 이렇게 자전적 이야기를 하는 것은 교사인 한 개인에게 다가가는 데 필수적인데, 이는 Bullough(1997: 19)가 주장하듯이 "개인적 신념이 더 명확해지고", 이를 통해 이러한 신념의 진정한 의미와 영향력을 성찰함으로써, 교사는 자신의 배경과 과거 경험을 더 잘 알 수 있게 되기 때문이다. 이 첫 단계에서는, 교사가 자신의 성찰을 말이나 글로써 공유하기 전에 먼저 쓰도록 하는 것(성찰적 글쓰기)도 하나의 방법일 수 있다. 이는 글을 쓰는 활동

자체가 사실 성찰적 메커니즘을 이미 포함하고 있기 때문이다. 이러한 성찰적 메커니즘으로 인해 교사는 잠시 멈추어 무엇에 대해 쓸지 생각하고, 다 쓴 후에는 종이 위에 쓰인 것을 다시 찬찬히 살펴볼 수 있게 된다. 앞서 설명한 것처럼, 이러한 성찰적 글쓰기는 시간이 지나면서 교사로 하여금 자신의 교수활동 또는 교수활동 그 이상의 실행을 관통하는 철학, 가치관, 윤리, 그리고 가설에 대한 이해를 명확하게 하도록 해준다(Farrell, 2013). 교사가 자신의 삶에 대해서 그리고 이러한 과거 경험이 어떻게 자신의 기본적 교육철학을 구성하고 개발하는 데 역할을 했는지에 대해 쓸 때, 그들은 자신의 과거에 대해 좀 더 집중하고 인식하게 됨으로써, 자신의 교수활동을 비판적으로 성찰할 수 있게 되는 것이다. 요약하면, 교수활동의 철학에 대해 성찰하는 것은 교사가 인간으로서 그리고 교사로서 자신에게 영향을 준 것들을 구체화하는 데 도움을 줄 뿐만 아니라 다음 단계의 성찰로 나아가는 데, 즉 자신의 원칙에 대해 성찰하도록 하는 데 도움을 준다.

성찰의 시간

- 당신은 교사가 인간으로서 자신에 대해 먼저 살펴본 후 교사로서의 자신에 대해서 생각해봐야 한다고 생각하나요, 아니면 스스로에 대해 돌아보는 것은 빼고 교사로서의 자신에 대해서만 살펴봐야 한다고 생각하나요?

- 교사로서의 "자신"을 살펴보는 것 외에 "자신"에 대해 살펴보는 것은 어떤 가치가 (만약 있다면) 있나요?

- 자신의 이야기를 하는 것이 어떻게 교사가 "자신"을 이해하도록 돕나요?

원칙

　실행에 대한 성찰의 체계의 두 번째 단계/수준인 원칙은 교수와 학습에 대한 교사의 가설, 신념, 개념에 대해 성찰하는 것을 수반한다. 가설은 일반적으로 우리가 진실이라고 생각하는 것을 의미하는데, 이러한 가설이 아직 증명되지 않았기 때문에 이것이 진실인지에 대한 증거는 없다; 하지만 우리는 당분간 이러한 가설이 진실이라고 받아들인다. 따라서 때로 교사가 가설을 말로 설명하는 것은 어렵다. 이와 반대로 신념은 설명하기 쉬우며, 이러한 신념은 대체적으로 받아들여진다. 즉, 이러한 신념을 가지고 있는 개인에게 이는 진실이라고 받아들여진다는 것이다. 개념은 가설과 신념에 대한 좀 더 전반적인 틀이라고 생각할 수 있는데, 이는 가설 및 신념과 관련된 상황에서 우리의 반응을 중재할 수 있다. 이 세 가지는 사실 한 체계의 일부분이고, 따라서 서로 많이 겹치기 때문에 구별하는 것이 어렵다. 내가 이들을 따로 구별하여 설명하지만, 사실 나는 이들을 교사의 원칙과 관련된 의미의 연속선상에 있는 세 개의 지점으로 간주한다(5장 참조). 교사의 교수활동과 교수 결정은 종종 그 활동의 기저에 있는 가설, 신념, 그리고 개념을 바탕으로 구성되고 시행된다(대부분은 무의식적으로). 이는 이러한 것들이 교사의 수많은 수업 행동 뒤에 있는 원동력(1단계/수준에서 성찰된 철학과 함께)이기 때문이다.

원칙에 접근하기

　앞서 언급한 것처럼, 일반적으로 교사는 자신의 실행과 관련하여 그 기저에 있는 가설, 신념, 또는 개념에 대해 의식적으로나 체계적으로 성찰하지 않기 때문에, 의식적 차원에서 이 모든 것을 성찰할 수 있는 기회가 주어져야 한다. 교사가 자신의 교수와 학습에 대한 가설, 신념, 개념을 말로써 설명하는 것은 중요한데, 이는 이러한 세부 정보를 끄집어내는 것은 "논의와 성찰을 위한 의미 있는 기반을 제공할 수 있기"(Basturkmen, 2012: 291) 때문이다. Richards와 Lockhart(1994: 6)는 교수와 학습에 대한 교사의 가설, 신념, 개념에 접근한다는 것은 "현 상황은 어떻게 그리고 왜 지금 그대로이며, 이러한 상황은 어떤 가치체계를 나타내는지, 다른 대안은 무엇이 있으며, 여러 대안 중 특정 방식으로 일을 행했을 때의 제한점은 무엇이 있는지에 대해 질문하는 것을 수반한다'고 설명한다. 따라서 교사에게 이러한 가치관에 대해 말로 설명하고, 검토하며, 질문하고, 성찰할 기회, 그리고 이러한 가치관이 어떻게 실제 교실에서의 실행으로 변화할지(또는 없을지)를 탐구할 기회가 제공되어야 한다.

이러한 자신의 원칙(가설, 신념, 그리고 개념)에 접근할 때 교사가 사용할 수 있는 하나의 방법은 교수와 학습에 관한 다양한 이미지, 은유metaphors, 그리고 금언maxims을 탐구하고 조사하는 것이다. 교사는 오랫동안, 특히 학창 시절 동안, 교수와 학습에 대한 다양한 이미지를 쌓아 오는데(예를 들어, Lortie(1975)는 우리가 학생으로서 학교에서 13,000시간을 보내면서 무의식적으로 교수와 학습에 대한 다양한 이미지를 만들어왔다고 말한다), 많은 교사들은 이러한 이미지가 어떻게 교실 안에서 자신의 교수법적 결정이나 행동에 영향을 미치는지 잘 모르고 있다. 이러한 암묵적으로 가지고 있던 이미지를 탐구하는 방법 중 하나는 교사들로 하여금 교수와 학습에 대해 그들이 가지고 있는 다양한 은유와 금언을 말로써 설명하고 이를 자세히 연구하도록 하는 것이다. 은유와 금언이 만들어 내는 이미지는 교수활동에 대한 교사의 원칙을 통찰하는 렌즈로 사용될 수 있기 때문에 그들에게는 강력한 자기성찰적 도구가 된다. 5장은 교사의 교수와 학습에 대한 가설, 신념, 그리고 개념에 대해 의식적이고 체계적으로 성찰할 수 있는 다양한 방법을 제시할 것이다.

성찰의 시간

- 제2언어 교수 및 학습과 관계있는 당신의 원칙은 무엇인가요?

- 당신은 제2언어 교수와 학습에 대해 어떤 가설을 가지고 있나요?

- 당신은 제2언어 교수와 학습에 대해 어떤 신념을 가지고 있나요?

- 당신은 제2언어 교수와 학습에 대해 어떤 개념을 가지고 있나요?

- 위의 질문에 답하기 어려운가요? 만약 그렇다면, 왜 그런가요? 만약 그렇지 않다면, 왜 그렇지 않나요?

이론

　원칙에 대해 성찰하는 것에 이어서, 이제 우리는 이 체계의 세 번째 단계/수준인, 우리의 *이론*에 대해 성찰할 준비가 되었다. 이론은 교사가 가르치는(또는 꼭 가르쳐야 한다고 생각하는) 특정 능력에 대한 교사의 다양한 선택에 대해, 다시 말해, 그들이 어떻게 이론을 실행에 옮기는지에 대해 탐구하고 조사한다. 자신의 철학과 원칙에 대한 성찰에 영향을 받아, 이제 교사는 자신만의 실행 이론을 적극적으로 구축해 나갈 수 있다. 이 단계/수준에서 이론은 교사가 매일의, 또는 월간 및 연간을 기준으로 그들이 가르치고 싶은 수업의 유형을 생각해 보는 것을 의미한다. 모든 교사는 교사교육 수업에서 배운 "공식" 이론, 그리고 경험을 통해서 얻은 "비공식" 이론을 가지고 있다. 하지만, 모든 교사가 이러한 이론을, 특히 "사용 중 이론"theories-in-use이라고 불리는 "비공식" 이론을 완전히 인식하고 있는 것은 아니다. 이 단계/수준에서의 성찰은 교사가 이론을 실행에 옮기고자 할 때 하는 교사 계획의 모든 부분(예, 선행적forward, 중간적central, 후행적backward 계획 ─ 아래 참조) 및 이때 선택한 다양한 활동 및 방법을 생각해 보는 것을 포함한다. 교사가 이 단계에서 자신의 접근법과 교수법에 대해 성찰할 때, 그들은 자신이 수업에서 사용하기로 선택한(또는 사용하고자 하는) 특정 교수 기술에 대해서, 그리고 이러한 기술이 자신이 선택한 또는 선택할 접근법과 교수법에 일치하는지(또는 일치해야만 하는지)에 대해 성찰할 것이다. 이러한 것들을 성찰하기 위해서 교사는 수업할 때 그들이 사용하는 또는 사용하고자 하는 특정 수업 기술, 활동, 그리고 루틴을 서술해야 할 것이다.

이론에 접근하기

이론에 대한 성찰에 접근하기 위해서, 교사는 수업의 목표 설정, 수업 실행 및 평가와 같은 수업계획의 모든 부분에 대해 성찰할 수 있을 뿐만 아니라, 수업에서 수행하는 또는 수행해야만 하는 자신과 학생들의 역할에 대해 의식적으로 성찰할 수 있다. 수업계획에 대한 성찰은 따라서 수업 전후의 교사의 생각에 대한 체계적인 기록을 제공한다. 이 단계 또는 수준에서 이론에 접근하기 위해서, 교사는 자신의 수업계획에 대한 이론적 성향에 대해 다음의 세 가지 주요 이론적 접근법을 바탕으로 성찰하도록 장려된다. *선행적 계획*(교사는 먼저 수업의 내용을 정하고 이후 이를 가르치기 위한 교수법을 정한다), *중간적 계획*(교사는 수업의 내용을 선택하기 전에 교수법을 결정한다), 그리고 *후행적 계획*(교사는 수업의 바람직한 결과를 먼저 정하고 이후 수업활동에 대한 결정을 내린다). 이 세 디자인은 수업이 개발되는 방향, 수업 내용, 교수법, 수업활동, 그리고 교사와 학생의 역할에 영향을 주기 때문에 수업계획의 중심에 있다.

교사의 이론에 접근하기 위한 또 다른 방법은 결정적 사건을 탐구하고 조사하는 것이다. 결정적 사건은 사실 이 체계의 다음 단계/수준인 실행 기간에 일어나는 상황이지만, 그럼에도 여기에서 논하는 이유는 결정적 사건이 교사의 이론을 만들어 나가는 데 도움이 될 수 있기 때문이다. 결정적 사건은 수업시간에 일어나는 계획하지 않았거나 예상치 못한 사건을 의미하며, "생생하게 기억된다"(Brookfield, 1990: 84). 하지만, 사건은 의식적으로 성찰 했을 때에야 비로소 결정적이 된다. 우리가 결정적 사건에 대해 성찰할 때 우리는 실행 기저에 있는 이론을 이해하기 시작한다. 결정적 사건은 사례연 구case studies로 작성될 수도 있는데, 따라서 교사의 이론 성찰에 접근하는 또 다른 방법은 교사의 교수활동 중 일어난 특정 사건에 대한 다양한 사례연구 를 탐구하고 조사하는 것이다. 하지만 이 둘은 다소 차이가 있다. 결정적 사 건은 예상치 못한 사건에 대해 회고적으로 분석하는 것인 반면, 사례연구는 어떤 이슈를 정하는 것으로 시작하며 이러한 이슈에 대해 성찰하기 위해 절 차를 선택하게 된다. 결정적 사건과 사례연구에 대해 성찰하는 것은 Shulman (1992)이 지적한 바와 같이, 이 둘이 "교사에게, 원칙은 종종 서로 충돌하는 듯하고 간단한 해결책은 없는 복잡한 실행의 세계에서, 상황을 분석하고 판 단을 내릴 기회를" 제공하기 때문에 중요하다(p. xiv). 6장은 이론에 접근할 수 있는 이 모든 방법에 대해 좀 더 자세히 개요를 설명하고 논의할 것이다.

성찰의 시간

- 당신은 어떤 유형의 수업계획을 활용하나요, 또는 활용해야 하나요?

- 당신의 수업계획서에는 어떤 내용이 있나요, 또는 어떤 내용이 있어야 하나요?

- 결정적 사건은 사례연구와 어떻게 다른가요? 당신의 교수 경험을 바탕 으로 각각에 대한 예를 제시할 수 있나요?

실행

　　지금까지 내가 제시한 체계는 철학, 원칙, 이론, 즉, 교수의 "숨겨진" 측면에 대해 성찰하는 것을 강조했다. 우리가 전체 교수과정을 빙산으로 비유한다면, 우리는 물 밑에 있는 빙산의 일부("숨겨진" 측면)—물 위의 보이는 부분보다 훨씬 더 큰—는 볼 수 없다. 우리가 볼 수 있는 것은 오직 빙산의 윗부분, 또는 전체 빙산의 10%일 뿐이다. 이를 교수활동에 비유해 보면, 성찰의 네 번째 단계/수준인 실행에 해당한다. 이제 우리는 교사로서 우리가 하는 일에 있어 좀 더 잘 보이는 행동, 즉 우리의 실행에 대해, 그리고 교실 안에서 실제 어떤 일들이 벌어지고 있는지에 대해 성찰할 준비가 되었다. 실행에 대해 성찰한다는 것은 수업시간에 학생들의 반응(또는 무반응)뿐만 아니라, 우리가 교수할 때 관찰 가능한 우리의 행위에 대해 검토하는 것으로 시작한다. 물론 이러한 성찰은 이전 단계의 이론에 대해서(예를 들어, 이전 섹션의 결정적 사건 참조) 그리고 원칙과 철학에 대해서 우리가 성찰한 것들과 직접적으로 연관이 있으며 영향을 받는다.

　　이 단계/수준에서 교사는 수업을 가르치면서(행위 중 성찰), 수업을 가르친 후(행위에 대한 성찰), 또는 수업을 가르치기 전(행위를 위한 성찰)에 성찰할 수 있다. 교사가 행위 중 성찰을 할 때, 그들은 수업 안에서 일어나는 다양한 상황을 모니터하고 조정하면서, 가르칠 때 의식적으로 뒤로 물러나 있으려고 노력한다. 이는 학생들이 어떻게 반응하는지 또는 반응하지 않는지, 각 활동은 얼마나 걸릴지 그리고/또는 개별 학생들이 어떻게 수업의 내용을 받아들이고 있는지를 성찰하는 것을 포함한다. 교사가 행위에 대한 성찰을 할 때 그들은 어떤 사건이 일어난 후에 수업에서 무슨 일이 일어났는지를 검토하는 것인데, 앞서 제시한 성찰보다 좀 더 지연된 유형의 성찰이다. 교사가 행위를 위한 성찰을 할 때, 그들은 어떤 일이 벌어지기 전에 성찰하려고 하는 것이고, 수업을 하기 전에 무슨 일이 벌어질지를 예측하고 이에 대해 설명하고자 하는 것이다. 이상적으로 첫 두 성찰 유형(행위 중 성찰과 행위에 대한 성찰)은 향후 수업을 계획하는 데(행위를 위한 성찰) 기초로서 사용될 수 있으며, 따라서 이 전 단계/수준에서 논의된 수업계획과는 다소 차이가 있다.

실행에 접근하기

교사는 실행에 대한 성찰에 접근하기 위한 몇 가지 서로 다른 방법을 가지고 있다. 예를 들어, 교사는 수업관찰(자기관찰, 동료 비판적 친구, 또는 그룹관찰)을 할 수 있고, 자신의 수업을 녹음 그리고/또는 녹화하고 추후 어떤 일이 있었는지 좀 더 정확하게 이야기하기 위해 녹음/녹화된 것을 전사할 수 있다. 이와 함께, 수업에서 어떤 일이 일어났는지에 대해 통찰력을 얻고, 학생들이 무엇을 배웠는지(또는 배우지 않았는지)를 알기 위해 성찰적 도구로서 개념도concept maps를 사용할 수도 있다. 교사는 자신의 실행의 복잡성을 더 깊이 이해하고자 다양한 교수활동의 측면에 대해 실행연구 프로젝트를 진행할 수도 있다. 수업관찰(자기관찰/동료관찰)을 하는 것은 교실 안에서의 수많은 행위와 상호작용에 영향을 주는 교사의 결정에 관해 더 잘 인식할 수 있도록 한다. 교사는 또한 자신의 수업을 녹음 그리고/또는 녹화하고 이를 전사하여, 추후 좀 더 지연된 형태로 자신의 교수활동에 대해 성찰할 수 있다. 교사는 스스로를 성찰하거나, 또는 동료관찰, 팀티칭, 동료코칭, 그리고 레슨스터디를 통해 동료의 도움을 받아 성찰할 수도 있다.

이와 함께, 교사가 자신의 교수 및 학생들의 학습을 향상시킬 필요가 있다고 생각한다면, 자신의 실행의 특정 측면에 대해 실행연구를 진행하는 것을 고려할 수도 있다. Wallace(1991: 56-7)가 지적하듯이, 실행연구는 성찰적 실행의 연장선에 있으며, "교수 상황에서 교사의 교수활동과 직접적으로 관련된 즉각적인 특정 결과를" 가져올 수 있다. 다시 말해, 실행연구는 교실중심적이며, 덧붙여, 수업을 계획하고, 실연하고, 관찰하며, 교수활동 중의 이슈나 문제에 대해 성찰하는 하나의 순환구조에 들어가는 것을 수반한다. 따라서 실행연구의 결과는 신중히 분석되며, 이후 다음 단계의 후속 조치가 도입되고 점검된다(이때 보통 새로운 성찰의 순환구조에 들어가게 된다). 교사가 어떻게 실행에 대한 성찰에 접근할 수 있는지는 7장에서 좀 더 자세히 설명할 것이다.

성찰의 시간

- Richards와 Lockhart(1994: 3)는 "교사는 종종 자신이 가르칠 때 무엇을 하는지 잘 인식하지 못한다"라고 주장합니다. 당신은 여기에 동의하나요, 또는 동의하지 않나요? 왜 또는 왜 그렇지 않나요?

- 당신은 수업에서 무슨 일이 일어나는지 잘 인식하고 있나요? 만약 그렇지 않다면, 교사가 더 잘 인식할 수 있도록 하기 위한 최선의 방법은 무엇인가요? 만약 당신이 잘 인식하고 있다면, 어떻게 잘 인식할 수 있게 되었나요?

실행 그 이상

마지막 단계/수준은 교사가 *실행 그 이상*에 대해 성찰하는 것을 필요로 한다. 이 다섯 번째 단계/수준은 교수와 학습에 있어 사회문화적 측면을 고려하는 것인데, 이에 대해 Johnson(2009: 2)은 다음과 같이 설명한다. 이는 "단순히 기존의 사회문화적 자원 및 관습에 적응하거나 받아들이는 문제가 아니라, 개인과 지역의 필요에 맞는 방식으로 이러한 자원과 관습을 재구성하고 변화시키는 것이다." 이는 *비판적 성찰*이라고 불리며, 교실 안과 밖의 교사의 실행에 영향을 주는 도덕적, 정치적, 사회적 이슈를 탐구하고 면밀하게 검토하는 것을 요구한다. 비판적 성찰은 교사로 하여금 *교수활동 그 이상*을 생각하도록 하며, 자신의 교수활동에 영향을 주는 좀 더 넓은 사회정치적 그리고 정서적/도덕적 이슈들을 교수활동과 연결 지어 고려하도록 한다. 성찰에 대한 이러한 비판적 초점은 또한 교사가 교수활동의 도덕적 측면 및 자신의 교수활동에 영향을 주는 도덕적 가치관과 판단을 주의 깊게 살펴보는 것을 포함한다. *실행 그 이상*을 성찰하는 것은 "교사라는 전문가 공동체 속에서 공적으로 인정되고 중요하게 여겨지는 이론적 개념과 담론을 통해 교사의 실제 삶의 경험을 재고하고 재구성하는 문답적 변화의 과정에서"(Johnson, 2009: 98) 나온다. 비판적 성찰은 따라서 교사로 하여금 우리의 *기초적 이론*(철학, 원칙, 이론)과 실행이 사회적 함의를 가지는지, 또는 제한적으로 역할을 하는지를 더 잘 이해할 수 있도록 한다. 우리가 우리의 교수활동에 있어 자신도 모르게 받아들여 왔던 숨겨진 기초적 이론이나 정책들을 더 잘 인식하게 되면, 우리는 스스로 그리고 우리의 방식대로 선택하는 자유를 가지게 되는 것이다. 그 결과 우리는 학생, 동료, 지역사회, 그리고 사회 전반의 더 나은 미래를 위한 사회 변화를 가져올 수 있도록 공헌할 수 있다.

실행 그 이상에 접근하기

상기 언급된 것처럼, 교수활동은 사회적 힘과 정치적 트랜드에 많은 영향을 받는다. 이는 서로 다른 교육체계에 내재되어 있는 다양한 차별의 가능성 때문이다. 다시 말해 어떤 교수활동도 사실 이론이나 이데올로기에 영향을 받지 않는 것은 없다는 것이다; 모든 교수활동은 특정한 이데올로기를 장려하며, 따라서 이를 항상 인식하고 있는 것은 중요하다. 이 단계에서의 성찰은 우리가 언어 교수와 학습을 어떻게 정의하느냐에 영향을 줄 수 있는(그리고 영향을 주는) 수많은 정치적 아젠다와 경제적 이익을 좀 더 잘 인식하도록 교사를 도울 수 있다. 교사는 의식적으로 비판적 교육학 또는 비판적 실행연구에 참여함으로써, 자신의 수업이 사회에 미치는 영향력 및 사회가 자신의 교수활동에 미치는 영향력에 대해 더 잘 알게 된다. Elliott(1991: 69)는 이러한 비판적 실행연구를 사회 속 "행위의 질을 향상시키고자 하는" 관점을 가지고 사회 전반을 아우르는 유형의 연구로서 정의한다.

성찰적 실행에 대한 비판 중 하나는 학교나 교육기관에서 교사는 거의 혼자 일을 하지 않는데도 불구하고, 성찰적 실행이 너무 개인에게만 초점을 맞추었다는 것이다. 실제로 대부분의 교사는 자신의 교사로서의 삶의 많은 부분에 있어-예를 들어, 학교나 교육기관에서 아주 단순한 일을 수행하는 데조차도 서로 조정하거나, 상의하거나, 협력하거나, 의사소통하는 것과 같이 -어떤 방식으로든 다른 교사와 협업을 해야 한다. 우리는 언제나 어떤 형태로든 다른 교사와 대화에 참여하게 되는데, 이때 이러한 대화에서 한 단계 더 나아가 그들과 비판적 대화를 나누고자 시도해 볼 수 있다. 이렇게 다른 교사와 자신의 교수활동에 대해서 비판적으로 대화하는 것은 중요하며, Crow 와 Smith(2005: 493)가 지적하듯이 꼭 필요하다. "자신의 교수활동에 대한 비판적 대화에 참여하는 과정은 자신의 성찰을 타인이 검토할 수 있도록 마음을 연다는 점에서뿐만 아니라 협동학습을 위한 이상적인 장을 제공한다는 점에서 너무나 중요하다." 이러한 비판적 대화는 교사 성찰 그룹에 속한 교사들에 의해 평가될 수 있다. 8장에서 교실 그 이상에 대한 성찰에 대해 좀 더 자세히 다룰 것이다.

성찰의 시간

- 당신은 교사가 교수활동 그 이상을 성찰하는 것이 중요하다고 생각하나요? 왜 그런가요, 또는 왜 그렇지 않나요?

- 비판적 성찰에 대한 당신의 정의는 무엇인가요?

- 언어교사는 얼마나 "비판적"이 되어야 한다고 생각하나요?

- 교수활동의 도덕적 측면에 대해서 얼마나 이해하고 있나요?

- 당신은 교사가 다른 교사와 자신의 교수활동에 대해 비판적 대화에 참여하는 것이 중요하다고 생각하나요?

체계 활용하기

*실행에 대한 성찰의 체계*는 규범적prescriptive이라기보다는 기술적descriptive인 것으로 이해되어야 한다. 그 주요 목적은 모든 단계/수준에서 성찰할 수 있도록 장려하기 위한 것으로, 이를 통해 교사는 다섯 단계 사이의 관계를 이해할 수 있게 된다. 교사는 자신의 철학에 대해 성찰하면서 시작할수도 있고, 실행 그 이상의 단계부터 성찰을 시작하고, 이후 실행, 이론, 원칙, 철학을 성찰할 수도 있다. 또는 교사가 성찰하고자 하는 것에 따라 이 성찰 체계의 어느 단계에서도 성찰을 시작할 수 있다. 이 성찰 체계가 전달하고자 하는 성찰의 중요한 측면은 이 체계의 다양한 단계 또는 수준을 거친 결과로서의 변화(행동의 변화뿐만 아니라 인식의 변화)이다. Wallace(1991: 54)가 이야기하듯, "발전은 변화를 뜻하고, 의미 있는 변화는 성찰 없이는 매우 어렵다." 교육학과 제2언어 교육 분야에서, 교사 전문성 개발에 대한 하향식 접근법은 교사가 "전문가"에 의해 주어진 워크숍에서 강조되는 특정 새로운 교수법을 받아들이고 자신의 교수활동을 변화시켜야 한다고 제안한다. 다시 말해, 교사는 "전문가"에 의해 전달되는 것이 무엇이든(예를 들어, 쓰기, 읽기, 말하기, 또는 듣기를 가르치는 새로운 방법) 이러한 것들을 시행함으로써 자신의 교수활동을 향상시킬 수 있다는 것이다. 하지만 보통 실제로 벌어

지는 일은, 비록 교사가 새로운 교수법이 좋다고 생각한다 하더라도, "새로운 아이디어"가 도입하기 어려울 수도 있기 때문에 자신이 늘 해왔던 방식으로 되돌아간다. 이에 대한 이유 중 하나는 교사는 자신이 애초에 인식하고 있지 않은 것을 변화시킬 수 없다는 것이다. 즉, 교사가 지금 자신이 어떻게 가르치는지를 잘 인식하고 있지 않다면 어떤 새로운 아이디어도 도입할 수 없는 것이다. 따라서 이 장에서 제시된 *실행에 대한 성찰의 체계*는 교사에게 자신이 현재 어떻게 가르치는지를 아는 방법을 제공함으로써 자신이 무언가 바꾸고 싶은지를 결정할 수 있도록 한다. 다양한 단계/수준에서 성찰하는 것과 함께, 이 체계는 각 단계에서 활용할 수 있는 다양한 활동을 제공하며, 이를 통해 교사가 서술적, 개념적, 그리고 비판적 성찰을 할 수 있도록 한다(2장 참조). 특정 단계 안에서 이러한 활동을 하면서 성찰했을 때, 교사는 자신이 중점을 두는 교수활동의 측면을 더 잘 알게 되고, 특정 단계/수준에서 자신이 발견한 것의 결과를 고려하여, 변화해야 할 필요가 있는지를 생각해 보게 된다. 교사가 특정 단계/수준에서 성찰하는 것을 마쳤다면, 이 체계 안에서 그리고 이 체계를 통해서 성찰하는 것을 끝낼 때까지 계속해서 다음 단계/수준으로 나아갈 수 있다.

따라서 이러한 다양한 단계를 거치면서, 교사는 *실행* 그 이상에 대한 성찰뿐만 아니라 자신의 *철학, 원칙, 이론, 실행*을 포함하는 인간으로서 그리고 교사로서 자신에 대해서 많은 정보를 축적할 수 있다. 다음의 다섯 장(3장~7장)에서 이 체계의 다섯 단계/수준을 독자들이 모두 경험할 기회를 가진 후, 9장에서 이 체계를 활용하는 방법에 대해 자세히 다룰 것이다.

성찰의 시간

- 당신은 성찰 체계의 어느 단계/수준에서 성찰을 시작하고 싶나요? 왜 그런가요?

- 당신은 교사로서 다양한 성찰의 단계를 거치는 것을 상상할 수 있나요? 만약 그렇다면, 당신은 이 체계에서 제시된 다양한 성찰 단계를 어떻게 경험하고 싶나요: 이론에서 시작하여 실행으로, 또는 실행에서 시작하여 이론으로, 또는 다른 방식으로?

- 만약 당신이 이 성찰 체계의 다양한 단계를 거치는 것을 상상할 수 없다면, 당신은 교사로서 당신의 커리어에 있어 특정 시기에 특정 단계를 부분적으로 경험하는 것을 선호하나요?

- 이 체계에서 빠진 부분은 없나요? 만약 있다면, 무엇인가요?

결론

　본 장은 제2언어 교사를 위해 성찰의 다섯 단계 또는 수준―실행의 철학, 실행의 원칙, 실행의 이론, 실행, 그리고 실행 그 이상―으로 이루어진 실행에 대한 성찰의 체계를 제시하였다. 이 전반적인 체계는, 보통은 겉으로 드러나지 않은 교사의 철학, 원칙, 이론, 실행, 그리고 실행 그 이상에 대한 성찰의 상호유기적 관계를 교사가 인식할 수 있도록 하기 위해 만들어졌다. 성찰적 실행이란 아이디어는 결국 성찰을 통해 교사는 학생들이 배울 수 있는 최적의 기회를 제공하게 될 것이라는 것이다. 왜냐하면 성찰을 통해 교사는 그들이 누구인지, 무엇을 하는지, 어떻게 그것을 하는지, 왜 하는지, 그리고 교실 안에서뿐만 아니라 교실 밖의 지역공동체에서 또는 사회 전반에 걸쳐 그들이 하는 일의 결과와 영향력을 더 잘 알게 되기 때문이다. 이후 다섯 장에서 이 체계의 각 다섯 단계/수준에 대해 자세하게 다룰 것이다.

이 장에 대한 성찰

- 이 장에서 제시한 *실행에 대한 성찰의 체계*는 다양한 방식 – 혼자서 성찰하기, 비판적 친구critical friend와 성찰하기, 또는 교사 성찰 그룹 안에서 성찰하기 – 으로 적용될 수 있습니다. 당신에게 가장 적합한 방식은 무엇이며 왜 그런가요?

- 이 체계의 서로 다른 단계에 대해 자세하게 설명한 다음의 장들을 읽기 전에, 어떤 단계의 성찰이 당신에게 가장 어려울 것이라고 생각하나요? 왜 그런가요? 현재의 성찰 단계에서, 이러한 어려움을 어떻게 극복할 수 있다고 생각하나요?

4장
철학

서론

    3장에서 나는 철학에 대해 성찰한다는 것은 스스로에 대해 더 잘 알기 위해서 "사람으로서의 교사" 관점을 탐구해야 함을 의미한다고 설명했다. 이를 위해, 나는 교사가 자신에 대해서 성찰하는 사색의 개념과 교사가 실행에 대해 좀 더 체계적인 성찰을 하는 성찰의 개념을 결합했다. 따라서 사색과 성찰을 통해 교사는 교사로서 자신의 관점을 발전시키는 데 중요했던 과거로부터의 모든 영향을 탐구하면서 스스로에 대해 더 잘 알게 될 수 있다. 스스로를 잘 알게 된다는 것은—성찰적 실행에 관한 문헌에서 많이 간과되었던— 교사들에게 중요한데, 이는 Parker Palmer(1998: 3)가 지적한 것처럼, "잘 가르친다는 것은 교사가 자신을 아는 것을 필요로 하기" 때문이다. Palmer (1998: 3)는 "교사로서 얻게 되는 자기 이해는 그것이 무엇이든 간에 학생들에게 그리고 우리의 학문에 도움이 될 것"이라고 주장한다. 이 장은 교사가 어떻게 사색할 수 있는지를 소개하고 논의할 것인데, 이때 사색은 자신의 내적 자아에 대한 성찰 및 교사로서 우리의 철학을 형성한 배경과 과거 경험에 대한 성찰을 포함한다.

사색

모든 교사가 성찰하는 일반적인 목적은 교사로서 우리가 누구이며, 무엇을 하는지, 그리고 왜 그것을 하는지에 대해 인식하고자 함이다. 교사로서 우리의 정체성을 더 잘 알게 된다는 것은 사색을 통해 우리 내면의 세계를 탐구한다는 것을 의미한다. 트라피스트 수도승인 Thomas Merton(1959: 17)은 우리 내면의 자아에 대한 사색의 중요성을 다음과 같이 언급했다:

> 외부의 세계를 그 혼란스러운 복잡성, 분리됨, 그리고 다원성의 틀 속에서 보는 것 대신에; 대상을 쾌락이나 이익을 위해 조작되어야 하는 것으로 보는 것 대신에, 우리 자신을 욕망, 저항, 의심, 탐욕, 또는 두려움의 관점에서 대상과 비교하는 것 대신에, 내면의 자아는 이 세상을 더 깊고 더 영적인 관점에서 바라본다. 선Zen의 언어로, 이것은(내면의 자아) 확신이나 부인 없이 사물을 바라본다, 다시 말해, 직관적이고 구체적인, 그리고 비뚤어진 개념과 판단을 통해 현실을 조작하거나 왜곡할 필요가 없는 좀 더 높은 곳에서. 내면의 자아는 그저 그것이 보는 것을 "보며", 개념적 편견이나 말의 왜곡이라는 스크린 뒤에 숨지 않는다.

"보기" 위해서 그리고 스스로에 대해 알기 위해서, Anthony de Mello(1992: 25)는 사람들에게 그저 관찰하고, 보이는 것에 방해받지 말 것을 촉구한다:

자신의 내면의 모든 것과 외면을 들여다보라. 자신에게 무슨 일이 생긴다면, 마치 그 일이 다른 이에게 생긴 것처럼 보라—아무런 말 없이, 판단 없이, 견해 없이, 방해 없이, 바꾸려고 하는 시도 없이, 그리고 그저 이해하라.

hooks(1994: 13)는 교사에게 사색은 교사와 학생의 행복을 강조한다는 점에서 "참여적 교육학"engaged pedagogy이라고 언급한다. 이러한 개방성과 행복을 성취하기 위해서, hooks(1994: 15)는 "교사가 학생들에게 힘을 불어넣어 주는 방식으로 가르치고 싶다면, 자신의 행복을 증진시키는 자아실현 과정에 적극적으로 전념해야 한다고" 주장한다.

따라서 우리는 먼저 마음의 평온한 상태에 도달함으로써 자신의 내면세계를 사색하도록 노력해야 한다. 이를 통해 자신의 내면세계를 더 잘 인식하게 되고, 이는 궁극적으로 외부의 교수 세계를 더 잘 이해하도록 도울 것이다. 이러한 사색을 할 수 있기 위해서, Senge 등(2004: 13)이 지적하듯이, 우리는 통제하고자 하는 욕구와 우리가 누구인지에 대한 선입견을 "내려 놓고", "'그저 받아들이는' 상태"에 도달해서 우리를 진심으로 이해할 수 있게 되어야 한다. 다시 말해, 우리는 사색하는 동안 일어날 일은 다른 어떤 것에 방해받지 않고 일어나도록 해야 한다. 우리는 그저 스스로를 관찰하고, 어떤 생각이든 우리의 의식 상태에 들어오는 것을 허락한다.

성찰의 시간

- 당신은 내면의 자아에 대한 인식이라는 측면에서 Thomas Merton(1959)의 인용문을 어떻게 이해하나요?

- 당신은 "내려놓기"와 "받아들이기"를 어떻게 이해하나요? 왜 이러한 개

넘이 우리가 사색을 경험하고자 할 때 중요하다고 생각하나요?

- 무엇이 당신이 "내려놓고" "받아들이는데" 가장 어려울까요? 왜 그런가요?

마음 챙김

우리가 사색에 잠길 때, 우리는 판단하지 않는 마음의 상태―미래를 예측하지도 않고 과거에 대해 성찰적으로 돌아보지도 않는―에 도달하기 때문에 더 마음에 집중하게 된다; 즉, 그냥 *있는 것이다*(Association for Mindfulness in Education, 2008). 사색은 우리로 하여금 이러한 *마음 챙김*의 상태에 도달할 수 있도록 도울 수 있는데, 이러한 상태에서 우리는 우리의 생각, 느낌, 감정, 그리고 지각에 대해 강화된 인식을 경험할 수 있다. 우리가 무관심한 관찰자로서 우리의 지각적 경험을 인식하는 것은 중요하다. 이를 통해 교사로서 우리의 의식적 경험의 관점에서 우리의 지각적 경험을 검토할 수 있기 때문이다. Palmer(1998: 11)가 언급하듯이, "좋은 교사가 만들어 내는 연결고리는 교사의 교수 방법론에 있는 것이 아니라 교사의 마음에 있다―여기에서 마음은 고대적 의미로, 지성과 감정, 정신과 의지가 인간에게 있어 만나는 장소를 뜻한다."

실제로 이러한 마음 챙김의 상태에 도달하는 것은 교사와 학생들에게 긍정적인 육체적, 정신적 혜택을 줄 수 있다(Kabat-Zinn et al., 1985). 예를 들어, Kabat-Zinn 등(1985)에 따르면, 스트레스를 줄이기 위한 10주간의 마음 챙김 명상meditation 수업 후에(명상에 대한 정보는 아래 참조), 대부분의 참여자들이 불안감이나 우울증 수준이 크게 감소했음을 보고했다고 한다. Brown(1998)은 교사가 가르치면서 사색할 때 자신의 교수활동에 대한 태도에 더 주의를 기울이게 될 뿐만 아니라, 학생들의 감정이나 경험에 대해 더 신경을 쓴다는 것을 발견했다. 그 결과 학생들에 대한 교사의 태도가 변화하였다. 이렇게 마음 챙김을 행하는 것은, Vaughan(1979: 34)이 시사하듯이, 참여자들로 하여금 "마음을 잠잠히 하고, 집중하는 것을 배우며, 수용적이며 판단하지 않는 태도를 배양함으로써" 명상하도록 한다.

Miller(1994)는 "마음을 진정시키고" 우리 자신에게 귀 기울이는 법을 배우는 데 사용될 수 있는 몇 가지 명상 기술에 대해 설명했는데, 이 중 네 가지는 다음과 같다. 통찰 명상, 만트라, 시각화, 그리고 동작 명상. 이러한 명상 기술은 단독으로 행해질 수도 있고, 이 기술들이 서로 연결되어 있기 때문에 함께 행해질 수도 있다.

- 통찰 명상(또는 있는 그대로 사물 "바라보기"를 뜻하는 비파사나)은 우리로 하여금 어떤 일들이 일어날 때 그 순간에 집중하도록 한다. 이는 우리가 숨쉬기에 집중하는 것만으로도 해낼 수 있다. 숨을 들이마시고 뱉을 때, 이 행동에만 집중하고 다른 것은 신경 쓰지 않는다. 우리가 숨쉬기에 집중할 때, 우리는 다양한 생각과 감정이 오고 가는 것을 보지만 이러한 것들에 반응하지 않기 때문에 "자기 자신"에 대한 통찰력을 얻을 수 있다. 마침내 이러한 생각과 감정들은 약해지고 결국엔 사라진다. 이러한 방식으로 통찰 명상을 행하게 되는 것이다. 베트남의 선 대가인 Thich Nhat Hanh(2006: 2)은 다음과 같이 말한다. "생각과 느낌이 존재하는 것을 인식하는 것은 매우 중요하다. 이것은 명상을 하는 명상가들의 기초적인 실행이다. 당신은 느낌이나 생각을 억누르려 하지 않는다. 이러한 느낌이나 생각이 나타나도록 그저 놔둔다. 하지만 당신은 이러한 것들이 존재한다는 것을 인식하기 위해서 거기에 있어야만 한다. 그렇게 함으로써, 당신은 자유를 얻게 되는 것이다."

- 만트라는 "단어"를 뜻하는데, 이 명상은 우리가 일상생활을 해나갈 때 앉아 있거나 또는 행동을 하면서 "단어"를 반복적으로(큰소리로 또는 마

음속으로) 사용하는 것이다. 이러한 유형의 명상은 이미 불교보다 먼저 형성되었는데, 고대 문화는 외부 세계를 통제하기 위한 방법으로서 단어를 외쳐 부르는 힘을 믿었기 때문이다. 이후 불교가 보편적 사랑과 친절을 나타내는 단어를 외쳐 부르는 것을 포함했다(Thepyanmongkol, 2012). 몇몇 만트라(Thepyanmongkol, 2012에서 번역함)는 다음을 포함한다: "모든 인간이 행복하기를"; "모든 인간은 복수심 없이 살기를"; "모든 인간은 악한 의도 없이 살기를"; "모든 인간은 좌절감 없이 살기를." 큰 소리로 노래하는 것 역시 노래하는 행위가 내적 평온을 가져오고 마음에(그리고 수업 전 육체에) 안정감을 주는 방식이기 때문에 만트라 명상의 한 형태가 될 수 있다.

- *시각화*는 당신이 어떤 장소(새로운 장소이든 이미 알고 있는 장소이든) 또는 업무를 시각화하고, 열린 마음의 상태를 유지하는 명상 기술이다. 이때 이러한 장소는 당신이 안전하다고 느끼는 안식처로 사용되는데, 이는 이 장소가 당신에게 특별하기 때문이다. 당신이 이 안식처에 있다고 생각할 때, 당신은 평온함을 느끼고 그저 앉아서 완벽히 휴식을 취한다. 이 안식처가 당신에게 특별하기 때문에 당신 스스로가 편히 쉬는 것을 "보게" 되면서, 이 장소는 사람으로서 당신이 누구인지를 반영하며, 이후 당신은 당신의 개인적인 시각화를 주목하기 시작하게 된다. 당신의 개인적 시각화는, Hart(2004)가 언급하듯이, 사색하는 마음의 은유적 측면이 활용되기 때문에 예상치 못한 이미지나 통찰의 결과를 낳게 된다. 시각화 역시 명상하는 사람에게 특별하기 때문에, 우리의 시각화에 대해 명상함으로써 우리는 스스로를 더 잘 알게 된다.

- 동작 명상은 어떤 방식으로든 몸의 움직임을 포함하는 명상이다. 가장 잘 알려진 동작 명상은 요가와 요가의 다양한 형태, 그리고 태극권을 포함하는데, 걷기나 조깅과 같은 단순한 루틴 역시 동작 요가로 여겨질 수

도 있다. 동작 명상으로서 요가는, Hyde(2013: 115)가 언급하듯이, "연민의 마음으로 자신을 인식하고 받아들이기, 열려있기, 유연성(몸과 마음의), 그리고 불편한 상황 속에서 안식 찾기 등을 포함하는 자신에 대해 성찰하는 기술을" 가르치기 때문에 매우 유익하다. 어떤 종류의 동작 명상이든 그것을 하는 동안에 우리의 마음은 그 특정 훈련—그것이 요가, 태극권 또는 걷기이든—의 "마음을 쏟아 자각"하는 것에 집중해야 한다. 언어 교사교육자인 Jerry Gebhard(1999: 215) 역시 요가를 계속해온 결과, 그가 가르칠 때 학생들의 "정서적 상태에 더 민감하게" 되었다고 말한다. 개인적으로 내가 선호하는 동작 요가는 한국의 무술인 태권도 연습이다. 발차기, 다른 몸동작 및 자세 연습과 아울러 스트레칭 전 루틴의 평온한 상태는 내가 몸을 움직일 때 나의 마음, 몸, 그리고 정신에 집중하도록 함으로써 나 스스로에 대해 더 잘 인식하도록 한다. 강력한 동작 후의 "기분이 고조"되는 것을 느끼는 육체적 혜택(뇌의 증가된 엔돌핀 효과) 외에도, 나는 동작을 하면서 연습 전 느꼈던 부정적 생각과 에너지가 긍정적 생각과 에너지로 완전히 변화하는 것을 알게 되었다. 교사는 수업에 들어가기 전에 간단한 스트레칭 동작을 하거나 몸과 마음을 편안하게 하는 어떤 동작이든 할 수 있을 것이다. 또는 점심시간에 걷거나 가볍게 뛸 수도 있는데, 이를 통해 명상을 경험할 수 있을 것이다.

성찰의 시간

- 고요한 사색의 시간을 가져본 적이 있나요?
- 만약 있다면, 당신은 어떤 경험을 했나요?
- 만약 없다면, 지금 5분간 아무것도 방해받지 않는 고요한 사색의 시간

을 가져보고 그저 "당신의 생각을 살펴보세요." 이러한 연습이 쉬웠나요, 또는 어려웠나요? 당신이 앉아 사색했을 때 어떤 일이 벌어졌는지 설명하세요.

- 베트남의 선 대가인 Thich Nhat Hanh(2006: 1/2)이 상술한 아래의 내용을 읽으세요.

1. "어떤 생각을 인지했을 때, 당신은 이 생각에 미소를 짓고 왜 이러한 생각이 생성되었는지 질문할 수 있다. 열심히 할 필요는 없다. 그저 당신의 생각에 미소 짓고, 이제 당신은 그 생각이 잘못된 인식, 두려움, 분노, 또는 질투의 영역에서 발생했다는 것을 인식하게 된다."

2. "당신이 두려움, 분노 또는 비관적 생각 때문에 부정적 생각을 하게 되었을 때 … 이러한 부정적 생각을 억누르지 말고 인식하라. '이것은 부정적 생각이다. 내가 이 생각이 인지되도록 놔둘 것이다.' 이 생각을 인지할 수 있게 되었을 때, 당신은 더 이상 이 생각의 희생양이 아니기 때문에 자유롭다."

   ○ 상기 제시된 두 인용문을 당신은 어떻게 이해하나요?

   ○ 각 인용문에 대한 경험이 있다면, 어떤 경험이었나요?

- 다음 수업에 들어가기 전에 당신이 좋아하는 노래를 10분간 크게 부르세요. 노래를 부르고 난 뒤, 노래 부르기 전과 후 어떤 육체적 또는 정신적 변화가 있는지 주목해 보세요.

- 요가를 해본 적이 있나요?

- 요가를 해본 적이 없다면, 어떤 동작이 명상도 함께 하는 데 적합할까요? 다음 수업에 들어가기 전 몇몇 동작을 해 보고, 요가 동작 전후 육체적 또는 정신적 변화가 있는지 확인하세요.

- 상기 제시된 사색 활동을 증진하기 위한 다양한 명상 기법과 과정 중 어떤 것이 당신에게 와닿았으며 왜 그런가요?

- 내면의 자아에 대해 더 잘 알 수 있기 위해 사람들이 행할 수 있는 다른 기법이나 과정에는 무엇이 있을까요?

- Hart(2004)는 *아무것도 하지 않기*라고 불리는 연습을 고안했는데, 이는 학생들의 주의가 흐트러졌을 때 가장 잘 된다고 말합니다. 수업이 시작되었을 때 또는 수업 전환기에, 불을 끄고 우리는 학생들에게 다음을 하라고 할 수 있습니다:

깊고 천천히 숨을 쉬세요. 몸을 이완시키고 편하게 하세요; 몸의 일부를 움직이거나 스트레치 할 필요가 있다면 그렇게 하세요. 자, 이제 부드러운 중력의 힘을 느끼고, 여러분은 아무런 노력을 하지 않고 그저 앉아있는 의자 그리고 밑에 있는 바닥이 여러분을 지탱하도록 하세요. 이제 내려놓고 침묵하며 몇 분간 아무것도 하지 마세요. 단지 숨쉬기에만 집중하고, 아무런 노력 없이 숨을 들이쉬고 내쉬도록 하세요. 만약 여러분이 생각을 하거나, 집중이 흐트러지거나, 또는 문제를 풀고 있다면, 그런 생각들과 싸우거나 몰두하지 마세요. 그냥 그대로 놔두고, 여러분의 의식이 숨쉬기로 돌아오도록, 아무것도 하지 않는 상태로 돌아오도록 하세요. 어쩌면 여러분은 그런 생각이나 걱정거리를 물속의 물방울처럼 떠다니는 것으로 상상할 수도 있습니다. 그러한 물방울이 물 표면에 닿으면, 그것들은 그저 터져서 사라집니다.

우리는 이러한 의식에 종소리를 추가할 수도 있는데 – 세 번의 종소리는 시작을 알리고, 한번은 끝을 알리도록 – 이러한 종소리는 학생들에게 이 의식이 특별한 시간임을 인식하도록 돕습니다. 깊은 사색에서 수업의 행위로 전환하는 순간은 중요합니다. 당신이 부드럽게 교실로 돌아오면, 평화로운 감각, 더 깨끗한 마음, 또는 중심이 잡힌 듯한 느낌을 확인하게 될 것입니다. 이제 당신이 하루를 살아나갈 때, 특별히 어려움에 부딪혔을 때, 숨을 크게 쉬고 이러한 중심을 다시 찾을 수 있을 것입니다.

○ 당신(학생들)은 아무것도 하지 않기 전과 후에 차이를 느꼈나요?

• Luft와 Ingham(1963)은 사람들이 자신의 관점에서뿐만 아니라 타인의 관점에서 자신을 이해하는 것을 돕기 위해 "조하리 창"Johari Window이라 불리는 기법을 사용했습니다. 이 "창"은 도표 4.1에 제시된 것처럼 개인이 자신에 대한 다양한 범주를 구체화할 수 있도록 돕는 네 개의 서로 다른 부분으로 구성되어 있습니다.

○ *개방적 자아:* "개방적 자아"는 자신과 타인에게 알려져 있고, 당신뿐만 아니라 타인에게도 명백한 당신에 관한 모든 것(이름, 인종 등)으로 구성되어 있다; 당신은 다른 사람보다 자신에 대해서 훨씬 더 많이 알고 있다. 따라서 타인으로부터 피드백을 얻기 위해 타인에게 자신을 얼마나 드러낼 것인가는 당신에게 달려 있다는 것을 고려하라. 또한, 스스로에 대해 더 잘 알기 위해 당신이 타인으로부터 얼마나 많은 피드백을 받으며, 그러한 피드백을 받고자 하는지도 중요하다.

	자신에게 알려진 것	자신에게 알려지지 않은 것
타인에게 알려진 것	개방적 자아	깨닫지 못하는 자아
타인에게 알려지지 않은 것	비밀의 자아	숨겨진 자아

도표 4.1 조하리 창(출처: Luft and Ingham, 1963)

○ *비밀의 자아:* "비밀의 자아"는 자신에게는 알려져 있지만, 타인에게는 알려져 있지 않다. 예를 들어, 어떤 교사는 가르치는 것에 대해 그리고 자신의 교수에 대해 성찰하는 것에 자신감이 없지만, 겉

으로는 다른 사람들에게 자신감이 넘쳐 보일 수도 있다. 자신을 더 잘 알기 위해서, 우리는 우리가 가지고 있는 이러한 불안감을 타인에게 드러낼 것인지를 결정해야 하며, 이를 통해 우리가 진정으로 누구인지를 더 잘 인식하게 된다.

○ *숨겨진 자아*: "숨겨진 자아"는 타인과 자신에게 감춰져 있으며, 만약 어떤 식으로든 드러난다면 긍정적인 놀라움을 안기게 될 우리 자신의 어떤 측면으로 구성된 숨겨진 지식이다. 예를 들어, 우리는 동료에게 좋은 멘토가 될 잠재력을 가지고 있지만, 이러한 잠재력은 숨겨져 있고 발견되기만을 기다리고 있을 수 있다.

○ *깨닫지 못하는 자아*: "깨닫지 못하는 자아"는 타인에게는 알려져 있지만, 자신에게는 그렇지 않다. 예를 들어, 우리는 우리의 수업이 항상 명확하다고 생각할 수 있지만, 학생들은 무엇을 해야 하는지에 대해 혼란스러워할 수 있다. 따라서 이러한 깨닫지 못하는 자아는 타인에게, 예를 들어, 학생이나 동료에게, 피드백을 구함으로써 다소 줄어들 수 있다. 우리가 "깨닫지 못하는 자아"를 타인과 공유할 때, 인간으로서 그리고 교사로서 우리가 누구인지를 깨닫도록 하는 데 가장 큰 잠재력이 있을 것이다.

- 각각의 "자아"를 탐구하고, 당신은 어떻게 자신을 드러내는지(자신에게 그리고 타인에게)에 대해 성찰하세요. 이와 함께, 당신 스스로에 대해서 그리고 당신의 교사로서의 자아에 대해 더 잘 인식할 수 있기 위해서 무엇을 하고 싶은지 성찰하세요.

- 당신이 알고 신뢰하는 동료나 한 무리의 교사들로부터 당신이 궁금한 교사로서의 당신 삶의 특정 부분에 대해 그들의 시각에서 피드백을 얻으세요. 그리고 교사로서 스스로에 대해 무엇을 배울 수 있는지 살펴보세요.

마음 챙김과 관련한 논의의 마지막 요점은 Van Manen(1991)이 이야기한 "도덕에 기초한 성찰적 실행"인데, 그에 따르면 이는 "교수법적 신중함"과 "요령 있는tactful 행동"으로 특징지어질 수 있다. Van Manen(1991)이 설명하듯이, 요령은 "타자화 실행"이며 "느낌에 기대면서도 통찰력에 의해 지배"받기 때문에 "미리 계획될 수 없다." 따라서 Van Manen(1991)은, 앞서 제시한 Schön의 아이디어, 즉 교사가 문제를 해결하거나 적극적인 성찰을 통해 대안을 고려하고자, 가르치는 도중 그 상황으로부터 한발 물러서는 행위-중-성찰과는 다르게, 교사가 "교수법적 순간"pedagogical moment을 산다고 주장한다. 이러한 교수법적 순간은 "교수법적인" 어떤 것-즉, 행동-이 교사로부터 기대되는 그런 상황에서 찾을 수 있다. 하지만 "교수법적 순간"은, 이러한 행동의 다양한 가능성과 결과에 대해 이성적이며 도덕적으로 심사숙고하기 위해 교사가 그 상황으로부터 한발 물러나는 것을 허락하지 않는다. 하지만 행동은 요구된다-이러한 행동이 어떠한 행동도 취하지 않는 것이라도 말이다. 이 모든 활동적인 조우가 바로 교수법적 순간이다. 이를 이곳에 포함하는 이유는, Van Manen이 설명하듯이, "교수법적 순간"과 이러한 유형의 마음 챙김이 성찰적 실행에 대한 많은 이론에서 빠져있기 때문이다. 이것의 유용성을 결정하는 것은 독자에게 맡기기로 한다.

성찰

2장에서 지적한 바와 같이, 사색은 우리가 무엇을 하면서(앉거나 또는 움직이거나) 동시에 우리 자신에 대해 명상하는 행위인데, 이때 이 둘("앉는 것"과 "앉는 사람")은 하나가 된다; 또는 주체와 객체 사이의 구별이 우리("앉는 사람")가 객체("앉는 것")와 합쳐지면서 사라진다. 그러나 교사로서의 정체성을 인식하고 우리의 실행 철학의 진정한 의미를 알기 위해서, 우리는 어떻게 우리가 교사로서 지금에 이르렀는지, 그리고 우리의 과거가 어떻게 우리의 결정에 영향을 주었는지에 대해 성찰해야만 한다.

"사람으로서의 교사"는 가르치는 행위의 중심에 있기 때문에, "누가" 교사인지는 중요하며, 교사의 자기 이해는 교수라는 학문에 매우 중요하다 (Kelchtermans, 2009). Kelchtermans(2009: 257)가 언급하듯이, "내가 누구인가는 내가 어떻게 가르치느냐이[며]", 따라서 사람(교사)은 기술(교수)과 떼려야 뗄 수 없다. 우리는 자전적 스케치 또는 교사 이야기라는 렌즈를 통해 교사의 "누구"라는 측면에 대한 더 많은 정보와 지식을 얻을 수 있다. Carter (1993: 9)는 이야기하기의 중요성을 지적하는데, 이러한 이야기하기가 그 사람의 존재 이론을 드러낼 수 있기 때문이다; 그가 주장하는 것처럼, 이야기는 "무언가에 대한 이론이다. 우리가 무엇을 이야기하며 어떻게 이야기하는지는 우리가 무엇을 믿는지를 보여준다." 따라서 이야기는 한 개인의 지식, 과거 경험, 그리고 그의(또는 그녀의) 삶뿐만 아니라 교사로서의 삶에 대한 철학에 가장 잘 접근하도록 해준다. Carter(1993: 8)가 설명하듯이, 이야기는 "교사가 한 이야기를 포함하여, 사건에 대해 의미를 부여하는 구조물이며, 경험에 대해 특정 느낌을 전달한다." 교사의 이야기는 문헌에서 많은 이름으로 불렸지만, 가장 잘 알려진 것은 교사 내러티브이다.

교사 내러티브는 교사의 과거 경험에 대한 통찰력을 제공할 수 있는 주요 성찰적 전략 중 하나이다. 교사 내러티브를 말하거나 쓰는 것을 통해, 교사의 과거 경험, 철학, 신념, 가치관이 드러나게 되며, 이후 신중히 검토되고, 비판적으로 성찰될 수 있다. Elbaz(1991: 3)가 간결히 정리하듯, "이야기는 교수활동 그 자체이며, 우리가 교사로서 그리고 연구자로서 살아가는, 그리고 교사의 일이 이해가 되는 그런 풍경이다." 교사는 자신의 이야기를 말로 함으로써 자신의 철학에 대해 스스로 돌아볼 수 있는데, 이는 이러한 이야기가 "그들의 일을 안내하는 지식, 아이디어, 관점, 이해, 그리고 경험을" 드러내기 때문이다(Johnson and Golombek, 2002: 7). 교사 내러티브는 교수 경험에 대한 우리의 이해를 높이는 것과 같은 많은 장점이 있다. 교수 경험에 대한 우리의 이해가 증진되면, 우리는 인간으로서의 우리 자신, 우리의 교수활동, 그리고 학생들의 삶에 있어 우리의 영향력에 대해 더 유념하게 된다(상기 제시한 마음 챙김 참조).

가장 강력한 교사 이야기는 경험에 대해 교사가 한 이야기인데, 이는 이러한 이야기가 교수활동에 대한 교사의 철학을 보여줄 수 있기 때문이다 (Farrell, 2014; Golombek and Johnson, 2004; Johnson, 2009). 자신의 이야기를 함으로써 교사는 그저 무작위의 경험인 듯한 경험도 더 잘 이해할 수 있게 된다. 왜냐하면 이러한 이야기는 교사가 언어 교육자로서 수년간 쌓아 왔던 내부 지식—특히 개인의 직관적 지식, 전문성, 그리고 경험—을 담고 있기 때문이다. 동시에 이러한 성찰 방식은 교사에게 안전하고 비교적 판단하지 않는 환경을 제공하는데, 이로써 교사는 수년간 쌓아 왔던 감정적 스트레스와 오랜 기간 성찰 없이 교실이라는 공간에서 때때로 느꼈던 소외감을(학생들을 제외하고는 혼자) 공유할 수 있다(Farrell, 2014). 따라서 우리는 이전의 경험을 회고적으로 재구성하는 것을 통해 우리의 이야기를 하며, 공통점, 차이점, 패턴을 찾게 되고, 이를 통해 삶의 경험과 실행에 대한 철학 사이의 연결고리를 만들어 낼 수 있게 된다. 이제 나는 교사가 교사 내러티브에 접근할 수 있는 세 가지 방법—연대순chronological, 틀frames, 그리고 *직업 결정적 사건/시기*career critical incidents/phases—의 개요를 설명하고 논의할 것이다.

연대순

교사가 자신의 삶의 경험을 재구성할 수 있는 방법 중 하나는, 자신의 실행 철학을 찾기 위해 과거를 통찰하게끔 하는 상세한 전기를 연대순으로 말하거나 쓰는 것이다. 이는 교사가 다양한 과거 경험을 돌아보고, 이러한 경험이 어떻게 개인으로서 그리고 교사로서 자신을 형성해온 문화, 성장 배경,

교육, 종교, 지역공동체, 그리고 다양한 경험에 영향을 받았는지를 살펴보는 것을 통해서 가능하다. 교사가 자신의 이야기를 성찰했을 때, 그들은 이러한 과거의 경험이 어떻게 그들의 실행 철학을 형성했는지, 또는 그들이 초보교사라면, 어떻게 이러한 경험이 그들의 실행 철학을 형성할 수 있을지를 고려할 수 있게 된다. 경력교사에게 이러한 개인적 스토리텔링은 두서없는 삶의 경험처럼 느껴지는 것에 대해 정돈되고 일관된 느낌을 부여할 수 있다. 이는 개인으로서 그리고 교사로서 자신의 과거에 대한 이야기가, 이러한 스토리텔링이 없었다면 알지 못했을 교수활동의 현실, 딜레마, 그리고 심지어 보상까지 묘사할 수 있기 때문이다. 우리의 이야기를 연대순으로 성찰하는 것을 통해, 우리는 우리가 무엇을, 어떻게, 왜 하는지에 대한 동기, 그리고 무엇보다 교사로서 우리가 누구인지 대해 통찰할 수 있는데, 이는 우리의 실행 철학의 근본적 토대이다. 예비교사와 초보교사는 교사교육기관에서 배운 수업 내용과 그들의 실제 삶의 역사 사이의 연결고리 차원에서 개인의 삶의 이야기를 검토해 보고, 어떻게 이러한 통찰이 교사가 되었을 때 그들의 교수활동에 영향을 줄지를 고려해보도록 장려될 수 있다.

성찰의 시간

- 상기 살펴본 것처럼, Kelchtermans(2009: 257)는 "내가 누구인가는 내가 어떻게 가르치느냐이다"라고 주장합니다. 개인으로서의 당신은 교사로서의 당신과 같나요?

- 나의 경험상 다음의 성찰적 활동은 다양한 교수경력을 가진 교사 모두에게 자신의 개인적 이야기를 할 때 굉장히 도움이 됩니다. 내가 "삶의 나무"Tree of Life라고 칭하는 이 활동은, 아주 어렸을 때의 경험에서부터 오늘날 교사로서 또는 예비교사로서 현재의 경험에 이르기까지 우리의

개인적 역사를 정리하는 데 도움을 주는 좋은 방법입니다. "삶의 나무"는 다음과 같이 뿌리, 몸통, 나뭇가지로 나눕니다:

○ *뿌리*: 나무의 뿌리는 당신이 나무에 꼭 있어야 한다고 생각하는 것입니다. 이는 뿌리가 가족의 가치관, 유산, 민족성, 종교, 그리고 사회경제적 배경과 같이 우리의 어린 시절을 형성해 준 근간을 제공하기 때문입니다. 아래에, 나무의 각 부분에 대해 현실적 예를 사용하여 설명하고자 합니다: 일본 도쿄에서 일본인 어머니와 미국인(백인) 아버지 사이에서 태어남. 내가 4살 때 미국으로 이사하기 전까지 일본어는 나의 모국어였음. 내가 살던 미국의 지역공동체에서 일본어는 없었기 때문에 영어만을 사용해야 했음. 내가 일본 이름을 계속 사용했기 때문에 학교에서 왕따를 당함. 나는 이 경험 때문에 이때 의식적으로 일본어와 문화를 거부했음.

○ *몸통*: 이제 우리의 이야기는 어린 시절에서 유년기의 학창시절을 지나 고등학교까지로 옮겨졌습니다. 또한, 우리가 존경했던 또는 존경하지 않았던 교사 등과 같이, 교수활동과 교사에 대한 우리의 관점을 만들어 나가는 데 영향을 주었던 경험에 초점을 맞춥니다. 예(이어서): 10살에 일본으로 가족여행을 감. 나의 일본인 정체성을 부분적으로 재구성함.

○ *나뭇가지*: "나뭇가지"는 고등학교 이후의 우리의 모든 경험을 나타내며 가장 최근의 경험과 영향들을 포함합니다. 예를 들어, 각 "나뭇가지"는 교사 자아에 영향을 주었던 성인으로서의 경험 그리고/또는 행동을 나타냅니다. 예(이어서): 미국에서 대학 졸업 후 JET 프로그램을 통해 영어를 가르치기 위해 일본으로 돌아옴. 나의 일본 조부모님들과 다시 연락이 되었고, 그 결과 일본과 일본인에 대한 긍정적인 관점을 가지고 새로운 문화정체성을 갖게 됨. 그러나

영어교육/TESOL에 대해서는 부정적인 관점을 갖게 됨. 몇 년 후, TESOL을 공부하고 일본에서 "진짜" 가르치는 직업을 갖게 되고, 처음으로 TESOL을 나의 잠재적 커리어로 간주하기 시작함.

○ *먼저 당신의 삶의 나무의 개요를 정리하고, 당신의 이야기를 쓰세요*

내러티브

교사가 상기 제시한 것처럼 "삶의 나무"를 사용하거나 또는 사용하지 않고 연대순으로 개인적 이야기를 했을 때, 그들은 자신의 기억력에 의존하게 되는데, 이는 때로 선택적이어서 교사로서 또는 예비교사로서 그들에게 중요한 의미를 지닌 과거의 몇몇 사건들을 자신도 모르게 빼놓을 수 있다. 따라서 어떤 교사들에게는 내러티브를 쓸 때 좀 더 구조적인 체계가 필요할 수도 있다. 이러한 체계는 내러티브 틀의 형태로 제공될 수 있는데, 이는 체계를 제공하는 것뿐만 아니라 내러티브에 무엇을 써야 하는지에 대한 내용에 대해서도 안내해 줄 수 있다(Barkhuizen and Wette, 2008). Barkhuizen과 Wette(2008)는 내러티브 틀을 교사가 완성해야 하는 일련의 미완성 문장으로 구성된 이야기 템플릿이라고 설명한다. 또한, "써야 할 것에 대해 체계와 내용 측면에서 안내하고 지원을 해준다"고 덧붙인다(Barkhuizen and Wette, 2008: 376). 이들은 이러한 뼈대 형식은 개별 교사의 경험에 따라 모든 문장이 채워지면서 일관성 있는 이야기를 만들어 내도록 한다고 주장한다. 이후 이러한 이야기에 대해 성찰할 수 있다. 이런 식으로 교사가 내러티브를 작성하는 것을 돕는 방식의 유일한 문제점은 이 방식이 교사의 이야기를 몰개성화하는 경향이 있다는 것이다. 즉, 이 방식의 결과인 내러티브가 개별 교사가 자신의 내러티브가 어떠했으면 좋겠다라는 것과는 맞지 않을 수도 있다는 것이다. 따라서 그 틀을 다양하게 열어놓는 것이 중요하다. 아래 성찰의 시간에서 이를 염두에 두고 몇몇 틀을 제시할 것이다.

성찰의 시간

- 아래에 여러분들이 자신의 이야기를 생성해 내는 데 도움이 되고 사용할 수 있는 몇몇 틀이 있습니다.

교사

- 나는 ⋯ 때문에 교사가 되었다.
- 나에게 "교사"란 단어는 ⋯ 을/를 의미한다.
- 내가 처음 가르치기 시작했을 때, 나는 ⋯
- 나의 학생들은 ⋯
- 나는 매일 아침 ⋯ 때문에 학교에 가는 것이 즐겁다.
- 나는 가르치는 일이 ⋯ 때문에 흥미진진하고 도전적이라고 생각한다.
- 나는 ⋯ 때문에 가르치는 일은 직업이라고 생각하지 않는다.
- 나는 ⋯ 때문에 가르치는 일은 직업이라고 생각한다.
- 교사로서 나의 삶의 최고의 부분은 ⋯ 이다.
- 교사로서 나의 삶의 최악의 부분은 ⋯ 이다.
- 나는 수업을 가르치기 위해 ⋯ 과/와 같은 새로운 아이디어를 생각하는 데 많은 시간을 보낸다.

○ 나의 교수활동에 변화를 꾀하는 것은 … 한 것이다.

○ 나는 … 하기 위해서 나의 동료들과 교수활동에 대해 논의한다.

○ 내가 수업에서 하기를 정말 좋아하는 것은 …

○ 내 생각에 나의 학생들은 … 을/를 믿는다.

○ 그들의 교사로서 나는 … 을/를 보장할 책임이 있다.

○ 때때로 이는 … 때문에 조금 힘들기도 하다.

○ 하지만 …

○ 교사로서 나의 유산은 … 일 것이다.

교수활동

○ 내가 생각하기에 나의 교수 상황에서 내가 정말 어렵게 느끼는 것은 …

○ 나는 이런 상황에 대해 어떻게 해야 할지 모르겠다. 하지만 한 가지 가능성은 내가 … 하는 것일 수도 있다.

○ 또한 … (으)로부터 도움을 받는 것도 좋을 것이다.

○ 나는 … 을/를 하려고 했을 때, 나의 교수활동에 어려움을 겪었다.

○ 이 문제에 대한 주요 이유는 …

○ 나는 이 문제를 … 을/를 통해서 해결하고자 했다.

○ 만약 … 했다면 매우 도움이 되었을 것이다.

○ 이 어려움과 관련하여, 내가 하고자 하는 연구는 …

○　이 연구의 목적은 …

○　하지만 이 연구를 하는 데 주요 제한점은 … 일 것이다.

직업 결정적 사건/시기

　　내러티브 틀이 교사가 자신의 개인적 이야기를 할 때 도움을 제공할 수 있지만, 이는 여전히 교사가 자신의 개인적 그리고 교사로서의 삶에 일어난 많은 사건을 기억할 수 있는 능력에 달려 있다. 하지만, 모든 것을 기억하려고 할 때, 어떤 교사들은 교사로서 그들의 발전에 그리고 그들의 실행 철학에 중요한 영향력을 미친 특정 직업 결정적 사건, 결정적 시기, 또는 결정적 사람들을 놓치거나 기억하지 못할 수도 있다. 따라서, 자신의 이야기를 할 때 (상기 제시한 것처럼 연대순으로 또는 틀을 사용하여), 교사는 자신의 커리어에 미친 영향력을 분석하기 위한 탐구적 도구로서 특정 직업 결정적 사건, 사람, 그리고/또는 시기에 초점을 두고자 선택할 수도 있다.

　　모든 교사는 교사교육기관에서, 초보교사 시절에, 또는 교사 커리어의 다른 어떤 시기에, 교사로서 우리에게 영향을 주었던 중요한 어떤 것에 대해 할 이야기가 있다. 나도 그렇다. 1장에서 나는 나의 교수활동에 오랜 기간 영향을 미쳤고 지금도 여전히 영향을 미치고 있는 나의 교사로서의 첫해의 이야기를 들려주었다. 하지만 내가 이 이야기를 말로 설명할 때까지 나는 그 중요성을 완전히 이해하지 못했다. 그 이후, 나는 교재의 내용을 가르치기보다는 학생들을 가르쳐야 함을, 또는 학생들의 필요를 먼저 고려해야 함도 깨닫게 되었다. 나의 첫 교수 경험 이야기는 다소 감정적으로 치우쳤지만, 이는 나의 초기 교수 경험에 의미를 부여하도록 하기도 했다(Barkhuizen and Wette, 2008; Farrell, 2014; Golombek and Johnson, 2004; Johnson, 2009; Johnson and Golombek, 2002). 6장과 7장에서 교실 결정적 사건에 대해 논할 때, 이야기 및 이야기 분석에 대해서—특히 교실 결정적 사건을 어떻게 분석하는지에 대해—다시 설명할 것이다. 이 장에서는 교사가 자신의 이야기에서 만들어지는 패턴을 "볼 수 있도록" 하기 위해서, 이야기의 구조적 체계에 대해 너무 신경 쓰지 않으며 우리의 이야기를 하는 것을 강조하고자 한다.

성찰의 시간

- 개인으로서 그리고/또는 교사로서 당신에게 영향을 주었던, 직업과 관련된 특정한 사건, 결정적 시기 또는 중요한 사람에 대해서 말하거나 쓰세요. 당신의 이야기를 한 후에, 교사로서의 당신 및 당신의 실행 철학에 대해 무엇을 배웠는지, 그리고 이러한 지식이 미래의 교수활동에 어떤 영향을 미칠지를 확인하세요.

- 어떤 교사들은 일이 잘 안 풀리는 시기를 경험하기도 합니다. 당신의 커리어에서 더 이상 열정 없이 가르치는 당신을 발견하며 실패라고 느꼈던 시기가 있나요? 만약 있다면, 그 원인이 될만한 예전의 어떤 특정 직업 결정적 사건, 사람, 또는 부정적인 결정적 사람/동료가 당신의 교사로서의 삶에 나타났던 그런 시기를 찾을 수 있나요?

결론

우리가 내적 자아에 대해 사색할 때, 우리는 우리의 철학에 대해 더 잘 인식하고자, 그리고 인간으로서, 교사로서 우리가 누구인지를 더 잘 이해하고자 주의를 집중하는 동시에 행하려고 한다. 이러한 사색적 실행은 "내려놓는 것"뿐만 아니라 "받아들이는" 상태에 도달하는 것을 의미하는데, 이를 통해 우리는 그 순간 우리의 생각이 방해받지 않고 떠다니도록 하여, 우리의 실행 철학을 이해하는 데 영향을 미쳤을 개념적 편견이나 왜곡을 볼 수 있게 되는 것이다. 비록 우리가 좀 더 집중하여 스스로에 대해 자각하고자 사색적 실행 중 그 순간에 머문다 하더라도, 우리는 우리의 삶에서 일어난 다른 순간들에 대해 성찰할 수 있으며 "사색적 성찰 실행"을 경험할 수 있다. 사색적 성찰 실행은 우리 삶의 경험에 대해 의식적으로 성찰하는 것뿐만 아니라 우리의 내적 자아에 도달하는 사색적 실행을 포함하며, 이를 통해 우리는 우리의 실행 철학에 대해 더 잘 통찰할 수 있게 된다. 따라서 사색적 성찰 실행을 함으로써, 우리는 교수활동에 대해 좀 더 포괄적인 지식과 통찰력을 얻을 수 있다.

이 장에 대한 성찰

- Edge(2011, Kolb, 1984: 209에서 인용)는 "우리의 진실에 대한 추구는" "우리 삶의 주체보다는 객체가 되도록 만드는, … 순응하도록 만드는 엄청난 압력에 대한 반응"이라고 지적합니다. 언어교사로서 당신은 이를 어떻게 이해하나요?

- 아래 제시된 이야기(Anthony de Mello, 1992)에 대해 성찰하고, 질문에 답하세요.

  한 남자가 독수리 알을 발견하고 농가에서 기르는 닭의 둥지에 넣어 놓았다. 새끼 독수리는 병아리들과 함께 부화되고 함께 자랐다. 이 독수리는 평생 자신이 닭이라고 생각하며 농장의 닭들이 하는 대로 했다. 벌레와 곤충을 찾으려 땅을 팠고, 꼬꼬댁 소리를 냈다. 그는 날갯짓을 하며 공중에 몇 피트를 날기도 했다. 시간이 흘러 독수리는 나이가 많이 들었다. 어느 날 그는 구름 한 점 없는 하늘에서 너무나 아름다운 새를 보았다. 그 새는 그 황금빛 날개를 거의 퍼덕거리지도 않으며, 강력한 바람에도 우아하고 위풍당당하게 미끄러지듯 날았다. 늙은 독수리는 경외감에 차서 바라보았다. "저건 뭘까?" 그가 물었다. "새들의 왕, 독수리야", 이웃이 말했다. "독수리는 하늘에 속해있어. 우리는 땅에 속해있지 — 우린 닭이잖아." 결국, 독수리는 닭으로 살다가 닭으로 죽었다. 이는 그가 자신이 닭이라고 생각했기 때문이었다.

○ 내가 만약 이 이야기가 당신에게 적용된다고 한다면, 당신은 어떻게 반응할 건가요?

○ 이후 나는 아마도 다음과 같이 설명할 겁니다: 당신이 그 검독수리 Golden Eagle이고, 당신이 날 수 있는 그 높이를 깨닫고 있지 못하다고! 이제 어떤 생각이 드나요?

○ 이 이야기에 대해 성찰한 다른 내용이 있나요?

- 우리의 교육철학은 개인의 경험에 의해 형성되고, 일단 말로 설명하고 나면 우리의 모든 전문가적 원칙, 신념, 그리고 행동을 탐구하고 검토하는 데 출발점이 될 수 있습니다. 당신이 제2언어 교사로서 느끼고 생각하고 행하는 모든 것을 드러내고, 이러한 생각, 느낌, 행동이 어디서부터 시작되었는지를 보여줄 당신의 실행 철학에 대해 써보도록 하세요.

○ 주의: 나는 성찰 과정의 이러한 초기 단계에서 철학 서술문은 초고라고 생각합니다. 앞으로 각 장에서 나는 교사들에게 교수활동의 다양한 측면에 대해 성찰하도록 격려할 것인데, 이러한 성찰은 몇몇 교사들에게는 이전 장에서 발견하고 성찰한 것들을 재고하도록 할 것입니다. 따라서 나는 독자들이 정기적으로 또는 적어도 각 장이 끝날 때 자신의 성찰을 최신화할 것을 권합니다.

5장
원칙

서론

    앞 장에서 나는 교사가 자신의 철학을 이해하도록 돕는 수단으로서 사색에 관해 이야기했다. 우리가 가르칠 때, 우리는 우리가 *누구인가* 뿐만 아니라 우리의 *과거 경험*에 의해서도 영향을 받는데, 이는 태어나면서부터 형성된 우리 내면에 깊이 자리 잡은 가치관, 생각, 감정, 그리고 필요가 우리에게 있으며, 이러한 것들은 우리의 정체성 및 교수 방식과 떼려야 뗄 수 없기 때문이다. 따라서 개인의 과거 경험에 대해 사색 및 좀 더 의식적 성찰을 함께 하는 것을 통해 자기인식을 발전시키는 것은 우리의 실행 철학을 들여다볼 수 있는 창을 제공하며, 아울러 타인과 함께 성찰하는 데 중심이 된다. Rogers(1967: 57)가 언급하듯이, "내가 나와 도움을 주고받는 관계를 형성할 수 있다면—내가 나의 감정들을 민감하게 인식하고 받아들일 수 있다면—타인과 도움을 주고받는 관계를 형성할 가능성은 매우 크다." 이 장에서 우리는 실행에 대해 성찰하기 위한 과정의 또 다른 필수적인 부분이며 실행에 대한 *성찰의 체계*의 두 번째 단계/수준인 우리의 *원칙*을 탐구하면서, 계속해서 우리의 자기인식을 개발해 나갈 것이다. 특별히 이 장은 원칙을 구성하는 교수와 학습에 대한 우리의 가설, 신념, 그리고 개념을 탐구할 수 있는 다양한 방식을 살펴볼 것이다.

원칙

원칙에 대해 성찰한다는 것은 교수와 학습에 대한 우리의 *가설, 신념,* 그리고 *개념*을 면밀히 살펴본다는 것을 의미한다. 이 세 가지는 서로 의미가 비슷하다고 여겨지며 교체적으로 사용되어 왔는데, 이 장에서 나는 이들을 다소 다른 의미를 지닌 연속선상의 서로 다른 지점에 놓고자 한다(Woods, 1996). *가설*은 *신념*과 밀접히 관련되어 있지만, Woods(1996: 195)가 지적하듯이, 가설은 일시적이며, 우리는 보통 가설을 "잠시 동안 진실한 것"으로 여긴다. 반면, Woods(1996: 195)는 신념은 더 명확하며(그렇다고 훨씬 더 명확한 것은 아니다), 일반적으로 누군가에 의해 "받아들여진 것"으로 여겨진다고 주장한다. 이와 대조적으로, *개념*은 본질적으로 좀 더 일반적이며, 가설과 신념 모두를 아우른다(Thompson, 1992). 우리의 원칙은 교수와 학습에 대한 우리의 *가설, 신념,* 그리고 *개념*에 기초하기 때문에, 나는 이 장에서 이 세 가지를 구분하여 다루고자 하며, 이를 통해 교사는 각각의 중요성과 영향력을 더 잘 인식하게 될 수 있을 것이다.

성찰의 시간

- "가설", "신념", 그리고 "개념"이라는 용어를 당신은 어떻게 이해하고 있나요?

- 상기 제시된 정의와 다른 점들이 있나요?

- 이 장의 초반부이지만, 당신의 원칙에 대한 다음의 질문에 답해보도록 하세요.

  ○ 교수와 학습에 대한 당신의 가설은 무엇인가요?

  ○ 교수와 학습에 대한 당신의 신념은 무엇인가요?

  ○ 교수와 학습에 대한 당신의 개념은 무엇인가요?

- 위의 질문에 답하고자 할 때, 어떤 어려움이 있었나요?

- 만약 어려움이 있었다면, 왜 그런 어려움에 맞닥뜨렸다고 생각하나요?

가설

가설은 우리 자신에게는 너무나 명백해서 보통은 자신에게나 타인에게 설명하지 않는 우리가 당연하다고 받아들이는 믿음이다(Brookfield, 1995). Brookfield(1995)는 가설을 다음의 세 범주로 구별했다: *전형적*paradigmatic, *규범적*prescriptive, 그리고 *비격식*casual 가설.

전형적 가설은 우리가 살고 있는 세상에 질서를 부여하고자 우리가 사용하는 기본적 금언 또는 격언이다. 예를 들어, 나는 나의 연구에 참여한 몇몇 초보교사들이 자신의 수업에 접근할 때 계획의 금언이라 불리는 기본적 격언을 가지고 있음을 알게 되었는데, 이는 이 교사들이 계획한다는 것을 중심으로 자신의 수업을 구성한다는 것을 의미한다. 즉, 당신의 수업을 계획하고, 언제나 계획을 따르고자 노력하라(Farrell, 2007a). 이 섹션의 뒷부분에서 우리가 교수활동에 대해 가지고 있을 수도 있는 전형적 가설을 탐구하기 위해 교사 금언을 살펴볼 것이다.

규범적 가설은 우리가 꼭 일어나야 한다고 생각하는 것이다. 예를 들어,

언어교사와 학생들은 어떻게 행동해야 하고, "좋은" 교수활동은 어떠해야 하며, "좋은" 학습은 무엇인지 등이 그것이다. 규범적 가설은 전형적 가설에 기반하기 때문에 그 연장선상에 있다. 예를 들어, 앞서 제시하였듯이, 내가 교사는 항상 계획을 따른다는 것을 암시하는 계획의 금언을 연구할 때, 나는 연구에 참여한 초보교사들이 (1) 금언을 의식하고 있지 않았으며, (2) 또는 금언을 충실히 지킬 때는, 수업 중 자연스럽게 생긴 학생들의 관심사는, 만약 이러한 관심사가 교사의 수업계획과 충돌할 경우, 전혀 고려하지 않음을 발견하였다. 다시 말해, 자신의 계획의 금언을 따르면서(다소 맹목적으로), 이 교사들은 학생들의 관심사에 부응할 만한, 즉석에서 만든 어떠한 활동도 고려하지 않았다, 즉, 교사들은 계획을 바꿀 만큼 유연하지 않았다.

우리가 *비격식* 가설을 만들 때, 우리는 이러한 가설에 대해 깊게 생각하지 않으며, 그저 일이 어떻게 돌아가는지를 이해하기 위해 이러한 가설을 만든다. 예를 들어, 우리는 학생들에게 우리가 수업에서 실수할 수도 있다는 것을 보여준다면 이는 편안한 학습 환경을 만들어, 학생들 역시 자신도 실수할 수 있다는 것을 이해하도록 도울 것이라고 가정할 수도 있다. 하지만, 우리의 비격식 가설은 사실 수업에서 제2언어 또는 외국어를 사용하면서 실수했을 때 여전히 당황스러워하는 많은 학생들에게 현실은 아닐 수도 있다. 또한, 문화적 측면에서도 몇몇 학생들은 교사가 실수할 수도 있다는 것을 받아들이지 못할 수도 있다.

비록 우리의 가설은 우리가 누구이며 무엇을 하는지와 밀접하게 연관되어 있지만, 우리는 이러한 가설을 명확하게 인식하게 되는 것을 저항하는 경향이 있다. 이는 우리가 가설을 구체적으로 설명했을 때 무엇을 발견하게 될지 두려워하기 때문이다(Brookfield, 1995). 하지만, 교사가 자신의 (당연하게 받아들였던) 가설들에 대해 공식적으로 성찰하고, 이를 통해 교사로서 우리의 정체성 및 하는 일과는 맞지 않는 것들을 밝혀낼 수 있는 것은 중요하다. 우리가 당연하다고 믿어왔던 가설들을 맹목적으로 따른다면, 이는 우리 자신의 교수 원칙에 더 가까워지기보다는, 결국은 교육기관 또는 사회의 기대를 충족시키는 그러한 보편적인 교수활동에 합의하게 되고 마는 것이다. 상기 제시한 세 가지 가설은 실제로는 상호적으로 근거한다. 비격식 가설은 규범적 가설에 기반하고, 규범적 가설은 전형적 가설에 기반한다.

성찰의 시간

- 교사가 자신의 가설을 인식하게 되는 방법 중 하나는 그들이 존경하는 교사(학창 시절 또는 현재의 동료)에 대해 이야기하는 것입니다. 이러한 "롤모델 교사"를 생각해 보는 것은 우리 자신의 편견, 의도, 그리고 가설을 드러낼 수 있으며, 우리는 많은 경우에 우리가 닮고 싶은 자질이나 능력을 가진 교사를 롤모델로 선택합니다.

  ○ 교사는 어떠해야 한다는 측면에서 당신은 어떤 롤모델 교사를 존경하나요?

  ○ 이러한 교사들에게서 그들을 존경하게 할만한 어떤 특징들을 관찰할 수 있었나요?

  ○ 그들의 행동 중 당신이 존경할만한 가장 대표적인 것은 무엇인가요?

  ○ 그들의 능력이나 행동 중 당신의 교수활동에 가장 통합하고 싶은 것은 무엇이며 왜 그런가요? 또는 그들의 능력이나 재능 중 현재 당신에게 부족한 것은 무엇인가요?

헤게모니적 가설

이전 섹션에서 나는 세 가지 가설에 대한 개요를 설명했는데, 여기에서는 타인에 의해 만들어져서 우리에게 강요될 수도 있는 또 다른 가설을 제시하고자 한다. 이는 *헤게모니적 가설*hegemonic assumptions이라 불린다. 헤게모니적 가설이 타인에 의해 만들어졌음에도, 우리는 이 가설이 우리에게 이익이 된다고 생각한다(Brookfield, 1995). 하지만, Brookfield(1995)가 지적하듯이, 헤게모니적 가설은 원래 강력한 이익단체가 현 상황을 유지하기 위해 만들었기 때문에 우리에게는 궁극적으로 불리하게 작용하며, 이 가설들이 밝혀졌을 때야 비로소 우리는 이러한 가설들이 교사에게 억압적이거나 심지어 해가 될 수도 있다는 것을 알게 된다.

대개의 경우 교사는 교실에서 수업을 진행한다(물론 나는 "담 없는 교실"이라는 개념 및 원격학습 상황에서 수업을 전달하기 위해 테크놀로지를 사용하는 것을 잘 알고 있다). 우리가 교실을 배움의 목적을 위해 사람들이 모이는 곳으로 간주한다면(한 팀은 교사의 역할을 하고 다른 한 팀은 학생 역할을 하며), 우리는 두 가지 중요한 정보에 주목하게 된다: 학습이 일어나야 하며(교실의 이유), 한 팀—즉, 교사—은 학습이 일어나는 것을 보장할 책임을 지니고 있다는 것이 그것이다. 따라서 본질적으로 교실은 교사에게 엄청난 힘을 부여하게 되고, 따라서 성찰적 실행가로서 교사는 이러한 힘의 장악력을 잘 이해하고 있어야 한다. 이를 통해, 교실이 학생들의 문화적, 민족적, 성별 또는 종교적 배경과 관계없이 모든 이들에게 동등한 학습 기회를 제공하는 호의적 환경인지 아니면 억압적 학습 환경인지를 확인해야 한다. 이런 방식으로 교사는 헤게모니적 가설에 대해 성찰할 수 있으며, 이로써 학생들에게 힘을 행사하는 위치에서 학생들과 *함께* 힘을 공유하는 위치로 움직이기 시작할 수 있다(Brookfield, 1995).

우리 스스로의 가설을 밝혀내고 문제를 제기하는 것의 핵심은 이 모든 가설에 대해 부정적이 되고자 하는 것이 아니고, 질문을 던져서 이 가설들이 교사로서 우리에게 제약을 가하는 것은 없는지 확인하며, 또한 우리가 확신을 가지지 못했던 가설들의 가치를 재고하고자 하는 것이다. 예를 보여주기 위해, 나는 교육 분야에서 가장 흔하게 회자되는 두 가지 가설—"소명으로서의 가르침"과 "그룹활동의 가치"—을 살펴볼 것이다.

소명으로서의 가르침은 가르친다는 것을 직업이나 "일반적" 일의 개념을 초월하는 무언가로 여기는, 많은 이들이 알고 있는 흔한 가설이다. 아마도 교사 스스로 자신의 교수활동을 소명 또는 종교적 의미에서의 이타적 직업이라고 생각할 수도 있다. 부름받은 사람들은 진정한 의미의 직업을 가지고 있으며 급여를 위해서 일하는 것이 아니라는 생각과 함께 말이다. 사람들은 세상을 변화시킬 것이라는 생각과 함께 교사가 된다. 이들은 학생들이 자신의 수업에서 상호작용하면서 그들의 능력을 최대화하고 인성을 개발할 수 있을 것이라고 생각한다. 하지만 Brookfield(1995)가 지적하듯이, 이러한 교사들의 학생에 대한 그리고 자신이 근무하는 교육기관에 대한 이타적 봉사는 교수업무 및 담당 학급이 증가하게 되었을 때—그 외 그들이 요청받은 또는 "자원한"(또는 한 교사가 이야기하듯 "자원하도록 요구받은") 수많은 다른 역할 및 활동이 증가하게 되었을 때—시험받을 수도 있다. 물론 많은 교사들은 이러한 추가 수업, 학생들, 업무 및 역할들을 성실함(또는 이타적 마음)으로 기꺼이 수행하는 듯하다. 하지만, 내 생각에 많은 교사들은 마음 깊이 자신의 소명의식이 왜곡되고 있는 것은 아닌지 의심하기 시작하면서도, 그들이 너무 지쳐 문제를 제기한다면 학교 운영진은 "우는소리를 하는 것"으로 여길 것이라고 생각하는 듯하다(Farrell, 출판 예정).

Brookfield(1995)는 이 단계에서 직업이 헤게모니적 개념이 된다고 주장한다. 이는 한때 교사들이 동의하고 받아들인 "소명"이 이제는 그들의 개인적 이익에 반하기 시작했기 때문이다. 그렇다면 이제 누구에게 가장 이익이 되는지를 질문할 수 있다. 더 많은 학급과 업무량은 학교 운영진의 운영비를 아낄 수 있다는 것을 의미한다는 점에서, 운영진이 가장 많은 혜택을 본다고 생각할 수 있다—지친 교사나 붐비는 교실로 인해 학생들이 혜택을 보는 것은 물론 아무것도 없다. Brookfield(1995)가 주장하듯이, 비판적 성찰을 하는 교사는 학생들의 학습을 위한 정당하고 필요한 헌신, 그리고 비용을 아끼고자 하는 기관의 욕망에 의해 생겨난 자기파괴적 "일 중독", 이 둘을 구별할 수 있기 때문에 이러한 헤게모니적 가설을 알아차릴 수 있을 것이다.

그룹활동의 *가치* 역시 많은 교사가 가지고 있는 흔한 가설이다. 교사는 이러한 그룹활동이 교사가 학생들의 목소리를 존중하기 때문에, 모든 학생들에게 참여할 수 있는 동등한 기회를 제공한다고 생각한다. 하지만 내가 이러한 그룹 토론을 장려하는 한 대학 세미나에서 관찰한 것처럼, 학생들의 목소리와 의견에 대한 "존중"은 보통 자신감이 넘치고, 말이 많으며, 말을 잘할 뿐만 아니라 이러한 수업 문화에서 잘 대처하는 방법에 숙달한 학생들에게 유리하다. 이러한 방식은 수줍음이 많은 학생들에게는 어떤 유익이 있는가? -제2언어로 말할 때 실수하는 것이 두려워 수줍어하거나, 원래 수줍음이 많거나, 또는 언어와 상관없이 자국의 상호작용 사회화 과정의 문화 때문에 수줍어하는 학생들에게 말이다. 이러한 학생들은 할 말이 없음에도 불구하고 무언가 말해야 한다는 압박을 느끼기 때문에 이러한 그룹 형식에서 참여하도록 요청받았을 때 창피함을 느낄 수도 있다. Brookfield(1995)는 이러한 수줍음 많고 남의 시선을 의식할 수도 있는 학생들은 그들의 사생활권을 빼앗긴 것일 수도 있다고 말한다. 실제로 많은 제2언어 교실에서 짝활동 및 그룹 토론은 거의 규칙이 되었다. 특히 의사소통 중심 교수법의 도래 이후, 제2언어 교사들은 모든 학생들이 그룹 토론을 좋아한다는 가정하에, 이 교수법을 수업에서 그룹활동을 많이 하는 것으로 받아들였다. 따라서 누구를 가르치든지, 교사는 학생들이 억압받는다고 느낄 수 있는 가능성을 인지할 필요가 있으며, 따라서 각 그룹이 어떻게 만들어졌는지, 어떤 구성원이 각 그룹에 있으며, 혹시 참여하길 원치 않는 학생들은 없는지를 계속해서 살펴봐야 한다. 교사는 누구의 필요-자신 또는 학생들-를 충족시키고 있는지 점검해야 하며, 만약 특정 학생들이 참여하기를 원치 않는다면, 그저 뒤에서 지켜보는 것이 아니라 중재하여 활발히 참여하는 학생들이 그 그룹을 이끌도록 해야 할 것이다.

성찰의 시간

- Brookfield(1995)는 우리는 우리의 가설we are our assumptions이라고 주장합니다. 당신은 이를 어떻게 이해하나요?

- 당신은 우리가 왜 자신의 가설을 알게 되는 것을 거부한다고 생각하나요?

- 상기 제시된 두 가지 가설(*소명으로서의 가르침*과 *그룹활동의 가치*)을 검토하고 각각에 대한 당신의 견해를 논하세요.

- 제2언어/외국어 교수와 학습에 대해 자신이 당연하다고 여겼던 가설들을 요약하세요. 이 가설들에 대해 성찰해 보고 그 타당성에 문제를 제기한 후, 이 가설들이 여전히 당신에게 유효한지 생각해 보세요.

교사 금언

제2언어/외국어 교수와 학습에 대한 가설을 탐구하는 또 다른 방법은 교사 금언이라는 렌즈를 통해서다. 교사의 금언 또는 격언은 제2언어/외국어 교수와 학습에 대한 교사 개인의 철학과 원칙을 반영하는 개인적 작업 원칙이다(Richards, 1996). 교사의 금언은 보통 경험에서 나오고, 교사의 교수 결정에 대한 안내서이며, 따라서 최선의 행동을 위한 규칙이라고 여겨질 수 있다(Farrell, 2007a; Richards, 1996). 앞서 설명한 바와 같이, 자신의 금언 또는 격언을 생각하거나 재고하면서 기억해야 할 핵심은 옳거나 그른 금언은 없다는 것이다; 하지만 이제 우리는 지금까지 우리가 몇몇 금언을 의심하지 않고 진실로서 받아들여 왔을지도 모른다는 것을 안다. 우리가 스스로의 교사 금언을 성찰할 때, 우리는 교수에 대해 우리가 무의식적으로 가지고 있었던 가설을 발견하게 되며, 이러한 새로운 깨달음은 우리가 다른 교사 및 자신의 교수활동을 해석하고 평가하는 데 도움을 준다.

성찰의 시간

- Richards(1996)는 제2언어 교사들에게 인기 있는 교사 금언을 아래와 같이 요약하여 제시합니다. 각 금언을 차례로 검토하고 각각이 당신에게 어떤 의미인지, 그리고 당신의 교수 상황에 적용 가능한지 설명하세요. 이와 함께 당신의 동료와 학생들은 각 금언을 어떻게 바라볼지도 고려해보세요.

  ○ *참여의 금언*: 학생들의 참여를 유지하기 위해 학습자의 관심사를 따르라.

  ○ *계획의 금언*: 교수활동을 계획하고 계획을 따르고자 노력하라.

  ○ *질서의 금언*: 수업 내내 질서와 규율을 유지하라.

  ○ *격려의 금언*: 학생들의 학습을 격려할 방법을 찾으라.

  ○ *정확성의 금언*: 학생들의 정확한 학습결과를 위해 힘쓰라.

  ○ *효율성의 금언*: 수업시간을 가장 효율적으로 사용하라.

  ○ *순응의 금언*: 정해진 교수법을 따르도록 하라.

  ○ *권한 이양의 금언*: 학습자에게 권한을 주라.

- Wilkins(2009)는 보다 구체적인 금언을 제시하면서, 이는 상기 제시된 Richards(1996)의 금언에 암시되었을 수도 있다고 덧붙입니다. 각 금언

을 차례로 검토하고 각각이 당신에게 어떤 의미인지, 그리고 당신의 교수 상황에 적용 가능한지 설명하세요. 또한, 당신의 동료와 학생들은 각 금언을 어떻게 바라볼지도 고려해보세요.

○ *적절한 수준의 금언*: 학생들은 과업을 수행하고 좌절감을 맛보지 않는다.

○ *스키마타schemata 제시의 금언*: 새로운 학습자료에 대한 가교가 있다.

○ *유연성의 금언*: 다양한 학습자의 필요를 충족시킬 수 있는 교사의 능력.

○ *팀워크의 금언*: 학생들은 자신보다 능력이 부족한 학습자들과 지식을 공유할 준비가 되어있다.

○ *협동의 금언*: 교사-학생, 학생-학생, 학생-교사, 그룹-활동.

○ *긍정적 태도의 금언*: 수업은 목표 언어와 문화에 대한 긍정적 태도를 형성한다.

○ *학습자 중심 수업의 금언*: 교사는 지식을 이끌어 내고, 학생들이 언어능력을 습득하도록 돕기 위해 교실에 있다.

○ *다양한 교수활동의 금언*: 교수활동은 한 가지 능력이 아니라 다양한 능력을 형성하는 것을 목표로 한다.

○ *유효성의 금언*: 교사는 의도한 대로 역할을 할 것이라고 생각되는 과업을 제공한다.

○ *문화적 입력의 금언*: 문화적 정보가 수업에 제시된다.

○ *호기심의 금언*: 과업은 자연스러운 호기심을 이끌어 내고 충족시키도록 개발된다.

○ *완성의 금언*: 학생들은 더 나아지기를 원한다.

○ *독립적 학습의 금언*: 독립적 학습에 대한 지침이 주어진다.

○ *개별적 접근법의 금언*: 개별 학습자의 장점이 고려된다.

○ *동기 부여의 금언*: 긍정적 학습 동기를 형성할 수 있는 수단이 사용된다.

○ *통제와 피드백의 금언*: 학생들의 숙제는 점검되고, 정정은 설명된다.

○ *오류 범하기 쉬움의 금언*: 교사도 인간이며 실수할 수 있다.

○ *자존감의 금언*: 학생들의 언어가 발전할 때 그들의 자신감은 높아진다.

○ *테크놀로지 사용의 금언*: 수업의 테크놀로지는 언어 교수를 다양화할 수 있는 재미있고 효과적인 도구이다.

○ *보상의 금언*: 보상받을 수 있는 기회가 촉진된다.

● Amy Tsui(1995: 357)는 홍콩에서 같은 고등학교에 근무하는 두 명의 ESL[5] 교사의 개인적 금언을 연구했는데, 이때 같은 과목, 수업, 그리고 같은 학습 수준의 학생들을 가르치는 데 두 교사가 전혀 다른 접근법을 사용함을 발견하였습니다. 각 교사가 어떻게 다른지를 읽고 Tsui의 설명에 당신의 견해를 밝히세요.

○ 중국인 여성 교사는 엄격한 규율주의자였고, "권위에 복종하는 것을 중요시하고 계획안을 준수하는 것을 강조하는" 자신의 문화적, 교육적 배경에 기반을 둔 *질서의 금언*을 따랐다.

○ 뉴질랜드 출신인 또 다른 교사는 학생들과 좀 더 편안한 관계를 장

---

5) English as a Second Language

려했고, 그의 수업은 서구적 문화 배경 때문에 첫 번째 교사의 수업과는 많이 달랐다. Tsui(1995: 359)는 이러한 서구 문화 배경을 다음과 같이 설명한다: "개인을 좀 더 강조하고, 대부분의 수업은 전통적 계획안과는 다르게 진행되며, 학생과 교사의 관계는 훨씬 더 격의 없다."

- 이제 당신의 교수 금언을 작성하세요.

신념

　교수와 학습에 대해 지니고 있는 교사의 (의식적 또는 무의식적) 신념은 개인의 실행에 대한 철학과 원칙을 반영하며, 보통 본질적으로 개인별로 특유하다(Pajares, 1992). Woods(1996: 72)는 신념 체계가 다음의 특징을 갖는다고 주장한다: 신념은 합의되지 않는다(모두가 동의하는 것은 아니며, 같은 주제에 대한 대안적 신념 역시 받아들여진다). 신념은 종종 존재에 대한 개념을 포함한다(무언가 존재한다). 신념은 매우 가치 감정적이다(상태는 좋거나 또는 나쁘다고 여겨진다). 신념은 많은 삽화적(일화적) 자료를 포함한다. 신념에는 다양한 강도가 있다(강한 신념 또는 약한 신념). 신념은 그 경계가 불분명하다(다른 분야의 신념과 겹칠 수 있다). 교사의 신념은 교사교육, 이전 학습/교수 경험, 성격, 성별, 상황, 문화와 같은 다양한 요인에 의해 형성된다(Nishino, 2012; Perfecto, 2008; Phipps and Borg, 2009). 제2언어 교수와 학습에 대한 몇몇 연구는 교사 신념과 교실에서의 교수활동 사이의 강력한 관련성을 보고하는 반면(예, Kuzborska, 2011), 다른 연구들은 교사가 말한 신념과 그들의 교수활동이 제한적으로 일치함을 보여준다(예, Farrell and Lim, 2005).

　교사의 신념(그리고 교사의 가설과 개념)을 연구하는 데 한 가지 문제점은 이러한 신념이 교사에게도 숨겨진 상태로 존재하여, 구체적으로 말하는 것을 통해 이를 인식의 단계로 끄집어내야 한다는 것이다. Richards와 Lockhart(1994: 6)는 신념과 실행에 대해 성찰하는 것은 "현 상황은 어떻게 그리고 왜 지금 그대로이며, 이러한 상황은 어떤 가치체계를 나타내는지, 다른 대안은 무엇이 있으며, 여러 대안 중 특정 방식으로 일을 행했을 때의 제한점은 무엇이 있는지에 대해 질문하는 것을 수반한다"고 말한다. 교사에게 교수와 학습에 대한 신념을 구체적으로 설명할 기회가 주어진다면, 이들은 곧 자신의 신념이 매우 복잡하며 이해하기 어렵다는 것을 발견하게 된다 (Farrell and Bennis, 2013; Farrell and Ives, 출판 예정). 따라서 신념에 대해 구술한 후, 교사는 그 의미를 더 잘 이해하기 위해 이러한 신념의 근원을 면밀히 살펴봐야 한다. 예를 들어, 다음에 열거한 한 가지 혹은 그 이상의 신념의 근원을 고려해 볼 수 있다(Richards and Lockhart, 1994에서 개작):

- *학생으로서 교사의 과거 경험*: 예를 들어, 교사가 어휘 목록을 외우면서 제2언어를 성공적으로 그리고 편안하게 배웠다면, 이 교사는 학생들에게도 똑같이 어휘 목록을 외우도록 할 가능성이 크다.

- *자신의 수업에서 무엇이 가장 효과적인지에 대한 경험*: 이는 많은 제2언어 교사에게 교수에 대한 신념의 주요 근원일 것이고, 따라서 많은 교사는 이미 잘 확립된, 그리고 성공적이라고 인식된 루틴을 깨는 것을 원치 않을 것이다.

- *학교 안의 이미 확립된 교수 방법*: 이러한 교수 방법은 학교가 항상 이 방법을 사용해 왔기 때문에, 또는 교사는 특정 기간 내에 특정 교과 단위를 마쳐야 하기 때문에 바꾸기 어려울 수 있다.

- *교사의 성격적 요인*: 이는 중요한 신념의 근원일 수 있다. 왜냐하면 어떤 교사들은 수업에서 역할극이나 그룹활동을 하는 것을 정말 즐길 수

있지만, 반면에 다른 교사들은 전통적인 교사 중심의 수업을 하는 것을 더 편안하게 느낄 수도 있기 때문이다.

- *교육적 또는 연구에 기반을 둔 원칙*: 이 역시 교사 신념의 근원이 될 수 있는데, 예를 들어 교사는 제2언어 독해 연구에 대한 자신의 이해를 바탕으로, 독해 수업에서 예측하는 연습활동을 사용하고자 할 수 있다.

- *방법론에 근거한 신념의 근원*: 이는 교사가 자신의 수업에서 특정 교수 방법론을 지지하거나 도입하는 것을 의미한다. 예를 들어, 교사가 초급 단계의 제2언어 학생들을 가르치기 위해서 전신반응교수법TPR을 사용하기로 했을 때, 이 교사는 학습자에게 학습 초기의 발화는 연기하도록 하는 방법론을 따르는 것이다.

Senior(2006)는 신념이 계속해서 변화하기 때문에, 어떤 교사들은 자신의 신념을 표현하는 정도가 달라질 수 있다고 언급한다. 심지어 교사가 신념을 설명했을 때조차도, 이러한 신념은 교사의 실제 교실 행동의 현실을 보여주기에는 신뢰할 수 없는 안내서일 수 있다(Pajares, 1992). 따라서 신념을 말로 표현했을 때, 교사는 교실에서의 교수활동에서 이러한 신념의 증거가 있는지 확인하기 위해 자신의 교수활동을 점검해야만 한다(연역적 접근). 대안으로, 교사는 먼저 자신의 교수활동을 보고, 이후 실제 교실에서의 교수활동에서 어떤 신념이 발현되었는지를 살펴볼 수 있다(귀납적 접근). 실행에 대한 장(7장)에서 당신은 자신이 이야기한 신념을(아래 「성찰의 시간」에서) 좀 더 명확하게 비교할 수 있을 것이다.

성찰의 시간

- 경력교사이든 초보교사이든 제2언어 교수와 학습에 대한 자신의 신념에

대해 이야기하는 것은 어렵습니다. 비록 아래에 제시된 "ESL 교수 접근 법"에 대한 "교사 신념 목록"(Johnson, 1991에서 개작)은 다소 오래되 었지만, 당신의 신념을 말로 설명할 수 있도록 도움을 줄 것입니다. 아래의 15문장 모두를 읽고 교수와 학습에 대한 당신의 신념을 가장 잘 반영하는 다섯 개의 서술문을 선택하세요:

1. 언어는 의식적으로 학습되고 학습자에 의해 통제되는 일련의 문법 구조라고 생각할 수 있다.

2. ESL/EFL[6] 학생들이 자신이 말하는 것을 이해할 수만 있다면, 그들은 실제적으로 언어를 학습하고 있는 것이다.

3. ESL/EFL 학생들이 구두 실수를 했을 때 이를 고쳐주고, 이후 왜 이런 실수를 했는지 설명해주는 짧은 수업을 하는 것은 도움이 된다.

4. ESL/EFL 학생들이 원어민이 사용하는 언어를 듣고, 연습하고, 기억하는 한, 그들은 언어를 배우고 있는 것이다.

5. ESL/EFL 학생들은 일반적으로 유창하게 언어를 구사하기 위해서 영어의 문법 규칙을 이해해야 한다.

6. ESL/EFL 학생들이 구두 실수를 했을 때, 보통은 그들이 어려워하는 언어 패턴을 구두로 많이 연습하도록 하는 것은 도움이 된다.

7. 언어는 의미 있는 의사소통으로 여겨지며, 학습 환경이 아닌 사회적 상황에서 무의식적으로 학습된다.

8. ESL/EFL 학생들이 기초적 문법 규칙을 어느 정도 이해하고 있다면, 보통은 스스로 많은 새로운 문장을 만들어 낼 수 있다.

---

6) English as a Foreign Language

9. 보통은 ESL/EFL 학생들이 무엇을 말하고자 하는지가 그것을 어떻게 말할지에 초점을 두는 것보다 더 중요하다.

10. ESL/EFL 학생들이 원어민의 언어 패턴을 연습한다면, 이미 연습한 이러한 언어 패턴을 바탕으로 새로운 문장을 만들 수 있다.

11. 영어 수업에서 명확하고 정확한 문법 구조를 자주 제공하는 것은 중요하다.

12. 언어는 많은 드릴drill과 연습을 통해 원어민의 언어 패턴을 숙달하는 일련의 행동으로 생각될 수 있다.

13. ESL/EFL 학생들이 구두 실수를 했을 때, 그들이 말하고자 하는 것을 이해할 수 있다면 그러한 실수는 무시하는 것이 가장 좋다.

14. ESL/EFL 학생들은 보통 읽거나 쓰기 전에 기초적인 듣기와 말하기 능력을 어느 정도 익히는 것이 필요하다.

15. 사실 ESL/EFL 학생들에게 어떻게 영어를 말하는지 가르칠 필요가 없다; 그들은 보통 스스로 영어를 말하기 시작한다.

- 이제 다음 중 당신은 어디에 해당되는지, 또는 아래 신념의 범주에 당신이 동의하는지 확인하세요

능력에 기반한 접근법: # 4, 6, 10, 12, 14. 말하기, 듣기, 읽기, 쓰기와 같은 구별된 능력에 초점을 둔다.

규칙에 기반한 접근법: # 1, 3, 5, 8, 11. 문법 규칙과 언어 체계를 의식적으로 이해하는 것의 중요성을 강조한다.

기능에 기반한 접근법: # 2, 7, 9, 13, 15. 상호교환적 의사소통과 협동 학습 및 "실제" 사회적 상황에서 기능할 수 있는 능력에 초점을 둔다.

- 아래에 제시된 Richards 등(2001)의 연구에 참여한 167명의 교사들의

핵심 신념에 대해 성찰하고 여러분의 견해를 밝히세요(이 교사들은 언어 학습을 촉진시킨다고 생각하는 활동을 아홉 개의 원칙으로 요약하여 보고했습니다).

○ 언어의 형식에 선택적으로 초점을 두어라.

○ 어휘와 의미에 선택적으로 초점을 두어라.

○ 학습자가 언어를 사용하도록, 그리고 상황에 맞게 적절히 사용할 수 있도록 하라.

○ 학습자의 인지적 처리 능력을 다루어라.

○ 학습자의 정서적 개입을 고려하라.

○ 학습자의 필요 또는 흥미를 직접적으로 다루어라.

○ 학습자의 향상을 점검하고 피드백을 제공하라.

○ 학습자 책임감이나 자율성을 촉진하라.

○ 수업과 그룹을 잘 운영하라.

● 이제 교수와 학습에 대한 당신의 신념을 명확하게 하도록 도와줄 다음의 질문에 답하도록 하세요(Richards and Lockhart, 1994에서 개작).

○ 교수와 학습에 대한 나의 신념은 무엇인가?

○ 이러한 신념은 어떻게 나의 교수활동에 영향을 미치는가?

○ 나의 신념의 출처는 어디인가(상기 교사 신념의 근원 참조)?

○ 나의 학습자들은 학습에 대해 어떤 신념을 가지고 있는가?

○ 나의 학습자들은 나의 교수활동에 대해 어떤 신념을 가지고 있는가?

○ 이러한 신념은 그들이 학습하는 데에 어떻게 영향을 주는가?

○ 언어교사로서 나의 역할은 무엇인가(아래 질문도 참조)?

○ 이러한 역할은 나의 교수 스타일에 어떻게 영향을 주는가?

○ 나의 학습자들은 교사로서 나의 역할을 어떻게 생각하는가?

교사 은유

교수와 학습에 대한 우리의 신념을 확인하는 또 다른 방법은 우리의 교수 은유를 검토하는 것이다. Dickmeyer(1989: 151)에 의하면, 은유란 "익숙한 용어로 되어있는 현상에 대한 묘사"로서, 종종 자신의 경험을 단순화하기 위해 사용된다. Lakeoff와 Johnson(1980: 232-3)은 자기 이해에 대해 다음과 같이 설명한다: 자기 이해(이는 이 장에서 우리가 실행에 대한 원칙을 성찰하는 이유이다)의 많은 부분은 "우리의 삶을 이해하는 적절한 개인적 은유를 찾는 것이다. … 자기 이해 과정은 자신에 대한 새로운 인생 이야기를 계속해서 발전시키는 것이다." 교사 역시 교수와 학습에 대한 자신의 신념을 나타내는 것으로서 은유를 사용한다(Pajak, 1986). 교사의 실행에 대한 원칙은 논리적 표현의 형태보다는 은유로 표현되고, 일상의 실행에 대해 이야기하는 데 자연스럽게 사용되어 나타난다. Calderhead(1996: 719)가 설명하듯이, 교사가 자신의 일을 추상화하는 데 있어 "이미지는 은유적이며 부분적으로 시각적인 방식이다." 은유를 통해 교사는 추상적인 것을 실제의 이미지로 바꾸고 그에 대해 상술할 수 있는데, 이는 교사가 자신의 교수 신념을 좀 더 자각할 수 있도록 돕는다. 개인적 교수 은유를 성찰하고 검토하는 것은 교사가 문제 또는 이슈를 인식하는 렌즈를 재구성하는 것을 수반하며, Schön(1983)에 의하면 이는 성찰적 실행가의 핵심 자질이다.

교사의 은유(와 신념)는 보통 예비교사가 교사교육 프로그램에 입학하기 전에 확립되며, 따라서 예비교사와 초보교사가 인식할 수 있도록 해야 한다.

예를 들어, 교육학 분야에서 Korthagen(1993)은 초보교사가 자신의 수업에서 규율 문제로 힘들어할 때, 교실운영에 대한 자신의 신념을 설명하기 위한 주제로서 "사자 조련사"라는 은유를 사용하는 것을 발견했다. 이 초보교사는 자신이 교사교육 프로그램에 들어오기 전에 이 은유를 개발했다고 했다. 이에 대해 좀 더 자세히 설명해 달라고 하자, 그녀는 자신의 어려운 상황을 "우리에 갇혔으며", 그 결과 "채찍을 사용"해야 하거나 아니면 "갈기갈기 찢기는" 위험을 감수해야 하는 것으로 설명했다. 이 교사의 사자 조련사라는 은유의 사용은, 이것이 어떻게 교사로서 문제를 해결하는 능력을 제한할 수 있는지에 대해 진지하게 논의하기 위한 준거 틀을 제공하며, 이 문제를 재구성하는 과정을 통해 다른 가능한 해석을 고려해 보도록 한다. 따라서 교사가 자신의 은유를 상술하도록 장려될 때, 그들은 자신이 가지고 있던 은유의 의미를 분석하게 되고, 교수와 학습에 대해 자신이 믿었던 것을 이해하기 시작하게 된다.

Cameron과 Low(1999: 88)에 의하면, 제2언어 교육에서 은유는 "교사가 자신이 실제로 무엇을 하는지 또는 자신의 실행을 향상시키기 위해 무엇을 할 수 있을지를 개념화할 방법을 알아보고자 사용되어 왔다." 제2언어 교사가 사용하는 은유를 검토한 초기 연구에서 Block(1992: 44)은 "거시적" 그리고 "미시적" 은유를 발견했는데, 교사가 자신의 역할을 묘사하기 위해 사용하는 가장 흔한 두 가지 거시적 은유는 다음과 같았다. 학생들의 수업활동을 조정하지만 지배하지 않는 계약된 전문가로서의 교사, 그리고 학생들을 격려하고 아낌없이 주는 부모로서의 교사. 학습자들을 위한 은유로 Block (1992)은 다음의 두 가지 거시적 은유를 제시한다. 존중받는 고객으로서의 학습자, 그리고 존중받는 아이로서의 학습자. Block(1992)은 이후 상기 제시된 두 가지 거시적 은유 외에도 연구자, 신, 열정적인 전문가, 동료/친구, 그리고 집행자로서의 교사와 같은 은유를 발견했다. 최근 제2언어 교수에 있어 은유 사용 연구에 관한 가장 광범위한 문헌 연구 중 하나는 Oxford 등(1998)

에 의해 행해졌는데, 이들의 유형 분류체계는 제2언어 교수에 대한 네 가지 관점을 다룬다: (1) *사회 질서*: 예, 생산자로서의 교사, 경쟁자로서의 교사; (2) *문화적 전달*: 예, 전달자로서의 교사, 반복자로서의 교사; (3) *학습자 중심 성장*: 예, 촉진자로서의 교사, 양육자로서의 교사, 연인으로서의 교사, 엔터테이너로서의 교사; (4) *사회 개혁*: 예, 수락자acceptor로서의 교사, 학습 파트너로서의 교사.

상기 제시된 유형 분류체계를 자세히 검토해 보면, 교사가 자신의 교수 활동과 관련하여 학습자 중심 신념/원칙을 설명할 때 사용하는 은유는, 많이 사용되는 *촉진자*로서의 교사임을 확인할 수 있다. 이는 대체적으로 교사가 학생들의 학습에 대해 비지시적인 *촉진자*로서 스스로를 바라보고자 한다는 것을 의미한다. 촉진자로서의 교사라는 것은, 교사는 학생들의 최대 잠재력을 개발하는 데 관심이 있으며, 따라서 학생들이 정의한 그들의 필요를 최우선화한다는 것을 의미한다. 앞서 나는 가설을 논할 때 "헤게모니적"이라는 용어를 소개했었는데, 이제 "헤게모니적 은유"의 가능성에 대해 소개하고자 한다. 또한 촉진자로서의 교사 역시 헤게모니적 은유의 하나일 수도 있다는 가능성도 논할 것이다. 교사가 "촉진자" 원칙을 따를 때, 그들은 보통 학생들을 그룹으로 놓고(상기 제시한 가설에 대한 논의에서 그룹 참조), 그들이 무엇을 해야 하며 그룹 토론을 통해 무엇을 성취할 수 있는지에 대한 최소한의 지침만을 제공하면서, 도움을 주는 사람으로서 행동한다. 사실, 대부분의 교사는 뒤로 물러나 "조용한 관찰자" 접근법을 사용하며, 학생들이 원하는 방식대로 학습하도록 놔둔다. 하지만, 이 과정을 자세히 들여다보면, 대부분의 학생들은 교실 안에 존재하는 권력의 차이(교사가 모든 힘을 가지고 있다)를 여전히 인식하고 있으며, 만약 교사가 아무 말도 하지 않는다면, 이는 학생들에게 다른 방식으로 해석될 수도 있는 것이다. 즉, 교사가 상황을 허락하고 있지 않거나, 또는 교사가 지금 듣고 있는 것을 암묵적으로 동의한다는 것이 그것이다. 따라서 우리는 촉진자로서의 교사라는 은유를 사용함으로써 누구의 필요를 충족시키고 있는지—우리 자신의, 아니면 학생들의—를 질문해야만 한다. 이에 대해 답하는 한 가지 방법은 학생들의 눈을 통해 우리가 수업에서 무엇을 하는지를 확인해 보도록 하는 것이다. 교사가 교수에 대해 상술한 신념과 교사 은유 사이의 이러한 부조화를 보여주는 예는 Francis(1995) 연구의 초보교사들에게서 관찰된다. 한 초보교사는 자신의 교수와 학습에 대한 접근법은 "구성주의자로서의 교사"(또는 학습자 중심 접근법)라는 은유를 따른다고 했다. 하지만 이 교사가 자신의 실제 접근법에 대해 설명했을 때 이는 구성주의자와는 정반대였으며, 실제로는 교실에서 지식 전달자로서 행동하며 교수와 학습에 대해 교사 중심의 접근법을 따르고 있었다. 그녀는 다음과 같이 말했다:

> 저는 스스로를 회로에 흐르는 전류와 같은 교사라고 생각해요. 학생들은 저항하고, 따라서 교사의 에너지는 소진됩니다. 교사가 의존하는 에너지의 원천은 결국 고갈되고, 전구가 계속해서 밝게 빛나려면 재충전되어야 합니다. (Francis, 1995: 238)

성찰의 시간

- 당신은 교사로서 어떤 은유를 사용하나요? 한 가지 이상을 사용할 필요가 있나요? 만약 그렇다면, 원하는 만큼 사용하고 각각의 의미를 설명하세요.

- 표 5.1에 제시된 교사 은유를 검토하세요. 이 은유들은 세 개의 서로 다른 연구의 결과에서 나왔으며, "교사는 ___ 이다?"라는 질문에 대한 연구참여자들의 답을 그들의 선호도에 맞추어 정렬한 것입니다. 그 순서 및 당신의 교수 상황에 적용할 수 있는지를 논하세요.

표 5.1 교사 은유. 교사는 ___이다.

Alger(2008)	De Guerrero and Villamil(2000)	Lin 등(2012)
1. 도구 제공자	1. 협력적 지도자; 지식 제공자; 도전자	1. 양육자
2. 안내자		2. 협력적 지도자
3. 양육자	2. 양육자	3. 지식 제공자
4. 형성자	3. 혁신가	4. 예술가
5. 전달자	4. 도구 제공자, 예술가, 수선가, 운동 강사	5. 혁신가
6. 참여자		6. 도구 제공자
		7. 수선가

- 교사가 된 이후 당신의 교수 은유는 시간이 지남에 따라 변화하였나요? 만약 그렇다면, 어떤 변화를 관찰했나요? 어떤 경험이 그러한 변화를 가져왔나요? 만약 변화가 없었다면, 어떤 경험 때문에 원래의 교수 은유를 계속해서 사용하게 되었나요?

- 은유는 보통 교사의 자연스러운 언어(구두 또는 글쓰기)로 표현되지만, 때로는 소묘, 회화, 사진 또는 인도된 공상guided fantasy과 같이 다른 방식으로 표현될 수도 있습니다. 이상적 교실 그리고/또는 효율적인 교사를 그림으로 그리는 것과 같이 시각적 언어를 사용하고, 각각을 설명하세요. 교실 상황의 사진을 찍고 그 사진들이 당신에게 무엇을 의미하는지 설명하세요. 인도된 공상: 눈을 감고, 불을 끄고, 편안해질 때까지 숨을 쉬세요. 당신의 상상 속에서 초등학교 4학년으로 돌아가고, 이제 수업을 시작할 시간입니다. 수업 시작 10분 후로 가세요. 책상, 벽, 그리고 수업 분위기를 보세요. 이제 현재로 돌아와서 교실의 그림을 그리세요.

개념

Pratt(1992: 204)에 따르면, 개념은 "현상에 따라붙는 구체적 의미로서, 우리의 반응과 이러한 현상을 포함하는 상황을 중재하는 것"으로 정의될 수 있다. 따라서 개념은 교사가 자신의 특정한 교수 환경을 이해하고, 해석하고, 반응하고, 상호작용하는 총괄적 체계라고 간주할 수 있겠다(Pratt, 1992). Pratt(1992: 204)이 언급하듯이, "우리는 개념이라는 렌즈를 통해 세상을 보며, 세상에 대한 우리의 이해에 따라 해석하고 행동한다." 상기 언급한 바와 같이, 우리의 개념은 우리의 실행 철학뿐만 아니라 가설과 신념에 영향을 주기도 하고, 또한 영향을 받기도 한다. 하지만, 가설과 신념은 덜 의식적인 수준에서 작동하고 감정에 영향을 받을 수 있는 반면, 개념은 의식적으로 검토될 수 있으며 그 영향력을 고려하는 것이 가능하다(Entwistle et al., 2000).

교육학에서 Kember(1997)는 교수의 개념과 관련하여 세 관점으로 이루어진 체계를 개발했다. *교사 중심/내용 지향적*, 그리고 *학생 중심/학습 지향적* 범주가 양극단에 있고, 이 사이에 *학생-교사 상호작용/도제적 관점*으로 불리는 중간 범주가 있다. 첫 두 관점은 하위 범주가 있다. 교사 중심/내용 지향적 관점의 하위 범주는 (1) 정보 전달과 (2) 구조화된 지식 전달이며, 학생 중심/학습 지향적 관점의 하위 범주는 (1) 이해 촉진과 (2) 개념적 변화/지적 발달이다. 교사 중심/내용 지향적 교수의 개념은 준비된 교과의 내용—이는 기억되어야 한다—을 학습하는 것을 강조하는 반면, 학생 중심/학습 지향적 교수 개념은 학생들로 하여금 학습하고 있는 것에 대해 생각하고 성찰하도록 동기부여 하는 것을 의미한다.

제2언어 교육에서, Freeman과 Richards(1993)는 과학/연구, 이론/철학, 그리고 예술/기술craft의 세 부분으로 이루어진 개념 분류법을 사용했다. 이 분류법은 Zahorik(1993: 23)에서 개작된 것인데, 그는 각 개념 유형은 "그 개념과 강력하게 그러나 배타적이지는 않게 연관된 일련의 행동을" 나타낸다고 설명한다. 다시 말해, 이 세 개념 유형 사이에는 겹치는 부분이 있으며,

이들은 서로 완전히 구별되는 것은 아니다. 언어 교수의 과학/연구라는 개념은 제2언어 교육에서의 연구와 실험에서 영향을 받는다. 예를 들어, 이 교수 개념은 학습 원칙을 조작화한 연구를 살펴보고, 언어 교수가 인간의 기억과 동기에 관한 심리학 연구에 영향을 받는다고 여긴다. 이론/가치에 초점을 둔 교수에 대한 두 번째 주요 개념은 교수에서 무엇이 행해져야 하는지 또는 무엇이 도덕적으로 옳은지에 기반한다. 예를 들어, 당신이 이 개념을 따른다면, 당신에게 교수 접근법은 무엇이 성공적인지보다는 무엇을 해야 하는지, 즉 실험보다는 이성적 사고와 체계적 성찰에 기초하는 것이다. 예술/기술이라는 세 번째 개념은 특정 체계나 교수 방법론이 아니라 개별 교사의 기량과 성격에 기반하며, 따라서 상기 서술된 두 개념과는 대조적이다. 이 개념에서, 교수는 교수의 형식이 아니라 개별 교사에 달려 있다. 예술/기술의 관점에서, 좋은 교사는 교실 상황을 주의 깊게 분석한 후 자신에게 사용 가능한 선택의 범주를 확인하고, 이후 자신이 처한 특정 교수 상황에서 가장 효과적일 수 있는 하나의 방법을 선택할 능력을 갖추고 있다.

Zahorik(1993)에게 이상적인 교사는 광범위한 교수 기술 레퍼토리를 가지고 있는 것이지만, 모든 교사가 모든 기술을 가지고 있는 것은 불가능하다. 따라서 상기 제시한 세 가지 개념이 교사에게 유용하다 할지라도, 얼마나 유용할지는 교사의 특정 교수 상황과 그들의 교수 지식 및 경험에 달려 있다. 이는 내가 실행에 대한 개념에 대해 성찰하면서 느낀 것과 같다. 내가 나의 교수활동에 대해 성찰하기 시작했을 때, 나의 초기 개념은 제2언어 습득의 과학/연구 개념에 집중되었는데, 이와 함께 나는 이론/가치에 기반을 둔 1990년대의 의사소통 언어 접근법 개념에도 끌렸었다. 내가 교사로서 더 많은 경험을 하고 난 후, 나의 실행 접근법을 개념화했을 때 나는 예술/기술 접근법 쪽으로 옮겨가기 시작했다. 이는 나에게는, 효과적인 학습 환경을 조성하기 위해서는 나의 상황이, 좀 더 구체적으로는 나의 교실이 가장 중요하다는 것을 알게 되는 과정이었다.

성찰의 시간

- 교수활동에 대한 당신의 개념은 무엇인가요?

- 당신의 교수활동에 대한 개념은 상기 Kember(1997)의 분류법에 따른다면 학생 중심, 혹은 교사 중심인가요? 또는 그 중간에 있나요?

- Freeman과 Richards(1993)의 논문을 읽고, 이 논문(표 5.2)을 바탕으로 당신의 개념에 대해 자기 평가를 해보세요. 언어 교수에 대한 각 개념에 대해 성찰하세요. 당신의 언어 교수가 각 개념에 영향받은 양을 가장 잘 반영한다고 생각하는 숫자에 동그라미 치세요(1 = 낮은 양; 5 = 높은 양).

  ○ 당신은 세 개념을 모두 가지고 있다고 생각하나요?

  ○ 특별히 선호하는 개념이 있나요?

  ○ 당신은 각각 다른 상황에서 다른 개념을 사용한다고 생각하나요? 만약 그렇다면, 어떻게 그렇게 하는지 그리고 왜 그런지를 설명하세요.

표 5.2 언어 교수의 개념

개념	평가				
과학/연구	1	2	3	4	5
이론/가치	1	2	3	4	5
예술/기술	1	2	3	4	5

결론

　　이 장은 *실행에 대한 성찰의 체계*의 한 부분으로서 당신의 *원칙*을 성찰할 기회를 제공하였다. 특별히 이 장은 당신의 가설, 신념, 개념을 밝히는 것을 통해 교수와 학습에 대한 당신의 관점을 성찰하도록 장려했다. 비록 이 세 원칙이 영어교육 문헌에서 때로 교체적으로 사용되지만, 이 장에서 나는 각각을 분리하여 논의했다. 이는 내가 이들을 스스로에 대해 더 잘 알게 되는 것과 관련된 의미의 연속선상에서 서로 다른 지점에 위치해 있다고 간주했기 때문이다. 이전 장에서 알게 된 지식 그리고 당신의 가설, 신념, 개념에 대한 성찰로부터 얻은 지식으로, 당신은 이제 이 체계의 다음 단계, 즉 당신의 이론에 대해 성찰하는 단계로 나아갈 준비가 되었다.

이 장에 대한 성찰

- 이 장에서 성찰한 내용(가설, 신념, 개념)을 검토하고, 앞 장에서 성찰한 내용에 새롭게 성찰한 내용을 합치세요.

- 이 장에 대해 성찰해 본 결과, 언어교사로서 당신에 관해 무엇을 더 알게 되었나요?

- 앞 장과 본 장을 통해 당신에 대해 알게 된 결과, 언어교사로서 스스로에 대해 이전에 깨닫지 못했던 무엇을 알게 되었나요?

6장
이론

서론

　　지금까지 교사는 자신의 철학과 원칙에 대해 성찰하도록 격려되었다. 이제 *실행에 대한 성찰의 체계의* 다음 단계/수준에서 교사는 자신의 이론에 대해 성찰하도록 장려될 것이다. 모든 교사는 자신의 실행에 대한 이론을 가지고 있지만, 모든 교사가 이 이론을 의식적으로 알고 있는 것은 아니며, 어떤 교사들은 이론을 가지고 있다는 것을 부인할 수도 있다. Stern(1983: 27)이 언급했듯이, "어느 교사도—아무리 이론에 관심이 없다고 주장한다고 하더라도—언어 교수에 대한 이론 없이 언어를 가르칠 수 없다." 이론에 대해 성찰할 때, 우리는 실행의 기저에 있는 다양한 개념과 이론적 원칙을 더 잘 인식하게 된다. 성찰의 결과, 우리는 이론을 재구성하며, 실행에 대한 우리의 생각을 재조직하여 새롭고 비판적 관점에서 우리의 교육적 실행을 바라보기 시작한다. 예를 들어, 만약 교사가 제2언어 또는 외국어 교수에 대한 자신의 이론이 문법 규칙을 가르치는 것이라고 생각하고, 이후 자신의 이론이 학창시절 외국어를 배웠던 경험에서부터 나온 것이라는 것을 깨닫는다면, 이는 실험을 통한 검증에 바탕을 두지 않았기 때문에 주관적 이론이라고 말할 수 있겠다. 이러한 성찰은 교사로 하여금 자신이 이후 문법을 어떻게 다룰 것인지 살펴보도록 함으로써 이론을 재구성하는 과정으로 이끌 수 있다. 이 장에서 우리는 교수와 학습에 대한 가설, 신념, 개념 수준을 넘어 이론에 대해 성찰할 것인데, 이는 교사 계획, 결정적 사건, 그리고 사례 분석에 대한 성찰을 포함할 것이다.

이론

이론은 우리가 무언가를 이해하고자 할 때 사용하는 것이다. 이론은 "왜?"라는 기초적 질문에 답하고자 하며, 이를 통해 우리는 자신의 실행에 대한 생각을 재조정하면서 실행에 대한 지식을 향상시킬 수 있다. 대부분의 교사는 자신의 교수활동을 설명하는 추측에 근거한 이론을 암묵적으로 가지고 있는데, 이러한 이론을 뒷받침할만한 명백한 증거는 가지고 있지 않다. 이론은 우리가 하는 일, 그리고 이 일을 할 때 우리가 경험한다고 생각하는 것에 보편적 이름표를 달 수 있도록 해준다. 이론에 대해 성찰할 때, 우리는 우리가 처음에 가졌던 관점과 감정이 맞는 것인지, 그리고 우리가 원하는 것인지 깨닫게 된다. Brookfield(1995)가 제시하듯이, 이론은 다음과 같은 방식으로 교사가 자신의 실행에 대해 비판적으로 성찰하도록 돕는다.

- 이론은 우리의 실행에 대해 "이름 붙일 수" 있도록 한다. 우리가 자신의 개인적 이론 - 예감 또는 말로 설명하지 않은 통찰력이라 할지라도 - 을 검토할 때, 그리고 이렇게 암묵적으로 가지고 있던 통찰력을 확인시켜 주는 다른 사람의 말을 들을 때, 우리는 확인받고 인정받는 느낌을

받는다. 어떤 경우에는, 우리가 개인적으로 가지고 있던 통찰력에 일단 "이름"이 주어지고 나면, 이는 더 분명해지고 개발될 수 있다. 이는 이제 우리가 자신의 실행에 대해 좀 더 의식적으로 인식하게 되어, 이에 대해 더 잘 이해할 수 있기 때문이다.

- *이론은 익숙함의 굴레를 깬다.* Brookfield(1995: 98)는 다른 사람이 쓴 것을 읽음으로써 우리는 "특정 순간의 실행에 대한 이론적 깨달음을 얻을 수" 있다고 말한다. 그는 다음과 같이 덧붙인다: "만약 내가 그러한 것들을 얻을 수 없다면, 무슨 일이 일어나겠는가? 잘 알려진 교육자로서 우리는 익숙한 틀 안에서 작업하기 시작할 것이며, 이러한 틀 밖으로 나갈 가능성은 없을 것이다"(Brookfield, 1995: 98). 따라서 이론은 "상대주의와 고립주의의 함정에 희생되는 것으로부터 우리를 자유롭게 해"줄 수 있다(Brookfield, 1995: 98).

- *이론은 부재한 동료의 대용물이 될 수도 있다.* 모든 교사가 동료와 만나 교수활동에 대해 논의할 기회를 가지고 있는 것은 아니고, 따라서 자신과 반대되는 동료의 의견에 노출되지 않는다. 그 결과 대안적 관점을 들을 수 있는 유일한 방법은 자신의 교수활동을 점검하거나 다른 사람들이 쓰거나 말한 것을 읽는 것이다. 하지만, 만약 교사들이 동료와 논의할 기회가 있다면, 이들이 논의하며 자신의 교수활동을 재구성할 것을 고려할 때, 이론은 교사들의 교수활동을 좀 더 사회적 상황 속에서 이해하도록 한다.

Argyris와 Schön(1974)은 실행가가 사용하는 두 유형의 이론을 다음과 같이 구별하였다. 전문직종의 "공식" 이론(예를 들어, 교사가 교사교육 수업에서 또는 책이나 학회지를 읽으면서 배운 것 등), 그리고 생각, 예감, 개념, 그리고 실행가가 의지하는 이론 등을 포함하는 "비공식적" 이론(이는 "사용 중 이론"이라고 불린다). 교사는 자신의 "비공식적" 이론, 즉 자신의 교수활동 기저에 있다고 생각되는 이론에 대해 성찰하고, 이를 "사용 중 이론", 즉 그들이 실제 수업에서 하는 것과 비교해 볼 수 있다(7장에서 "사용 중 이론"을 다룰 것이다). 앞 장에서 우리가 자신의 실행 원칙(가설, 신념, 개념)을 말로 설명하고 이에 대해 성찰하고자 했던 것처럼, 이제 우리는 스스로의 실행 이론을 구체적으로 설명하고 성찰함으로써 우리의 자기인식을 더 발전시키고자 한다. Widdowson(1984: 87)이 언급했듯이, "아무리 이론이 공상적으로 느껴진다 하더라도 교사는 이론적 생각을 접해야 하며, 이와 함께 이러한 이론의 의미 및 실행과의 관련성 정도에 대해 이해해야 한다는 것을 받아들여야 한다." 교사 계획, 교사 역할, 결정적 사건, 그리고 사례를 분석함으로써 이론을 의식적으로 성찰하는 것은 중요한데, 이는 서로 다른 교수 이론은 결국 교실 삶에 대한 서로 다른 이해로 귀결될 것이기 때문이다(Richards, 1998). Richards(1998)가 설명하듯이, 예를 들어, 교수에 대한 교훈적 이론은 교사가 지식 전달자로서 수업을 통제하는 것을, 그리고 교수에 대한 발견 이론은 학생들이 교사의 개입은 최소화한 채로 스스로 지식을 발견하는 것을 제안한다. 반면, 교수에 대한 상호작용 이론은 학생들이 지식을 얻기 위해 동료학생과 함께 그리고 교육과정 내용과 적극적으로 상호작용하는 것을 제안한다.

성찰의 시간

- 당신은 교사가 자신의 모든 전문가적 실행을 이론에 – 그 이론이 어디에서 왔든지 간에 – 기초한다는 것에 동의하나요, 또는 동의하지 않나요?

- 이론에 대한 성찰은 어떻게 언어교사를 도울 수 있나요?

- "좋은 이론처럼 실제적인 것은 없다"(Lewin, 1943: 35). 당신은 이 격언을 어떻게 이해하나요?

- Widdowson(1984: 87): "이론과 실행 사이에 충돌하는 것은 없다. 단지 특정 이론과 특정 실행 사이에만 있을 뿐이다." 당신은 이 인용문을 어떻게 이해하나요?

교사 계획

이론의 첫 번째 측면은 교사는 어떻게 계획하는가에 대해 성찰하는 것을 수반한다. 교사 계획은 가르치기 위한 적절한 수업 내용, 어떤 자료와 활동을 사용하여 어떻게 가르칠지, 그리고 수업 중 교사와 학생의 역할에 대해 고려하는 복잡한 과업을 포함한다. 이 모든 것들은 보통 수업계획서에 들어 있다. 수업계획서는 교수와 학습의 본질에 대한 교사 이론, 교사의 수업 내용에 대한 이해, 수업에서 교사와 학습자의 역할, 그리고 교사가 사용하고자 하는 방법론을 반영할 것이다. 언어교사를 위한 서로 다른 이론적 근간을 강조하는 세 가지 수업계획 디자인은 *선행적, 중간적, 그리고 후행적* 디자인이다 (Ashcraft, 2014). 이 세 디자인은 수업이 개발되는 방향에 영향을 주기 때문에 수업계획 과정의 중심에 있으며, 교사는 각각이 무엇을 포함하는지를 알고 있어야 한다.

선행적 계획에서 교사는 수업의 내용(언어적 또는 그 외)을 정하고 이후 특정 교수 방법론과 수업 내용을 가르칠 때 사용할 활동을 결정한다. 교사는 수업의 결과로서 학습한 내용을 어떻게 평가할지를 포함하고자 계획할 수도 있다. 교사가 수업계획에 있어 선행적 디자인을 선택하기로 했다면, 이 교사는 교육과정, 교수요목, 그리고 교재를 따르는 것을 다른 무엇보다 우선한다는 "이론을 가지고 있으며", 이와 함께 시험은 교사 개개인에 의해서가 아니라 중앙에서 설계된다는 것을 인정한다. 만약 교사가 정해진 교육과정을 따르도록 그리고 학생들의 학습과 상관없이 교재를 마치도록 요구된다면, 이들은, 비록 이러한 이론이 자신의 실제 교수 이론을 반영하지 않음에도, 이를 "강제로" 수용하도록 된 것일 수도 있다(Richards, 2013). Richards(2013: 29)가 언급하듯이, 선행적 계획은 "의무 교육과정을 따르고, 가르치는 내용과 방법에 있어 교사의 선택권이 거의 없으며, 교사가 설계한 학습자료보다는 교과서나 상업적 교수자료를 주로 사용하고, 학급의 크기가 크며, 시험과 평가는 개별 교사가 아니라 중앙에서 설계된 곳에서" 사용된다.

중간적 계획에서 교사는 수업 내용을 선택하기 전에 구체적 교수 방법론과 활동을 살펴보며 계획을 시작한다. Richards(2013: 29)가 설명하듯이, 교수 방법론과 활동은 "자신이 일하는 상황에 대한 교사의 이해 및 수업과정을 운영하고 교수자료와 평가 형식을 고안할 수 있는 개인의 능력과 전문성에 따라 개발된다." 수업계획에 대한 이러한 이론적 초점은 "학습은 미리 정해진 내용을 숙달하는 것으로 생각되는 것이 아니라, 구체적 학습 상황 및 특정 활동과 과정에 참여함으로써 새로운 지식을 창조하는 것으로 여겨짐을" 시사한다(Richards, 2013: 20).

후행적 계획 과정에서 교사는 먼저 목표한 수업 결과, 그리고 수업 마지막에 학생들이 알아야 할 것을 결정한다. Ashcraft(2014)가 설명하듯, 이후 교사는 목표한 학습이 일어났다는 것을 보여주기 위해 어떤 종류의 증거가 필요한지를 결정한다. Ashcraft(2014: 34)는 다음과 같이 덧붙인다. "수업의 목표를 상술하고 평가 증거를 고려한 후에야 교사는 학습활동에 대한 결정을 내린다." 교사 계획에 대한 이러한 이론적 초점은 교사가 요구분석, 계획, 그리고 교재개발에 의해 많은 영향을 받는다는 것을 시사한다. 이는 또한 교육과정에 이미 내재된, 교사들에게 주어진 학생들의 학습에 대한 고도의 책임에 교사들이 응해야 하기 때문일 수도 있다(Richards, 2013).

세 가지 수업계획 디자인은 교육의 내용, 과정, 그리고 결과와 관련된 이슈들을 논할 때 서로 다르며, 이는 어떻게 수업이 진행되느냐 뿐만 아니라 각 디자인에서 교사와 학생의 역할에 있어서도 영향을 준다. 선행적 수업계획은 교사가 수업의 내용과 관련된 결정을 내리며 시작하고(즉, 교사 주도적), 그 이후에야 방법론으로 나아가고, 학습결과에 대한 평가가 그 뒤를 따른다. 교사가 교수요목과 관련된 이슈 위주로 계획을 짠다면, 이 수업의 이론적 토대는 아마도 배워야 할 목록(단어 목록, 문법 목록, 또는 좀 더 최근에는 언어적 입력 내용을 결정하기 위한 말뭉치 분석—어구, 다단어 단위, 그리고 연어)에 의해 영향을 받을 것이다. Wiggins와 McTighe(2005: 15)는 전형적인 선행적 언어 중심 수업계획서의 예를 제시한다:

- 교사는 수업에 대한 주제를 정한다(예, 인종적 편견).

- 교사는 수업자료를 선정한다(예, 앵무새 죽이기).

- 교사는 수업자료와 주제를 바탕으로 교수 방법론을 선택한다(예, 책을 토론하기 위한 세미나와 영화나 TV의 정형화된 이미지를 분석하기 위한 협동 그룹).

- 교사는 학생들이 책을 이해했는지 평가하기 위한 에세이 질문을 선택한다.

선행적 수업계획에서, 교사와 학생은 모두 구체적인 역할이 있다. Richards (2013)에 의하면, 교사는 지식 전달자와 정확한 언어사용을 "강화하는 자"의 역할을 할 뿐만 아니라, 교수자, 본보기, 그리고 설명하는 자로 여겨진다. 이러한 수업에서 학생들은 보통 배운 내용을 새로운 상황에 적용할 뿐만 아니라 정확한 언어 형식을 숙달하는 역할을 가진다. 학생들은 또한 언어 규칙을 이해하고 있음을 보여주어야 한다.

중간적 수업계획 또는 활동에 기반한 수업은 교수 기술이나 활동과 같은 방법론과 관련된 결정을 내리는 것으로 시작하며, 학습결과와 관련된 이슈는 미리 자세히 구체화되지 않고 수업 중에 다루어진다. 다시 말해, 이러한 수업을 계획할 때, 교사는 먼저 교수 절차와 활동을 고려하고 그 이후에야 학습자들이 성공적으로 이러한 학습활동을 완수하기 위해 어떠한 지원이 필요한지 관심을 가진다. 만약 교사가 방법론적 이슈 위주로 수업을 계획한다면, 이러한 수업의 이론적 토대는 학습자 중심일 것이다. Graves(2008: 152-3)는 다음과 같이 설명한다. "계획하고, 실행하고, 평가하는 과정은 서로 연결되어 있으며, 순차적이 아니라 역동적이다. 이들은 전후로 움직이며, 서로에게 정보를 주고 영향을 준다." 이러한 수업계획의 최신 예는 때로 "도그마"라고 불린다(Meddings and Thornbury, 2009). "도그마" 수업은 교사와 학생, 그리고 학생과 학생 사이의 대화를 통한 상호작용으로 구성되어 있다. 그 결과 수업계획에 대한 이 접근법은 교사와 학생에게 다른 역할을 강조한다. 중간적 수업계획에서 교사는 학습 촉진자, 내용과 과정의 협상자, 그리고 학습자의 자기표현과 자율성을 장려하는 자로 여겨진다. 학생들의 역할은 학습 내용과 방식의 협상자를 포함한다. 학생들은 또한 자신의 학습 전략을 발전시키고 학습에 대한 책임과 학습자 자율성을 받아들여야 한다.

후행적 수업계획-때로 요구에 기반한 접근법이라고도 불리는데-은 먼저 학습결과를 구체화한다. 이러한 학습결과는 교수의 과정 및 내용의 기초로 사용된다. 이러한 목표-수단 접근법(목표를 성취하기 위한 수단을 개발하는 전제조건으로서 목표의 구체화; Richards, 2013)은 학생들의 학습 목표를 강조하며, 일반적으로 다음의 단계로 구성되어 있다.

- 1단계: 요구 진단

- 2단계: 목표 공식화

- 3단계: 내용 선정

- 4단계: 내용 구성

- 5단계: 학습 경험 선정

- 6단계: 학습 경험 구성

- 7단계: 평가의 내용과 방식 결정(Taba, 1962: 12, Richards, 2013에서 인용)

후행적 수업계획에서, 수업은 학생들이 무엇을 배울지와 관련된 결정으로 시작되고(이는 미리 결정되어 있다), 따라서 이러한 목표를 성취하기 위한 특정 교수 이론이 암시되어 있지는 않다; 교사는 수업의 바람직한 목표를 성취할 수 있다고 생각하는 전략은 무엇이든 시도한다. 따라서 바람직한 수업 목표가 확정될 때까지 교수 방법론은 결정될 수 없다. 수업 목표는 요구분석을 시행해서 확정할 수 있다. 예를 들어, 과업중심 교수나, 역량기반 교수-학습 결과가 수업 마지막에 숙달되어야 하는 역량으로 표현되는-또는 좀 더 최근에는 특정 기준, 핵심 능력, 수행 프로필, 그리고 목표 역량이 충족되어야 하는 유럽공통참조기준에서처럼 말이다. 수업계획의 다른 두 접근법처럼, 후행적 수업계획에서도 교사와 학생은 다른 역할을 갖는다. 교사는 학습 경험의 구성자, 목표언어 수행의 본보기, 그리고 학습 경험 계획자로 여겨진다. 학생들은 연습과 습관형성을 통해 학습해야 하고, 언어에 유창해지고자 할 때 정확한 언어사용뿐만 아니라 상황에 적절한 언어를 구사하는 것을 익혀야 한다.

성찰의 시간

- 당신은 어떤 유형의 수업계획을 하나요?

- Crookes(2013: 10)가 제기한 수업계획과 관련된 다음의 질문에 답하세요: "당신이 가르쳤던 수업을 떠올려보라. 당신은 교과서로 시작했는가, 아니면 이전 시간에 했던 것을 설명하면서, 또는 요구분석으로 시작했는

가? 일반적으로 당신은 교재에 얼마나 의존적인가? 당신은 어느 정도로 기존의 교재를 의무적으로 사용해야 하는가?"

- 당신은 상기 제시된 세 가지 수업계획 디자인(선행적, 중간적, 후행적) 중 따르는 것이 있나요?

- Ashcraft(2014)는 세 가지 디자인의 예를 다음과 같이 제시합니다. 교사 계획의 이론적 토대 및 실행 가능성의 측면에서 각각에 대해 당신의 의견을 제시하세요.

  ○ 교사는 교수요목이 여행이라는 주제와 관련된 언어를 가르칠 것을 요구한다는 것을 확인한다. 교사는 여행과 관련된 어휘를 제시하기 위해 사진을 사용하기로 하고, 교과서에 있는 여행과 관련된 대화를 학생들이 연습하도록 한다. 학기 말에 보는 시험인 평가는 단어와 그 뜻을 짝짓도록 하고, 여행의 주제로 쓰인 한 문단 속의 빈칸을 채우도록 한다.

  ○ 교사는 학생들로 하여금 그룹을 지어 순위를 매기는 과업을 하기로 결정하는데, 이는 이러한 과업을 통해 학생들이 많이 토론할 수 있기 때문이다. 순위를 매기는 과업은 학생들에게 "I think" 또는 "In my opinion"과 같은 언어를 사용하여 자신의 의견을 표현하도록 한다. 과업은 또한 학생들이 서수와 비교급을 사용하도록 한다. 따라서 교사는 이 수업의 내용을 의견 표현하기, 서수 사용하기, 그리고 목록 비교하기로 결정한다. 수업이 진행된 후, 평가는 이러한 형식과 기능의 사용을 평가하기 위해 만들어진다.

  ○ 교사는 (요구분석을 행하거나 학교에 의해 채택된 일련의 기준을 참조하여) 학생들이 구두나 글로 과정을 묘사할 수 있어야 한다는 것을 확인한다. 이후, 교사는 어떻게 과정에 대해 묘사하는 것이 평가될 수 있는지 생각해 보고, 이 단계에서 최종평가를 위한 질문지

와 지시문을 작성할 수 있다. 마지막으로, 교사는 학생들이 목표를 성취하고 성공적으로 평가를 치를 수 있도록 돕는, 학생들이 참여할 수 있는 수업활동을 결정한다.

- Richards(1996)는 연구에서 홍콩의 교사들이 수업 안에서 자신의 역할에 대해 가지고 있는 다음의 이론적 신념들을 발견합니다. 각 역할은 상기 제시된 세 가지 수업계획 디자인의 어디에 적합한가요? 이러한 역할 중 당신의 수업에서 계획하고 있는 것은 무엇인가요?
  ○ 유용한 언어 학습 경험을 제공하라.
  ○ 정확한 언어사용의 본보기를 제시하라.
  ○ 학습자의 질문에 답하라.
  ○ 학습자의 실수를 정정하라.
  ○ 학생들이 효과적인 학습 접근법을 발견하도록 도와라.
  ○ 학생들에게 지식과 기술을 전수하라.
  ○ 학생들의 필요에 맞도록 교수 접근법을 조정하라.

결정적 사건

이론에 대해 성찰하기 위한 또 다른 방법은 특정 결정적 사건을 찾아내어, 실행에 대해 이론화하는 것의 지표로서 그 기저의 의미를 고려하는 것이다. 결정적 사건은 수업 중, 수업 외에, 그리고 교사의 커리어 동안 일어난 계획하지 않은 예상치 못한 사건을 의미하며, "생생하게 기억된다" (Brookfield, 1990: 84). 사건은 의식적으로 성찰했을 때에야 비로소 결정적이 된다. 언어교사가 이러한 결정적 사건을 공식적으로 설명하고 분석할 때,

그들은 자신의 실행에 대해 새롭게 이해하게 된다(Richards and Farrell, 2005). 결정적 사건은 성찰적 실행의 매우 중요한 부분인데, 이는 교사가 교수라는 것은 복잡하며, 한 교사의 경험은 다른 교사의 경험과 그렇게 다르지 않을 수도 있다는 것을 깨닫게 되기 때문이다. Brislin 등(1986: 13)이 언급했듯이, "결정적 사건은 공통적인 감정적 경험, 의사소통의 어려움, 그리고 기존지식에 대한 도전을 개괄한다."

결정적 사건은 또한 교실 밖에서 일어났지만 교사에게 영향을 주고, 교사의 직업적 삶은 물론 개인적 삶에 중요한 변화를 가져올 수도 있는 일반적 사건일 수도 있다. 예를 들어, 교사는 학회나 워크숍에 참여하고 크게 영감을 받거나 도전을 받아, 잠시 가르치는 것을 그만두고 가르치는 것에 대해 더 배우고자 대학원에 갈 수도 있다. 이러한 직업 결정적 사건은 자전적 스케치의 형태로 또는 이전 장에서 요약한 "삶의 나무"와 함께 표현될 수 있다.

결정적 사건 보고하고 분석하기

결정적 사건에 대해 성찰할 때, 교사는 다음의 질문을 고려할 수 있다 (Richards and Farrell, 2005에서):

- 이 사건은 왜 당신에게 중요한가?
- 이 사건 직전에 무슨 일이 있었는가?
- 이 사건 직후에 무슨 일이 있었는가?
- 이 사건 당시 당신은 어떻게 반응했는가?
- 이 사건을 당신은 어떻게 해석하는가?
- 이 결정적 사건은 당신의 교수활동 기저에 있는 가설 중 어떤 것을 보

여주는가?

- 이 결정적 사건에 대해 성찰했으니, 이러한 사건이 다시 일어난다면 당신은 다르게 반응할 것인가? 왜 또는 왜 그렇지 않은가?

이러한 결정적 사건에 대해 보고할 때, 교사는 다른 교사와 협동하고 사건을 공유할 수 있다. Kumaravadivelu(2012: 95)가 최근 설명했듯이, "교수는 이론화하는 과정을 통해 동시에 형성하고 형성되는 성찰적 실행이며, 이러한 이론화 과정은 문답적 탐구dialogic inquiry라는 협동적 과정에 의해 강화된다." 이러한 협동은 들어주고 필요할 때 문제를 제기하는 비판적 친구와 함께 행해질 수 있는데, 이를 통해 교사는 사건에 대한 가능한 하나의 해석 외에도 다른 해석들에 대해 들을 수 있다. "결정적 사건 프로토콜"은 다른 교사와의 협업을 위해 설계되었다. 이 프로토콜은 교사가 사건에 대한 자신의 이야기를 다른 교사와 공유하고 서로 피드백을 주고받도록 한다. 다음의 과정 (Brookfield, 1995에서 개작)은 결정적 사건에 대해 성찰할 때 비판적 친구 그리고/또는 교사 그룹이 사용할 수 있다:

- *사건에 대한 이야기를 작성하라.* 그룹의 모든 교사는 문제 있는 교실 사건에 대한 이야기를 작성한다.

- *어떤 일이 일어났는가?* 이야기 저자가 무슨 일이 일어났는지에 대해 작성한 이야기를 읽고, 교수 상황 및 목표를 고려하여 맥락화한다.

- *왜 그 일이 일어났는가?* 교사 그룹은 이해를 돕기 위한 질문을 한다.

- *이는 무엇을 의미할 수 있는가?* 교사 그룹은 교수 상황을 고려하여 사건에 관해 질문한다. 교사 그룹의 구성원은 사례에 대해 논의하며, 배려하는 전문가의 역할을 한다. 이때 이야기 저자는 듣는다.

- *교수활동에 대해 무엇을 제시하는가?* 이야기 저자는 논의와 동료 피드백에 응답하고, 자신의 교수 실행을 향상시킬 수 있는 새로운 통찰력을 발견하려고 한다.

- *이 과정에 대해 보고하라.* 그룹은 협동적 과정에서 일어난 일과 어떻게 그 과정이 진행되었는지를 논의한다.

결정적 사건에 대해 보고하고 분석하는 또 다른 방법은 수업에 대한 학생들의 반응을 알아보고자 학생들에게 실시하는 "결정적 사건 설문"을 사용하는 것이다(Brookfield, 1995). 이 설문은 각 수업, 한 주, 그리고/또는 한 학기의 마지막에 시행하는 한 장으로 된 유인물이며, 다음의 다섯 가지 질문으로 구성되어 있다(Brookfield, 1995: 115):

1. 이번 주 수업에서 어떤 순간에 수업에 가장 잘 몰두했다고 느꼈나요?

2. 이번 주 수업에서 어떤 순간에 수업에 가장 몰두하지 못했다고 느꼈나요?

3. 이번 주 수업에서 누구의 행동이(교사 또는 학생) 가장 긍정적이고 도움이 되었나요?

4. 이번 주 수업에서 누구의 행동이(교사 또는 학생) 가장 당혹스럽고 혼란스러웠나요?

5. 이번 주 수업에서 당신을 가장 놀라게 한 것은 무엇인가요? (이는 수업에서 있었던 일에 대한 당신의 반응일 수도 있고, 누군가의 행동에 대한 것이거나, 또는 당신에게 일어난 일에 대한 반응일 수도 있습니다.)

학생들은 수업에서 실제로 일어난 일에 대해 자세히 설명하도록 요구되고, 교사는 그 결과를 수업에서 학습에 관해 논의할 때 사용함으로써, 학생들이 성찰적 학습자가 되도록 장려할 수 있다.

결정적 사건에 대한 통찰력을 개발할 수 있는 또 다른 수단은 수업 와해lesson breakdowns에 대한 자료를 수집하는 것이다(Richards and Farrell, 2005). Wajnryb(1992: 87)에 의하면, 수업 와해는 "수업 중 의사소통 문제나 오해 때문에 수업이 진행될 수 없는 지점"이다. 교사는 수업 와해가 일어난 지점을 묘사하고 왜 그런 일이 일어났는지를 질문한다. 이후 교사는 이 일이 어떻게 해결되었는지 또는 그렇지 않은지에 대해 성찰한다. 문제가 해결되었다면 이 역시 문서화되고 논의된다. 만약 해결되지 않았다면, 해결될 수도 있었던 방식을 제안할 수 있다. 이후 교사는 언어 교수와 학습에 대한 자신의 이론에 비추어 이 결정적 사건을 평가함으로써 이 사건에 대한 개인적 중요성을 결정한다.

성찰의 시간

- 수업 중 언제 사건은 언어교사에게 결정적이 되나요?

- 수업 외(예, 직업 결정적 사건) 언제 사건은 언어교사에게 결정적이 되나요?

- 수업 중 결정적 사건을 경험해 본 적이 있나요? 만약 그렇다면, 그 사건을 서술하고 왜 그 사건이 당신에게 결정적인지를 설명하세요(예, 무엇이 그 사건을 당신에게 결정적이게 했는가?).

- 당신은 직업 결정적 사건을 경험해 본 적이 있나요? 만약 그렇다면, 사건을 서술하고 왜 그 사건이 당신에게 결정적인지를 설명하세요(예, 무엇이 그 사건을 당신에게 결정적이게 했는가?).

- 당신은 "teaching high" 그리고 "teaching low"라는 용어를 어떻게 이해하나요?

  ○ 지난주, 지난달, 또는 지난 학기를 돌아보고, "이 일이야말로 교사로서 나의 삶을 너무나 어렵게 만드는 일이야"라고 스스로에게 말하게 만든 사건이 있었는지 생각해 보세요. 어디서, 언제 이 일이 일어났으며, 누가 연루되었고, 이 일이 당신에게 그렇게 중요하도록 만든 것은 무엇인가요?

  ○ 지난주, 지난달, 또는 지난 학기를 돌아보고, "이것이야말로 진정한 교수활동이지"라고 스스로에게 말하게 만든 사건이 있었는지 생각해 보세요. 어디서, 언제 이 일이 일어났으며, 누가 연루되었고, 이 일이 당신에게 그렇게 중요하도록 만든 것은 무엇인가요?

- 상기 언급한 것처럼, 언어교사의 경험은 결정적 사건 분석이라는 렌즈를 통해 정확히 이해될 수 있고, 이러한 사건은 교실 안과 밖에서 일어날 수 있습니다. 직업 결정적 사건의 결과로서 야기된 당신의 커리어에 있어 중요한 변화에 대해 성찰하고, 왜 이 일이 당신에게 중요한지 질문하세요. 어떻게 이 사건이 언어교사로서 당신의 미래에 영향을 줄 것인가요?

사례

이론을 탐구하는 또 다른 수단은 실행과 관련된 사례연구에 대해 성찰하는 것이다. 사례연구는 교사들이 교수활동에서 실제로 경험하는 것에 대해 교사의 시각에서 구체적인 증거를 제공한다. 사례를 성찰하고 분석하는 것은 예비교사와 초보교사에게(경력교사에게조차도) 어떻게 그들보다 더 경험이 많은 교사들이 비슷한 사건을 다루었는지를 보여줄 수 있고, 이러한 분석을 통해 교사는 실행에 대한 자신의 이론을 발견할 수 있다. 예를 들어, 사례는 수업에서 일어날 수 있는 교수활동의 딜레마—문제가 많은 교실 루틴이나 활동, 또는 학습자 규율 문제와 같이—에 대해 자세히 설명할 수 있다. 사례는 또한 글쓰기 활동이나 말하기 활동과 같은 활동에 초점을 둘 수도 있고, 또는 어떻게 활동을 구성할지 그리고/또는 활동과 활동 사이의 이행기를 어떻게 다룰지와 같은 이슈에 더 초점을 둘 수도 있다. 핵심은 질문하고 분석하는 과정을 통해 사례가 해부될 때, 교사는 어떻게 자신의 이론이 특정 상황에서 자신의 행동방식에 영향을 주었는지, 그리고 그 이론을 계속 가지고 갈 것인지 그렇지 않은지에 대해 더 잘 인식하게 된다는 것이다. Shulman(1992)이 설명하듯이, 사례는 "교사에게, 원칙은 종종 서로 충돌하는 듯하고 간단한 해결책은 없는 복잡한 실행의 세계에서, 상황을 분석하고 판단을 내릴 기회를" 제공한다(p. xiv).

사례 보고하고 분석하기

교사는 자신의 교실에서 실제로 일어난 일을 바탕으로 자신의 사례를 작성할 수도 있고, 또는 다른 교사에 의해 준비된 사례를 읽고 논의할 수 있다. Olshtain과 Kupferberg(1998: 187)는 자신의 사례를 작성하고 성찰하는 것은 교사로 하여금 "비슷한 문제를 대처할 수 있는 대안의 해결책이 언제나 존재하는 예측할 수 없는 교실 현실에 질서와 일관성을 부여하도록" 한다고 주장한다. 사례와 관련된 이슈를 살펴볼 때, 교사는 자신의 사례를 작성할 수 있다. 여기에 성찰을 위해 고려해볼 만한 몇 가지 주제가 제시되어 있다 (Richards and Farrell, 2005: 128-9에서):

- 두 명의 서로 다른 학생(높은 실력의 학생과 낮은 실력의 학생)이 그룹 활동을 어떻게 수행했는지에 관해 한 학기 동안 수집한 정보
- 교수활동의 첫 몇 달간 교사가 경험한 문제에 대한 설명
- 두 명의 교사가 어떻게 팀티칭 전략을 도입했으며 어떤 어려움을 경험했는지에 대한 이야기
- 수업 참여에 대한 패턴을 비교하기 위해 성취도가 높은 학생과 성취도가 낮은 학생을 한 학기 동안 관찰한 이야기
- 전형적인 수업 주간에 교사가 경험했던 모든 교실운영 문제에 대해 교사 저널에 쓴 설명
- 3주 동안 교사가 어떻게 수업계획서를 사용했는지에 대한 설명
- 두 명의 교사가 수업의 목표와 관련하여 둘 사이에 있었던 오해를 어떻게 해결했는지에 대한 이야기
- 한 학생이 초기 단계에서 완성 단계까지 3주에 걸쳐 작업해 온 자신의 작문에서 수정한 모든 것에 대한 묘사

교사는 또한 가능한 많은 교수 상황을 분석하기 위해 다른 교사가 쓴 사례를 얻고자 노력할 수도 있다. Wassermann(1993)은 교사가 다음 세 단계의 측면에서 사례(교사 또는 다른 사람이 작성한)를 활용해야 함을 시사한다.

- *사실 조사*: 사례의 상황이나 문제를 다루기 전에, 관계있는 사실이나 개념에 대해 질문을 만드는 것은 유용하다. 이 초기 단계에서는 추후 있을 분석의 가능한 단서가 될 모든 세부 사항을 표면화하는 데 중점을 둔다. 이는 너무 이른 해결책을 찾으려는 교사에게 천천히 생각하도록 하고 사례의 사실에만 집중하도록 하는 한 방법이다.

- *의미 이해*: 사례 분석의 첫 단계를 완수했으므로, 당신은 많은 정보를 축적했고 이를 이해해야만 한다. 이 단계에서, 교사는 사례의 문제점을 먼저 해당 교사의 관점에서, 그리고 이후 자신의 관점에서(만약 자신이 사례를 작성하지 않았다면) 확인하고자 한다.

- *문제 해결*: 사례 분석의 마지막 단계에서, 교사는 이전의 일련의 질문을 바탕으로 사례에 관해 결정을 내리고자 한다. 마지막 두 범주(의미 이해와 문제 해결)는 비판적 성찰에 있어 교사의 성장을 증진하고자 하는 목적이 있다.

덧붙여, "사례에 대해 미리 정해진 관점을 제시하기보다는 창의적이고 비판적 사고를 장려하고자 하는" 다음의 질문들도 사례를 분석하기 위해 사용될 수 있다(Jackson, 1997: 7):

- 왜 이 사례는 딜레마인가?
- 주요 참여자는 누구인가?
- 주요 이슈/문제는 무엇인가?
- 상황을 해결하기 위해, 만약 할 수 있다면 어떤 일을 해야 하는가?
- 각 해결책의 결과는 무엇인가?
- 당신이 결정권자라면 무엇을 하겠는가?
- 이 사례에서 무엇을 배웠는가?

사례를 논의할 때, 교사는 문제를 정의하고, 이슈를 명확히 하며, 대안을 가늠해 본다. 사례에 대한 성찰의 결과, 교사는 어떻게 자신의 실행 이론을 재구성하고자 하는지 결정할 수 있으며, 이후 특정 행동방침을 결정한다.

성찰의 시간

- 사례를 분석하는 교사는 어떻게 실행을 이론과 연결시킬 수 있나요?

- 자신의 교수를 바탕으로 사례를 작성하는 것을 통해 당신이 얻을 수 있는 것의 목록을 작성하세요.

- 사례를 작성하는 데 어떤 어려움이 있을 것이라고 생각하나요?

- 사례보고서의 주제로 적절하다고 생각되는 예를 제시하세요.

- 한 교사가 경험한 "난독증 학생"의 실제 사례를 읽고, 사례를 분석한 결과로서 이 교사의 실행 이론을 밝히세요.

수업 첫날 밤 나는 학생들을 바라보며, 약간의 걱정이 들었다. 4레벨을 가르치는 것은 처음이었고, 학급은 컸다. 학생 수는 분반이 요구되는 숫자에 약간 못 미쳤다. 이 학생들을 알아가는 데 평소보다 시간이 더 걸릴 것이며, 8주의 수업 기간을 감안하면 이는 그리 좋은 상황은 아니었다. 학생들을 제대로 돕기 위해선 얼굴만 익혀서는 안 되는 것이다. 이 수업은 구소련에서 최근 미국으로 이민 온 성인 이민자들을 위한 야간 학교 수업이었다. 학생들은 자주 시끄럽고 자기주장이 강했지만, 동시에 많은 학생들이 근래에 자신들의 삶에 생긴 변화에 대해 (문화) 충격을 경험하고 있었다. 이들은 미국에 대해 거의 알지 못했으며, 미국에 대해 배우기를 걱정하면서도 동시에 열망했다. 학생들의 공격적인 태도는 아마도 이를 반영하는 것이리라. 어쨌든, 나는 30명의 나의 학생들에 적응하고 학기를 시작했다. 이후 2주 동안, 학생들의 이름과 얼굴이 구별되기 시작했다. 알 수 없는 이유로 행복했다가 우울한 올가; 모든 것을 아는(또는 안다고 생각하는) 세르게이; 진지하면서도 동시에 부주의한 아브람; 이미 배달원으로 일을 시작하고 도시의 다양한 지역을 발견하는 것을 한껏 즐기는 페트르. 하지만 내가 잘 파악할 수 없었던 학생은 안드레이였다. 그는 조용했고, 요구하지 않으면 말하지 않았지만, 항상 출석했고 집중했다. 그는 아내인 마리아 옆에 앉았으며, 짝활동에서는 같이 활동했다. 나는 그가 덜 적극적인 이유를 그가 공장에서 이미 일을 찾았고, 늦은 시간 피곤한 상태로 학교에 오기 때문이라고 생각했다. 하지만 어느 날 저녁, 나는 뭔가 이상한 것을 발견했다. 학생들이 책을 소리 내어 읽어야 하는 연습활동 동안―이는 내가 일반적으로 학생들에게 시키는 활동은 아니었는데―안드레이는 다른 학생들보다 훨씬 더 힘들어했는데, 평소 그의 영어실력 정도라면 더 잘할 것이라고 기대되는 상황이었다. 그는 학급에서 가장 잘하는 학생은 아니었지만, 듣기/구두 활동에서 이름이 불리면 빨리 대답했고, 자신의 능력 수준에선 충분히 유창했다. 따라서 이 활동에서 그의 수행은 그의 평소 실력과는 어울리지 않는 것이었다. 나는 소리 내어 읽는 연습활동을 더 많이 짜서 좀 더 알아보고자 했고, 결과는 모두 같았다. 다른 학생들이 훨씬 더 부드럽게 읽을 때, 그는 자신이 아는 단어를 재고 발음을 엉망으로 하며 계속해서 힘들어했다. 나는 또한 그의 표정에서 이 연습활동을 할 때는 제발 그의 이름이 불리지 않기를 바라는 것을 읽을 수 있었다. 그의 학교 기록을 좀 더 살펴보니, 그가 입학 시 2레벨로 시작했고 나의 수업까지는 정상적으로 진급했음을 알 수 있었다. 그는 평균 정도의 학생이었고, 이전 교사들도 이를 확인해주었다. 그들은 안드레이가 수업에서 착하고 예의 발랐지만, 좀 느릿느릿하다고 했다. 하지만 나는 뭔가 그 이상의 일이 일어나고 있다고 느꼈다. 이 학교에서 내가 배운 것 중 하나는 부부가 시험을 볼 때는 옆에 앉도록 하지 않는다는 것이다. 너무 많은 부정행위가 일어날 것이기 때문이다. 사실 나는 항상 시험을 위해 좌석을 미리 정해 놓는데, 내 생각에 부정행위에 유혹을 느낄만한 학생들은 앞줄로 배정했었다. 안드레이에 대해서는, 그의 아내가 이전 레벨 내내 그를 "도왔을 것"이라고 생각했다. 중간고사에서 나는 그와 마리아를 떨어져

앉게 했지만, 그를 앞줄로 옮기지는 않았다. 아직 확신이 없었기 때문이다(그리고 부정행위를 한다고 확신하는 다른 학생들이 있었다). 시험에서 안드레이는 계속해서 창밖을 바라보는 것 같기도 했는데, 아니면 그의 왼편 앞쪽 대각선상에 있는 학생의 시험지를 보는 것이었을까? 나는 여전히 확신할 수 없어 그를 그대로 놔두었다. 하지만 시험 후에, 두 시험지를 따로 분류하여 채점했다. 시험지는 서로 동일했으며, 안드레이는 90점대 중반의 점수를 받았는데 이는 그의 이전 성적보다 훨씬 더 높은 것이었다. 이제는 내가 다룰 수 있는 부정행위이기 때문에, 나는 신중하게 그를 대면하고 새로운 시험을 치르도록 했다. 이번에는 높은 60점대의 점수를 받고 가까스로 통과했다. 이제 나는 그의 읽기 능력에 뭔가 문제가 있다는 것을 확신하게 되었다. 나는— 내가 일반적으로 신뢰하기 어렵다고 여기는— 교장선생님에게 갔다. 그는 진지하게 듣더니 학교가 이 학생에게 도움을 줄 수 있는데, 먼저 시험을 봐야 한다고 했다. 중간고사 경험 이후, 나는 안드레이가 나로부터 또 다른 특별시험에 대해서 듣고 싶어 하지 않을 것이라고 생각했다. 설사 그가 시험을 치르는 데 동의한다고 하더라도, 교장선생님이 진짜 안드레이를 도울 수 있을지 확신이 없었다.

결론

이 장은 교사 계획, 결정적 사건 분석, 그리고 사례 분석의 렌즈를 통해 교사들이 자신의 이론에 대해 성찰할 것을 장려했다. 수업계획의 세 가지 형식(선행적, 중간적, 후행적 계획)의 분석을 통해 자신의 계획을 검토함으로써, 교사는 교수요목과 수업의 초점, 자신이 사용하는 방법론 기저에 있는 이론, 그리고 이러한 수업에서 장려하는 교사와 학생들의 역할이라는 측면에서 자신의 수업의 바탕이 되는 이론을 더 잘 이해할 수 있게 된다. 중요한 결정적 사건과 사례연구를 자세히 설명, 분석, 해석함으로써, 교사는(경력교사와 초보교사 모두) 자신의 실행에 대한 철학적이며 이론적 이해를 성찰하고 강화하는 기회를 갖게 되며, 만약 원한다면 상세한 실행연구 프로젝트를 통해 자신의 교수활동의 다양한 면면을 좀 더 자세히 탐구할 수 있다. 교사가 어떻게 교실 안과 밖에서 마주치는 이슈들을 다루는지에 대한 묘사를 바탕으로 결정적 사건과 사례(교사 스스로 작성했거나 또는 다른 교사에 의해 작성된)를 분석하는 것은 의미 있는 통찰력과 이론에 이르는 기초를 제공할 수 있으며, 교사로 하여금 자신의 교수활동에서 사용하는 이론적이고 실제적인 문제 해결 전략에 대해 말로 설명하고 공유하도록 한다. 교사가 자신의 이론에 대해 성찰하는 것은 중요한데, 이는 자신의 이론이 매력적으로 들린다 할지라도 교사는 그 실행 가능성을 검토해야만 하며, 이를 통해 교수활동에 대한 이해를 좀 더 발전시킬 수 있기 때문이다. 이전 세 장은 교사의 철학(4장), 원칙(5장), 그리고 이론(6장)에 대해 성찰했다. 나는 이 세 가지가 교사의 "실행의 이론적 토대"를 구성한다고 믿는다. 다음 장은 교사가 자신의 실행에 대해 성찰하도록 격려할 것이다.

이 장에 대한 성찰

- 당신의 "실행의 토대"의 공식적 기본방침을 작성하세요. 이 기본방침은 당신의 전문적 교수활동을 안내할 철학(4장), 원칙(5장), 그리고 이론(6장)을 자세히 설명할 것입니다.

- 신뢰하는 친구/동료에게 당신의 "실행의 토대"를 요약하는 편지를 쓰세요. 이를 통해 당신의 친구/동료는 당신의 실행에 대한 철학, 원칙 및 이론을, 그리고 왜 이러한 지식이 제2언어 교사로서 당신에게 중요한지를 이해하게 될 것입니다.

7장
실행

서론

이전의 세 장에서 우리는 교사 "실행의 이론적 토대"가 되는 철학, 원칙, 그리고 이론을 살펴보았는데, 이 장에서는 실행에 대해 성찰하게 될 것이다. 실행은 *실행에 대한 성찰의 체계*의 4단계/수준이다. 이 장에서 교사는 수업에서 그들이 실제 무엇을 하는지(그들이 한다고 믿는 것 대신)에 대해 체계적으로 성찰하도록 장려된다. 실행에 대해 성찰함으로써, 교사는 학생, 교수활동, 그리고 교사로서의 자신에 대해 새로운 이해와 통찰력을 발전시키게 되고, 이를 "실행의 이론적 토대"를 성찰하면서 쌓아 왔던 지식과 비교할 수 있다. 이러한 방식으로 교사는 그들의 이론적 토대가 실행에 영향을 미치는지(만약 그렇다면 어떻게) 그리고 실행이 그들의 이론적 토대에 영향을 미치는지(만약 그렇다면 어떻게)를 면밀히 살펴볼 수 있다. 이 장은 먼저 교사가 어떻게 행위 중, 행위에 대해, 그리고 행위를 위해 성찰할 수 있는지를 논하고, 어떻게 교사가 수업관찰(자기관찰 및 동료관찰)을 하면서 자신의 교수활동에 대해서 성찰할 수 있는지에 대해 기술할 것이다. 이 장은 또한 교사가 실행에 대한 성찰의 결과로서 어떻게 실행연구 프로젝트를 계획할 수 있는지 다룰 것이다.

행위 중, 행위에 *대해*, 행위를 *위해* 성찰하기

이전에 나는 교사가 자신의 교수활동을 탐구하면서 행위 중, 행위에 *대해*, 그리고 행위를 *위해* 성찰할 수 있다고 언급했다. 행위 중 성찰은 교사가 가르치는 행위를 할 때 일어난다. 교사가 행위 중 성찰을 할 수 있기 위해서는, Schön(1987: 30)이 언급한 바와 같이, "일종의 실행 중 앎을 보여주어"야만 하는데, "이들 대부분은 암묵적이다." 실행 중 앎은 얼굴의 특징을 "열거하지" 않고도 합쳐서 군중 속에서 그 얼굴을 인식할 수 있는 것과 유사하다. 만약 누군가가 이러한 일을 해야 한다면, 이는 굉장히 어려울 것이다. 행위 중 성찰은 교사가 가르칠 때 자신의 생각과 느낌에 다가가는 일종의 내적 대화를 경험하면서 시작된다(Schön, 1987). Schön(1987: 26)이 지적하듯이 "행위 중 우리의 사고는, 우리가 그 행위를 하는 동안에 [그리고] 우리가 직면한 상황에 변화를 가져올 수 있을 이 때에, 우리가 하는 것을 새롭게 만들도록 한다."

행위에 *대한* 성찰(Schön, 1983, 1987)은 더 지연된 형태이고, 교실 사건과는 멀리 떨어져서 일어난다는 점에서 행위 중 성찰과 다르다. 교사는 수업 후에 사건에 대해 성찰한다—예를 들어, 수업은 어떠했으며 학생들은 이해했는지, 수업의 영향력(학생들은 무엇을 배웠으며, 다시 해야 할 것은 무엇인지), 수업의 의사소통이 어떻게 학습할 기회를 제공했는지 또는 차단했는지, 그 외 수업에서 일어난 다양한 사건의 수많은 다른 측면에 대해 성찰한다. 행위에 *대한* 성찰은 교사의 교수경력과 상관없이 행해질 수 있고, 따라서 수업관찰이라는 렌즈를 통해 이 장에서 강조될 것이다. 행위에 *대한* 성찰의 결과로, 교사는 향후 더 나아지기 위해 또는 행위를 *위한* 성찰을 위해 그들의 교수활동을 조정할 것을 고려할 수 있다.

행위를 *위한* 성찰은 이전의 두 성찰의 개념과는 다르다. 행위를 *위한* 성찰은 그 특징상 매우 적극적인 성찰이며, 행위 중 성찰과 행위에 *대한* 성찰의 바람직한 결과이다. 수업 중 그리고 수업 후 수업관찰로부터 얻은 지식을 통합하는 것뿐만 아니라, 이전의 두 성찰 방식의 결과에 대한 실행연구 프로젝트를 통해서도 행위를 *위한* 성찰은 촉진될 수 있다.

교사가 *실행에 대한 성찰의 체계의* 어느 단계에서 성찰을 시작하느냐에 관계없이 실행에 대해 성찰하기 위해서는, 그들이 무언가 변화시키고자 하기 전에 자신이 하는 일이 정확히 무엇인지 알아야 한다. 이는 명백해 보이는 듯하지만, 사실 실행에 대한 성찰은 우리가 수업에서 한다고 스스로 *생각하는 것*이 아니라 실제로 하는 것을 안다는 것을 의미한다. 따라서 우리는 *수업 중에* 어떤 일이 일어났는지를 탐구하여 얻은 지식과 수업 후에 성찰한 것을 사용하여 미래의 행위를 준비할 수 있다. 이를 통해 우리의 기본 이론과 실제 수업의 교수활동 사이의 불일치를 확인할 수 있다. 우리는 먼저 관찰이라는 렌즈를 통해, 그리고 이후 실행연구라는 성찰적 도구를 통해 행위 중, 행위에 *대한*, 행위를 *위한* 성찰을 살펴볼 것이다.

성찰의 시간

- 가르치는 동안 당신의 교수활동에 대해 생각해 보세요(기회가 된다면 수업 중 다양한 시기에 당신의 생각을 종이에 적을 수도 있습니다).

수업관찰

교실은 수많은 일이 동시에 일어나는 매우 복잡한 공간이기 때문에, 수업에서 일어나는 많은 일들은 대부분 교사에게 잘 알려지지 않는다(Richards and Lockhart, 1994). 하지만 교실에서의 교수활동과 학습에 대해 체계적으로 성찰함으로써, 언어교사는 교수의 과정과 의사결정뿐만 아니라 학생들의 학습에 대해서 더 잘 인식할 수 있게 된다. 교실에서의 교수활동에 *대해(중에 그리고 위해*) 성찰하는 가장 보편적인 방법 중 하나는 수업관찰을 하는 것이다. Cogan(1973: 134)은 수업관찰을 "개인이 교실 수업 중에 일어나는 사건 및 상호작용을 신중하고 체계적으로 살펴보는 그러한 활동"이라고 정의했다. "이 용어는 이러한 사건이나 상호작용을 담은 기록에도 해당된다." 관찰은 녹음기(오디오/비디오)를 사용하여 혼자서, 그리고/또는 동료나 촉진자가 수업을 관찰하도록 함으로써 실행될 수 있다.

성찰의 시간

- Phillip Jackson(1968: 1)은 교사는 "매일 무려 1,000건이나 되는 대인 관계 속 대화에 참여한다"는 것을 우리에게 상기시킵니다. 당신은 하루에, 각 수업에서 얼마나 많은 개인 간 상호작용을 하나요? 만약 수업이 많은 일들이 동시에 일어나는 그런 역동적인 일이라면, 교사는 어떻게 교실에서 일어나는 모든 것들을 인식할 수 있을까요?

- Good과 Brophy(1991: 26-7)는 교사가 수업 중 자신의 행동에 대한 인식이 부족했기 때문에 일어났던 수업의 문제점들을 다음과 같이 요약합니다:

  ○ 교사의 장악

○ 의미에 대한 강조 부족

○ 사실을 확인하는 질문의 과용

○ 학생들의 동기를 향상시키기 위한 시도가 거의 없음

○ 좌석 배치나 그룹 나누기에 대한 효과를 잘 모름

○ 반복적 자리 배치에 대한 과신

■ 당신의 교수에서 이러한 경험을 해본 적이 있나요? 만약 있다면, 어떤 일이 일어났으며 당신은 어떻게 반응했는지를 설명하세요.

■ 교사가 교실에서 자신의 행동에 대해 인식하고 있지 않을 때 일어날 수 있는 다른 문제점을 생각해 보세요.

• 수업관찰이 성공하기 위해서, Gebhard(1999: 35)는 "분석되고 해석되야 할 교실 사건에 대해 판단하지 않으며 서술하는 것"이 필요하다고 주장합니다. 판단하지 않는 수업관찰을 당신은 어떻게 이해하나요?

과정

교사는 녹음 그리고/또는 녹화된 것에서 자료를 수집하고 수업 후 이를 면밀히 검토함으로써, 그리고/또는 동료에게 수업을 관찰하도록 함으로써, 수업관찰을 활용하여 자신의 교수에 대해 탐구할 수 있다. 첫 번째 유형은 *자기관찰*이라 칭하고 두 번째 유형은 *동료관찰*이라 불린다.

자기관찰

자기관찰은 "자신의 행동을 관찰, 평가, 그리고 관리"하는 체계적 접근법이며(Richards, 1990: 118), 자신의 교수를 더 잘 이해하고 궁극적으로 통제하기 위해서 한다. 교사는 행위 중 성찰과 같이 자신이 가르칠 때, 또는 수업 후에(행위에 대한 성찰과 같이) 스스로를 관찰할 수 있다. Richards(1990: 118)는 자기관찰을 "교사가 서면기록이나 수업 녹음/녹화의 형태로 수업에 대한 기록을 남기고, 이러한 정보를 자신의 교수에 대한 피드백으로 사용하는 것"으로 정의한다. 수업 서면기록의 예는 교사가 자기보고서를 양적으로 또는 질적으로 사용하면서 성찰할 때이다. 양적 접근법을 사용한 자기보고는 교사가 수업 중 어떤 활동을 얼마나 자주 했는지 체크하는 일종의 체크리스트를 완성하는 것을 포함한다. 자기보고의 정확성은 교사가 특정 능력을 가르치는 것에 초점을 두어 성찰할 때, 그리고 자기보고서가 다양한 범위의 교수 행동을 성찰하기 위해 만들어졌을 때 증가한다(Richards, 1990). 교사가 일정 기간 동안 자기보고서를 사용하면, 자신이 사용하거나 선호하는 유형의 활동, 그리고 잘 진행되었거나 또는 잘 진행되지 않은 유형의 활동을 발견할 수 있다.

기록지tally sheets는, 비록 잘못 해석될 소지가 있지만, 특정 교수 요소에 중점을 두어 사용하기 쉽기 때문에 자기관찰에 사용될 수 있다. 아래에 제시하는 그룹 상호작용을 묘사하기 위한 기록지의 예는 내가 아시아에서 함께 일했던 교사 그룹에 의해 사용되었다. 이 예시는 교사들에게 기록지에 대해서 생각해 보고, 궁극적으로 자신과 학생들의 필요에 가장 잘 부합하는 자신만의 기록지를 만들도록 하는 데 도움이 될 것이다(Farrell, 2007a). 이 기록지는 소수의 학생들이 함께 또는 혼자서 일하는 그룹활동 안에서 소그룹 상호작용을 모니터하기 위해 사용되었다; 즉, 교사는 그룹 내의 상호작용과 과업 완성을 통제하지 않았다. 이 기록지는 교사로 하여금 그룹이 과업을 마치기까지의 시간을 어떻게 사용하는지를 확인하도록 도왔다. 교사는 이 그룹이 특정 순간에 무엇을 하는지 묘사하기 위해 매 10초에서 15초를 코딩했고, 과업 완성 시간이 끝났을 때 드러난 패턴을 살펴보았다.

과업	횟수
목표어로 토론	_____
모국어로 토론	_____
과업 중 토론: 전체 그룹	_____
과업 중 토론: 한두 명이 장악	_____
과업 외 토론	_____
그룹 침묵	

이 기록지는 교사가 그룹활동 중 개별 학생의 참여도를 모니터하도록 조정될 수 있는데, 이때 교사는 한 그룹의 특정 학생을 선택하여(또는 특정 시간 간격으로 한 그룹 내의 다른 학생들을 관찰하고자 할 때) 이 학생을 매 10초에서 15초 동안 관찰하고 기록하게 된다.

교사가 행위에 대한 성찰 방식으로 자신의 교수를 "관찰"할 때, 그/그녀는 녹음기 그리고/또는 녹화기와 같은 장비를 활용하고 녹음/녹화 후 내용을 전사할 수 있다. 교사는 수업을 녹화하기 전에 먼저 녹음함으로써 자기관찰을 시작하고자 할 수도 있는데, 이는 수업을 녹음하는 것이 덜 위협적일 수 있기 때문이다(학생들에게도). 교사가 가르칠 때 자신의 목소리를 듣는 것과 들은 내용을 전사하는 것에 익숙해졌을 때, 수업을 녹화하는 단계로 나아갈 수 있다. 교사와 학생 모두 교실에 비디오카메라가 있는 것에 익숙해질 시간이 더 필요하고, 이 이유로 교사는 한동안(2주 정도) 각 교실에 비디오카메라를 설치해 놓아 모두가 수업에 카메라가 있는 것에 익숙해지도록 해야 한다. 그렇지 않다면 수집한 자료는 "파급 효과"Ripple Effect에 많은 영향을 받을 것이다─물에 돌을 던지면 파도가 생긴다; 수업에 관찰자 그리고/또는 녹음기/비디오카메라가 있다면, 이 역시 수업의 평범한 상황을 변화시킨다. 물론 "파급 효과"를 완전히 없앨 수는 없다; 하지만 수업이 누군가에 의해 관찰되는데(기계나 그 외 방식으로) 익숙해질 시간을 줌으로써 이 효과를 최소화하도록 할 수 있다.

　교사가 자신의 교수에 대해 배우기 위해 수업을 녹음/녹화할 때, 그들이 보고 들은 것을 어떻게 분석할지에 대해 선택을 해야 한다. 오디오/비디오테이프는 수업 관찰자에 비해 한 가지 장점이 있다. 오디오/비디오테이프는 여러 차례 들을 수 있고, 비디오테이프는 교사가 원하는 만큼 자주 볼 수 있다. 교사는 오디오/비디오테이프 전체 또는 부분을 전사할 수 있다. 교사가 수업 관찰에 대한 확실한 초점과 이유가 있다면(자신이 하는 질문의 유형을 살펴보는 것과 같은), 관련된 부분만 전사할 수 있다(예를 들어, 교사가 질문할 때마다). 하지만 수업 전체를 전사함으로써, 교사는 자신의 교수 패턴을 더 잘 관찰할 수 있는 기회를 갖게 된다. 이는 교사로 하여금 교수의 모든 부분을 전체적으로 탐구할 수 있도록 도울 것이다. 이후 교사는 자신의 교수의 특정 부분에 대해 실행연구를 할 수 있다.

성찰의 시간

- 녹음기를 가져와서 당신의 수업을 몇 차례 녹음하세요. 자신이 수업하는 것을 듣는 것이 어떤가요?

- 비디오카메라를 가지고 와서 당신의 수업을 녹화하세요. 자신이 수업하는 것을 보고 듣는 것이 어떤가요? 수업의 학생들을 보는 것은 어떤가요?

- 녹음/녹화한 것을 바탕으로, 당신의 교수 및 학생들의 학습에 관해, 그리고 수업의 정보를 얻기 위해 사용한 이러한 방법에 관해 당신이 배운 것을 목록으로 만드세요.

- 수업관찰에서 당신은 어떤 주제에 집중하고 싶나요? 당신에게 중요한 순서대로 이러한 주제를 목록화하세요. 예는 다음을 포함할 수 있습니

다.

○ 수업할 때 나는 어디를 보는가(비디오 사용: 교사의 활동 구역)?

○ 나는 어떻게 수업을 시작하고 끝내는가(오디오와 비디오)?

○ 나는 어떻게 수업하는가(오디오와 비디오)?

○ 나는 어떻게 피드백을 주는가(비디오와 오디오)?

○ 더 열거해 보세요.

● 집중 수업관찰과 자기보고서를 위해 다음의 주제를 탐구하세요.

○ *교사의 시간 관리*: 수업 중 다양한 활동에 대한 시간 분배.

○ *과업에 대한 학생들의 수행*: 학생들의 전략, 절차, 그리고 상호작용 패턴.

○ *교사의 활동 구역*: 교사가 수업 중 다른 학생보다 특정 학생들과 더 자주 상호작용하는 정도.

○ *교과서의 사용*: 교사가 수업 중 교과서를 사용하는 정도.

○ *짝활동*: 학생들이 짝끼리 과업을 끝내는 방식, 과업 중 학생들의 반응, 학생들이 사용하는 언어의 유형.

○ *그룹활동*: 그룹활동 중 모국어 사용 대 목표어 사용, 그룹활동 중 학생들이 과업을 하는 시간, 그룹활동의 역학.

○ *교실 상호작용*: 더 많은 학생 참여 및 언어 발달을 위한 기회를 제공하는(또는 기회를 막는) 다양한 방식의 좌석 배치.

○ *수업의 체계*: 학습활동의 특징과 영향력.

○ *교실 의사소통*: 눈에 띄는 의사소통 패턴 — 학생들의 학습 기회를 증진하거나, 또는 막는 교사의 질문 활용도를 포함하여.

- 기록된 당신의 수업을 검토하고 다음의 질문에 답하세요.

  ○ 나는 무엇을 잘했나요?

  ○ 나는 무엇을 잘 못했나요?

  ○ 나의 교수에 대해 예상치 못한 것을 배웠나요?

  ○ 나의 수업의 특징은 무엇인가요?

  ○ 학습과 학생 참여를 위한 충분한 기회가 있었나요?

  ○ 아래 제시하는 수업의 측면과 관련하여 나는 얼마나 잘 했나요?

    ▪ 수업의 속도

    ▪ 설명

    ▪ 질문

    ▪ 학생들에게 피드백 주기

    ▪ 긍정적이고 지원하는 분위기 조성

동료관찰

수업관찰을 통해 정보를 수집하는 일에 있어, 자신의 수업을 "관찰하는" 것과 그 후 분석 및 해석하고 비판적으로 성찰하는 것은 어느 교사에게든, 특히 초보교사에게, 어려울 수 있다. 따라서, 자신의 수업을 실시간으로 참관하는 동료와 같은 "또 다른 눈"의 지원이 있다면 더욱 도움이 될 것이다. Cogan(1973: 138)이 지적하듯이, "녹음기보다 관찰자의 장점은 관찰자는 선택적으로 기록하고, 많은 사람들이 동시에 이야기할 때 미리 정한 화자에게 집중하며, 특정 사건만 기록하는 훈련을 받았다는 것이다." 두 명(그 이상)의 교사가 교수활동을 관찰하기 위해 함께 일한다면, 그들은 서로가 그들의 신념과 행동 사이에 무언가 조화를 이루지 않는다는 것을 "주목하도록" 도울 수 있다(이전 장의 결정적 사건에 대한 논의 참조). 여기에 실행에 대한 성찰의 정수가 있다. 무언가를 "주목하는 것"이 시작되었으며, 동료나 비판적 친구는 교실에서, 그리고/또는 녹음된 것을 들을 때, 그리고/또는 수업 후 함께 녹화된 비디오를 볼 때 또 다른 눈의 역할을 하게 된다. 만약 교수활동을 향상시키는 것이 동료성찰의 목적이라면, "주목된 것"은 아마도 특정 교수 기법일 것이다—예를 들어, 교사는 얼마나 많이 그리고 어떤 질문을 하는가, 또는 질문 후 교사는 얼마나 오래 기다리는가(기다리는 시간)와 같이 말이다.

이것이 내가 최근에 캐나다에서 ESL 경력교사에게 비판적 친구의 역할을 했던 경우이다. 이 교사는 자신의 교수활동을 향상하고자 하는 목적으로 자신의 수업을 관찰하도록 나를 초대했다. 우리 둘 다 SCORE 차트, 또는 좌석 차트 관찰 기록(Acheson and Gall, 1987)이라 불리는 관찰 도구를 잘 알고 있었기에, 성찰을 돕기 위해 이를 사용하기로 했다. SCORE는 수업에서 소통의 흐름을 코딩하는 관찰 도구인데, 보통 수업 진행 중에 사용되지만, 때로 수업 후에 비디오 그리고/또는 오디오 테이프를 가지고도 사용될 수 있다. 하지만, 후자는 많은 것이 녹음의 질에 달려있기 때문에 정확하지 않을 수도 있다. SCORE와 같은 관찰 도구를 사용하는 장점은 관찰자가 추론을 많이 하지 않아도 되는 특정 교실 행동에 집중하도록 한다는 점이다. 코딩은 관찰자의 의견보다는 증거에 기반한다. Day(1990: 51)가 언급하듯이, SCORE 도구는 "교사와 학생의 이야기; 과업; 동작 패턴"을 살펴보는 데 유용하다. 이 캐나다 교사는 SCORE가 아래와 같이 자신의 질문하는 행동에 대해 자세한 묘사를 해줄 수 있기 때문에 SCORE 분석에 대해 알게 되었을 때 관심을 가지게 되었다고 했다:

- 교사는 전체를 대상으로 한 질문을 얼마나 많이 하는가?
- 이러한 전체 질문에 얼마나 많은 학생이 답하는가?

- 교사는 개별 질문을 얼마나 많이 하는가?

- 이러한 개별 질문에 얼마나 많은 학생이 답하는가?

- 교사는 누구에게 개별 질문을 가장 많이 하는가?

- 그 학생들은 어디에 앉아 있는가? 교실의 어느 부분에?

- 교사는 어떤 성별의 학생을 가장 많이 부르는가?

이러한 도구의 사용은 또한 관찰 후 회의에서의 토론에 초점을 둔다. 교사가 미리 SCORE 과정에 익숙해지도록 하는 것은 쉽기 때문에, 관찰한 내용에 대해서는 대부분 동의할 것이다. 물론, 몇몇은 SCORE의 범주에서 다루지 않는 일이 수업에서 벌어졌을 때 사람들이 무엇을 해야 할지 모르기 때문에, 상기 제시한 장점이 관찰 과정에서 제한점이 될 수 있다고 말할 수도 있다. 이는 사실이지만, 초보교사에게 이러한 추론을 많이 하지 않아도 되는 관찰 도구는 그들이 교실 상호작용의 서로 다른 특징들—구두의, 몸짓의, 비언어의, 인지적인, 정서적인, 그리고 담화적 특징들(Chaudron, 1988)—에 각각 초점을 맞출 수 있기 때문에 더 유용할 것이다. 이런 방식으로 초보교사는 실제 교실 상황에서의 교수활동의 중요한 측면들에 조금씩 더 익숙해질 수 있다. 전문성 개발에 별로 도움이 되지 않는, 좀 더 개방적이고 추론을 많이 요하는 범주 체계를 사용하는 것보다는 말이다.

한 수업—회화 수업—이 특별히 눈에 띈다. 나는 관찰자로서 도표 7.1에 제시된 것처럼 이 수업에서 23분간의 상호작용을 기록했다.

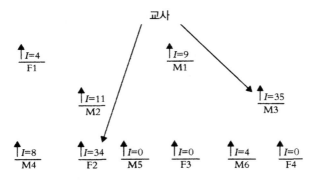

도표 7.1 SCORE(strengths, challenges, opportunities, responses, effectiveness) 분석

도표 7.1의 SCORE 차트는 두 명의 학생 — M3(남학생)와 F2(여학생) — 이(교 사에서 두 학생으로의 화살표 참조) 23분간의 수업에서 교사가 질문한 전체 105개의 질문 중 65개를 답하면서(또는 전체 질문의 65%) 가장 적극적이었 다는 것을 보여준다. 이와는 정반대로, 세 명의 학생(M5, F3, 그리고 F4)은 23분간 한마디도 하지 않았다. 나는 교사에게 수업이 끝나고 SCORE를 건네 주었고, 그녀는 이 패턴을 알아차리고 다음과 같이 언급했다. 최근 수업에서 "M3는 항상 다른 학생들이 말하기 전에 답을 외치는 경향이 있었고", "다른 학생들에게 대답할 기회를 주고자 그를 억제해야 하는 지속적인 관리 문제가 있어 왔어요." 성찰 도구로 SCORE 차트를 사용하여 관찰 후 논의를 한 결 과에 대해, 이 교사는 이제 그녀가 "자신의 질문하는 방식에 대해 더 잘 인 지하게 되었으며", 다음 시간에 학생들을 만날 때 이러한 발견을 고려할 것 이라고 했다. 그녀가 다음 시간에 학생들을 만났을 때(이 수업을 관찰하지는 않았다), 그녀는 SCORE 차트를 공유하고, 학생들에게 "농담조로" 그녀가 "조용한 학생들에게 질문을 더 할 필요가 있다고" 말했다고 나에게 전했다. 하지만, M3와 F2는 여전히 교사가 누구를 지목하든지 계속해서 답을 외쳤는 데, 이제 교사는 이 학생들을 무시하거나 또는 "다른 학생들의 답을 얻기 위

해서 몸짓 언어를 사용하거나 눈맞춤을" 사용했다고 했다. "저는 여전히 그 활발한 학생들이 참여하도록 했지만, 그들이 소리 지를 때는 관심을 주지 않았어요." 비록 그녀는 이러한 질문과 반응 패턴을 처음 사용했을 때 다소 긴장했지만, 이와 함께 수업을 통제하고 있다는 느낌을 받았으며, 결국 M3와 F2는 다소 조용해졌고 예전만큼 많이 소리 지르지 않는다고 했다. 그녀는 또한 SCORE 분석이 "만약 없었다면 모르고 지나쳤을" 자신의 수업에서의 상호작용 패턴을 보여주었다고 했다. 그녀는 계속해서 다음과 같이 언급했다: "SCORE 분석은 제 수업의 상호작용 스냅숏을 제공해 주었고, 그 결과 어떤 패턴이 가장 뚜렷한지 '보게' 되었어요." 또한, 이 분석 결과를 어떻게 사용할지는 자신에게 달려 있으며, 자신은 이를 "수업의 모두가 참여할 필요가 있음을 학생들과 더 잘 소통할 수 있도록 돕는 교구"로서 사용하기로 했다고 덧붙였다.

이 수업과 성찰적 도구로서 SCORE 차트는 관찰자(나)와 이 교사에게 상호작용 패턴과 이 패턴이 교사의 수업에서 언어 학습에 미치는 영향을 구체적으로(SCORE로부터) 논의할 수단을 제공했다. 교사들이 성찰 활동의 일부로 이러한 수업관찰에 참여할 때, 그들은 Day(1990: 43)가 언급하듯 "교수 과정을 이해하고 논의할 수 있는 용어를 개발하고; 효과적 교수활동의 기저에 있는 원칙과 의사결정을 인식하게 되며; 효과적인 그리고 비효과적인 수업활동을 구별할 수 있게 된다." 상기 제시한 사례에서처럼 SCORE 차트와 같이 추정에 근거하지 않는 관찰 도구를 사용하면서 판단을 유보하는 방식으로 참관하는 촉진자, 동료, 그리고/또는 비판적 친구의 도움과 함께 수업관찰이 행해진다면, 이러한 방식은 교사에게 자신의 사고 과정에 대해 이야기할 수 있도록 하며, 공감적이면서도 건설적인 비판의 피드백을 들을 수 있도록 한다. 이와 함께 관찰의 결과는 몇몇 흥미로운 실행연구 프로젝트로 이어질 수 있다(이 장의 다음 섹션 참조).

동료관찰의 또 다른 형태는 팀티칭이다. 팀티칭은 두 명 또는 그 이상의 교사들이 일련의 수업 또는 전체 코스를 계획하고, 교수 및 평가하는 책임을 가지며, 동등한 위치에서 팀을 꾸리면서 시작하게 된다(Richards and Farrell, 2005). 이러한 팀티칭은 자연스럽게 수업관찰 상황을 제공하지만 평가적 요소는 없으며, 교실 안에 한 명 이상의 교사가 있기 때문에 개별 학생과 교사와의 상호작용의 기회를 더 많이 제공할 수 있다(Farrell, 2007a). 팀티칭은 또한 교사들의 서로 다른 개성, 교수 스타일, 그리고 수업계획 스타일을 허용해야 한다. Struman(1992: 169)은 이러한 다름을 수용하기 위해 각 팀은 서로 다른 개성을 가진 교사들이 이러한 차이를 인정하고 이를 피하거나 숨기려고 하지 않도록 하는 "유연한 평등의 원칙"을 고려해야 한다고 주장한다. 대신, 교사들은 각자의 개인적 필요와 상황에 가장 맞는 역할과 책임을 정의할 수 있다. Richards와 Farrell(2005)은 각 팀이 자신들의 필요에 따라 선택할 수 있는 팀티칭 방식을 다음과 같이 제시한다:

- *동등한 파트너*: 각 교사는 동등한 경력과 지식을 가지고 있다고 생각되기 때문에, 모든 결정은 수업의 모든 단계 – 수업계획, 교수, 모니터하기, 그리고 점검하기 – 에서 동등하게 결정된다.

- *리더와 참여자*: 한 명의 교사가 팀티칭에 경험이 더 많기 때문에 리더의 역할을 하게 된다.

- *멘토와 도제*: 한 명의 교사는 전문가로(따라서 더 많은 책임을 진다), 다른 교사는 초보교사로 인식된다.

- *원어민/높은 수준의 언어구사자와 덜 능숙한 언어구사자*: 몇몇 상황에서는(예를 들어, 일본의 JET 프로그램), 원어민 교사 또는 높은 수준의 영어를 구사하는 교사가 덜 능숙한 영어교사와 팀티칭을 할 수 있다. 어떤 경우에는 원어민/높은 수준의 영어구사자가 언어적으로 어려울 수 있는 수업의 측면들에 대해 책임을 지게 되지만, 많은 경우에 이 팀티칭 수업

은 영어에 덜 능숙한 교사의 수업에서 이루어지기 때문에 이 교사가 수업을 준비하는 데 책임을 져야 한다.

레슨스터디로 불리는 동료관찰의 또 다른 형태는 팀티칭과 관련되어 있다(6장의 교사 수업계획 참조). Johnson(2009)은 레슨스터디가 교사가 주도하고, 협동적이며, 평가에 중점을 두지 않고, 매일의 수업활동에 근거한다고 설명한다. Johnson(2009)은 또한 레슨스터디에서 교사 팀은 특정 내용이나 학습단원에 초점을 두는 수업을 함께 계획한다고 설명한다. 수업 후, 팀(교사, 관찰자, 그리고 초대된 외부전문가)은 함께 모여 그들이 관찰한 것을 논의한다. 그룹 토론 후에, 팀은 피드백을 바탕으로 수업을 다시 살펴보고, 재구성한 수업을 같은 교실에서 또는 다른 반 학생들에게 실행한다. 두 번째 리뷰는 수업의 전반적인 효과에 집중한다. 레슨스터디 주기는 교사 팀이 보고서를 작성하면서 끝이 나는데, 이 보고서에는 수업계획서, 관찰된 학생들의 행동, 교사 성찰, 그리고 교사 그룹 토론의 요약본이 포함된다.

동료가 서로를 관찰하고 성찰하도록 돕는 것과 관련된 또 다른 형태는 동료코칭이다. 동료코칭은 특별히 교수의 과정에, 그리고 어떻게 두 명의 교사가 한 명의 교사 또는 서로에게 자신의 교수활동 중 특정 부분을 향상시키도록 협동할 수 있는지에 초점을 맞춘다. 동료코칭은 다음과 같은 특징이 있다: 두 명의 교사는 협동적 관계를 맺기로 결정한다; 두 명은 협동적으로 교수활동을 탐구할 일련의 기회를 계획한다; 한 명은 코치의 역할을 맡고, 협동학습 형태의 동반 프로젝트나 활동을 수행한다; 코치는 피드백과 제안점을 제시한다(Richards and Farrell, 2005). 수업관찰은 전형적인 수업관찰의 점진적 4단계 절차의 형태로 동료코칭에 사용될 수 있는데, 이 4단계는 관찰 전 논의, 수업방문, 방문 후 논의, 그리고 이 과정에 대한 전반적 리뷰로 구성된다. 동료관찰, 팀티칭, 레슨스터디, 그리고 동료코칭은 모두 교사들이 자신의 교수활동에 대해 함께 성찰한다는 Robbins(1991: 1)의 아이디어를 결합한 것인데, 이러한 활동을 통해 교사들은 "새로운 능력을 확장 및 정교화하고 발전시키며, 아이디어를 공유하고; 서로 가르치며; 교실 연구를 진행하고; 또는 직장에서의 문제를 해결해 나가게 된다."

성찰의 시간

- Richards와 Lockhart(1994)는 학생들의 상호작용 능력 – 교실 상호작용의 규칙을 이해한다는 측면에서 – 은 그들이 수업에서 요구되는 수업 에티켓을 아는 것이라고 주장합니다. 이와 함께, 다음의 여섯 가지 학습자 유형을 나타내는 여섯 개의 *상호작용 스타일*을 구체화하여 제시합니다.

  ○ 과업지향적 학습자

  ○ "유령" 학습자

  ○ 사교적 학습자

  ○ 의존적 학습자

  ○ 고립된 학습자

  ○ 소외된 학습자

    ▪ 당신의 수업에서 학생들은 질문하거나 답을 할 때 손을 들고, 교사가 이름을 부를 때까지 기다리도록 요구되나요? 또는 소리지르고 즉흥적으로 참여할 수 있나요?

    ▪ 당신의 수업에서는 어느 수준의 격식이 요구되나요?

    ▪ 어떻게 그리고 언제 학생들은 다른 학생들과 상호작용하도록 기대되나요?

    ▪ 학생들은 그들이 원할 때마다 교실에서 돌아다닐 수 있나요?

- 학생들이 도움이 필요할 때, 언제 그리고 어떻게 당신에게 다가 가나요?

- 학생들은 어느 정도로 당신이 말한 것에 문제를 제기할 수 있 나요?

- 현재 당신의 학생들에게서 상기 제시한 여섯 가지 상호작용 스 타일을 확인할 수 있나요?

- 동료에게 팀티칭, 레슨스터디 모임, 그리고/또는 동료코칭을 구성하여 수업관찰을 해보자고 제안하고, 자신의 교수활동 중 어떤 부분을 살펴보고 논의할 것인지 결정하세요.

실행연구

제2언어 교육에 종사하는 많은 사람들은 실행연구를 교육 분야의 독립된 이론으로 여기는 경향도 있지만, 보통은 성찰적 실행의 일종으로 본다. 실제로 성찰적 실행에 관한 문헌에서 실행연구와 성찰적 교수활동은 매우 관련이 있는 것으로 묘사된다. 실행연구는 성찰적 실행에서처럼 연구에서 행위로의 변화에 관심을 가진다. Edge(2001: 8)가 지적하듯이, 실행연구자들은 각 상황 속에서 이슈가 어떻게 이해되는지를 우선시하는데, 이를 통해 "개별 상황 속에서의 경험의 가치를 전달하고자 한다." 실행연구는 다양하게 정의되어 왔는데, 서로 다른 인식론에서 비롯된 다양한 형태가 존재한다. 예를 들어, Bailey(2001: 490)는 언어교사를 위한 실행연구를 "절차에 있어 명확하고 반복적인 주기를 수반하는, 자료를 수집하고 해석하는 접근법"으로 정의한다. 실행연구 과정의 일반적인 (순환적) 단계는 다음과 같다: (1) 계획(문제 확인), (2) 연구(문헌 연구), (3) 관찰(자료 수집), (4) 성찰(분석), 그리고 (5) 행동(문제를 다시 정의하기). 교사는 문제(교사가 인지한 또는 그 외)를 연구할 필요를 확인하고, 그 문제를 해결할 방법을 어떻게 연구할 수 있을지 계획하기 시작한다.

Wallace(1998: 21)는 실행연구의 주제와 목적을 정할 때, 언어교사는 먼저 다음의 질문들에 대한 답을 찾음으로써 주제에 대한 "왜"와 "무엇"을 고려할 필요가 있다고 주장한다. "당신은 왜 실행연구를 하는가?"; "당신은 어떤 분야를 연구할 것인가?"; "당신은 그 분야 중 어떤 특정한 분야에 대해 답을 찾고자 하는가?" 이러한 질문은 교사가 실행연구의 구체적 목표와 주제를 명확하게 함에 있어, 그 초점을 다소 구체화시켜 줄 수 있다. 교사는 해당 문제를 어떻게 접근할지에 대한 아이디어를 찾기 위해 문헌을 읽으며 실행연구를 시작할 수 있다. 이후 교사는 문제가 확인되었기 때문에 자료를 모을 전략을 세운다. 자료가 수집되고 나면, 교사는 자료를 분석하고 성찰하면서 행동을 취하기 위해 자료에 기초한 결정을 내린다. 연구와 실행의 이 꽈배기 모양의 순환주기 마지막 단계는 문제를 다시 정의하는 것이다. 이런 방식으로 언어교사는 자신의 수업에서 내리는 결정에 대해 더 책임감을 가지게 된다. 이러한 결정은 이제 느낌이나 충동에 의해 내려진 것이 아니고 연구를 통해 내려진 결정인 것이다.

교사는 협동하여 실행연구 프로젝트를 진행할 수도 있다. Burns(1995: 5)가 제시하듯이, 다른 교사와 협동할 때 교사는 "교실 행동에 대해 이미 확립된 자신의 접근법에 의지하거나, 또는 동시에 이 접근법에서 멀어질 수 있다." 만약 교사가 협동적 실행연구 프로젝트에 참여한다면, 이는 Burns(1999: 183)가 주장하듯이, 교사연구를 지지하는 실행가 공동체를 만들도록, 그리고 공개적 검토와 건설적 비판에 열려있는 직업적 분위기를 형성하도록 도울 수 있다. 또한, 교사가 협동적 실행연구 프로젝트를 할 때, 이는 교실 상황을 넘어서 사회 전반에 대한 실행연구에 관심을 가지도록 하는데, 이는 TESOL 분야에서는 아직까지 많은 관심을 받지는 못했다. 우리는 실행연구가 사실

Lewin(1943)에 의해 사회문제를 다루고 문제를 향상시키는 수단으로서 (미국에서) 최초로 개발되었음을 기억해야 한다. 좀 더 비판적 실행연구는 사회 속 "행위의 질을 향상시키고자 하는" 관점을 가지고 사회 전반을 아우르는 유형의 연구로 Elliott(1991: 69)에 의해 제안되었다. 하지만, 제2언어 교육에서 실행연구는 언어 교수와 관련된 사회문제를 다루기보다는 보통 교실 행동에 관한 연구와 연관 지어진다.

TESOL 분야에서 실행연구는 교사가 실제적인 교수 이슈 및 문제점을 해결하도록 돕는 수단으로 여겨져 왔다. 하지만, Carr와 Kemmis(1985)는 실행연구는 교사에게 사회적 지향점을 갖도록 해야 한다고 주장하는데, 이는 교실의 벽을 훨씬 넘어선 이야기이다. Carr와 Kemmis(1985)는 이러한 실행연구를 "자신의 사회적 또는 교육적 실행의 합리성과 정의를 향상시키기 위해서 그리고 이러한 실행과 그 맥락을 이해하기 위해서, 사회적 상황 속에서 참여자들이 진행하는 '자기성찰적 연구'의 형태로" 정의한다. 앞서 언급한 것처럼, 제2언어 교수에 있어 실행연구는 언어 교수와 관련된 사회문제를 다루기보다는 교실 행동과 관련되어 연구되어왔다. 따라서 이는 다음 장, "실행 그 이상"의 초점이다.

성찰의 시간

• 실행연구 프로젝트로 연구하고자 하는 주제를 정하세요. 다음에 제시된 아이디어에서 주제/이슈를 정할 수도 있고, 자신만의 주제를 정할 수도 있습니다.

  언어의 네 분야 가르치기(당신의 수업에서 읽기, 쓰기, 듣기 또는 말하기가 교수되는 방식의 변화와 관련된 이슈).

  교실 역학(언어 교실에서 일어나는 상호작용과 관련된 이슈).

학습자 언어(특정 활동에서 학생들이 토론을 마칠 때 사용하는 언어, 그리고 짝활동과 그룹활동에서 학생들이 생성하는 언어의 양과 관련된 이슈).

그룹활동 유형(짝, 그룹, 전체활동과 같은 서로 다른 그룹활동 유형이 학습자의 동기, 언어사용, 협동에 미치는 영향과 관련된 이슈).

교재의 사용(교재가 사용되는 다양한 방법 및 이러한 방법이 수업의 결과에 미치는 영향과 관련된 이슈).

문법과 어휘(문법과 어휘 교수, 그리고 다양한 교수 및 학습 전략의 효과와 관련된 이슈).

평가 정책과 방식(당신이 현재 사용하고 있는 평가의 형식 및 그 결과와 관련된 이슈).

● 실행연구 프로젝트의 자료를 수집하는 각각의 방법을 검토하고, 상기 제시된 질문에서 탐구하기로 결정한 당신의 실행연구 프로젝트를 고려하여, 아래에 제시된 자료 수집 방법에서 한 가지 또는 하나 이상을 조합한 방식을 결정하세요(Burns, 1995에서 개작).

저널/일기: 개인의 철학, 감정, 반응, 성찰, 설명을 포함하여, 교수/학습 계획, 활동, 수업에서 일어난 일들에 대해 정기적으로 작성한, 날짜가 기입된 이야기.

교수일지: 교수활동, 목적, 참여자, 사용된 자원, 절차, 과정, 결과(예측된 그리고 예측되지 않은)에 대한 좀 더 객관적인 노트.

문헌 수집: 연구 상황과 관련된 일련의 문서(예, 교과목 개요, 수업계획서, 학생들의 글, 수업자료/교재, 평가 과업/본문, 학생 프로필, 생활기록부).

관찰: 교실에서의 사건, 일어난 일 또는 상호작용에 대해 수업의 참여자

로서(참여관찰자) 또는 다른 교사 수업의 관찰자로서(비참여관찰자) 자세히 살펴보고 메모함. 관찰은 필드노트, 녹음, 그리고 일지나 저널과 함께 사용될 수 있다.

필드노트: 비언어적 정보, 물리적 환경, 그룹의 구조, 참여자들 간의 상호작용과 같은 관찰된 일에 대한 묘사와 설명. 연구자의 목적에 따라 노트는 시간에 기초할 수도 있고(예, 5분마다) 특별한 체계가 없을 수도 있다.

녹음(녹화): 오디오 녹음 또는 비디오 녹화. 일어난 일에 대한 객관적 기록 제공. 이러한 기록은 추후 다시 검토될 수 있다. 사진이나 슬라이드가 포함될 수 있다.

전사: 말로 녹음(녹화)된 것에 대해 글로 제시한 것. 화자를 확인하기 위해, 그리고 잠시 멈춤, 주저, 오버랩 및 필요한 다른 비언어 정보를 표시하기 위해 규칙 사용.

- 교사가 실행연구를 할 때 그리고 실행에 대해 어떤 형태로든 성찰을 할 때, 잠재적 단점 한 가지는 교수활동을 방해할 수도 있다는 것입니다. 당신은 어떻게 교수활동과 동시에 실행연구를 하는 것을 결합할 건가요?

결론

실행에 대해 성찰하는 것은 교사에게 매우 중요한데, 이는 실행 또는 경험 그 자체만으로는 교사의 발전에 충분치 않기 때문이다. 교사는 자신의 교수활동에 대해 체계적으로 성찰함으로써 이러한 교수 경험을 의식적으로 돌아봐야 한다. 본 장은 교사가 어떻게 수업관찰이나 실행연구와 같은 서로 다른 렌즈를 통해 실행에 대해 체계적으로 성찰할 수 있는지를 탐구하였다. 수업관찰을 통한 실행에 대한 성찰은 교사 혼자서 하거나, 또는 동료코칭, 팀티칭, 레슨스터디와 같은 다양한 방식을 통한 동료의 도움으로 행해질 수 있다. 교사는 또한 수업관찰이나 개념도에서 발견한 이슈에 대해 실행연구 프로젝트를 진행할 수도 있다. 이러한 실행연구 프로젝트는 수업과 관련된 이슈를 해결하는 데 초점을 둘 수도 있고, 수업 외의 실행으로 확장될 수도 있다. 다음 장에서 후자에 대해 다룰 것이다.

이 장에 대한 성찰

* 지금이야말로 당신이 수업에서 한다고 말한 것과 실제로 하는 것을 비교하기에 적절한 순간입니다. 이전 장에서 당신은 당신의 실행 철학, 원칙, 그리고 이론(실행의 이론적 토대)에 대해서 말로 설명했고, 이 장에서는 당신의 실행을 면밀히 살펴보았습니다. 이 둘을 비교하고, 당신이 가지고 있는 실행의 이론적 토대와 당신의 실행, 즉 당신이 실제로 하는 것 사이의 불일치가 있는지 살펴보세요.

8장
실행 그 이상

서론

이 책에서 지금까지 제시한 *실행에 대한 성찰의 체계*의 첫 네 수준/단계
는, 역순으로 제시하면, 실행(7장), 이론(6장), 원칙(5장), 그리고 철학(4장)을
탐구하였다. 이 모두는 교사가 무엇을, 어떻게, 왜 하는지와 그 결과에 대해
성찰하는 것에 주로 초점을 두었다. 다시 말해, 이 체계는 교사 루틴 및 학생
의 학습에 대한 교사 루틴의 영향력을 탐구한다는 점에서 실행의 기술적 측
면을 살펴보았다. 실행에 대해 성찰하기 위한 이 첫 네 수준/단계가 매우 중
요하다고 생각하지만, 나는 실행에 대해 성찰하는 것은 *실행 그 이상*, 또는
실행의 기술적 측면 그 이상에 대해 성찰하는 것을 포함한다고 믿는다. 나는
성찰에 있어 더 큰 사회를 포함해야 할 필요가 있다는 Bartlett(1990: 204)의
성찰적 실행에 대한 초기 생각에 동의한다; 그는 진정으로 성찰적이 되기 위
해서 교사는 "교수의 세부적 절차와 방법을 초월하고, 자신의 교수 기술을
향상시키고자 하는 필요 그 이상을 생각해야" 한다고 주장한다. 따라서 가장

근본적 차원에서, *실행 그 이상*을 성찰한다는 것은 "직업적 활동이 공평하고, 공정하며, 개인을 존중하는가 그렇지 않은가에 대해 판단을 내리는" 과정을 수반한다(Hatton and Smith, 1995: 35). 어떤 이들은 이러한 성찰적 실행의 측면을 비판적 성찰이라고 불러왔다. 하지만 당신이 이 장에서 발견하겠지만, TESOL 분야에서 이 용어는, 몇몇 학자들이 실행에 있어 우리가 하는 일을 왜 하는지 묻는 것을(개념적 수준에서만) 의미한다고 제안하면서 올바르게 정의되지 않았었다.

하지만 비판적 성찰은 교사의 모든 존재－교사의 직업적(그리고 개인적) 삶의 사색적, 성찰적, 인지적, 감정적, 윤리적, 도덕적, 사회적, 그리고 정치적 측면－를 포함한다. 성찰을 기술적에서 "비판적"으로 변화시키는 것은, 우리의 환경(직업적 그리고 개인적)을 특권을 가진 소수뿐만 아니라 그 세계의 모두에게 공평한 환경으로 변화시키는 우리의 능력이다. 5장(원칙)에서 살펴본 바와 같이, Brookfield(1995: 126)는 교사는 "자신도 모르게 교수활동에 영향을 줄 지배적 또는 헤게모니적 가설"을 경계해야만 함을 상기시켰다. 따라서 이 장은 교사가 *실행 그 이상*을 성찰하도록 장려하는, *실행에 대한 성찰의 체계*의 마지막 수준/단계, 즉, 5수준/단계를 소개한다. 실행 그 이상을 성찰하는 한 가지 이유는 교사가 자신의 교수활동에서 고수해왔던 특정 사회적 가설이 사실은 어떻게 사회적으로 제한적인지를 이해할 수 있기 때문이다. 성찰과 비판적 성찰의 과정을 통해, 교사는 사회 속에서 변화를 일으키는 지식인이 되도록 힘을 부여하는 새로운 생각을 발전시킬 수 있다. 이 장은 비판적 성찰에 대한 개요를 설명하고 논의한다. 이와 함께, 비판적 성찰을 다음과 같이 (재)정의한다. 비판적 성찰은 교사의 "실행에 대한 기초적 이론"과 실행뿐만 아니라, 교사 실행의 기저에 있고 영향을 주는 도덕적, 정치적, 사회적 이슈들을 탐구하고, 조사하며, 성찰하는 것이다.

비판적 성찰

비판이론 렌즈를 사용하여, Fook과 Askeland(2007)는 비판적 성찰은 사회적 상황이 어떻게 인간의 가설에 영향을 주고, 인간은 어떻게 다시 이들에게 영향을 주는지를 이해하기 위해 지식과 권력의 영향력을 살펴보는 것을 수반한다고 시사한다:

> 비판적 성찰은 사회적, 문화적, 구조적 맥락 안에서 개인의 경험을 이해하고자 해야 한다. 궁극적으로, 사회적 세상과 이러한 세상과 개인의 연결고리에 대한 깊은 가설에 대해 비판적으로 성찰함으로써, 각 개인은 자신이 속한 사회적 세상 안에서 그리고 세상을 향해 행동하는 데 있어 더 많은 힘을 부여받을 수 있어야 한다.

일반적으로 비판적 성찰은 사회, 공동체, 학교, 그리고 교실에서, 이전에는 의문을 갖지 않았던 개념들을 발견하고 확인하는 과정을 수반한다. 교육학 분야에서 Brookfield(1995, 2006)는 우리가 다음의 두 가지 목적으로 비판적으로 성찰한다고 주장한다: 교육에서 힘의 관계를 더 잘 이해하기 위해서, 그리고 우리의 직업적 삶을 더 쉽게 만드는 듯한 가설과 실행에 대해 문제를 제기하기 위해서; 하지만, 실제로 이러한 가설과 실행은 우리의 이익에 반하는 것일 수도 있다(5장에서 논의한 헤게모니적 가설과 비슷하다). Brookfield (1995, 2006)가 설명하듯이, 교실은 우리의 사회적, 정치적 삶과 고립되거나 차단되어 있지 않으며, 따라서 우리는 힘의 관계에 대해 더 잘 인식하고 있어야 한다. 비판적 성찰은 교사와 학습자의 관계를 논할 때, 상대에게 힘을 *행사하는* 방식에서 힘을 *공유하는* 방식으로 힘의 관계를 움직이는 것을 도울 수 있다.

따라서 교사가 실행에 대해 비판적으로 성찰하는 것은 이 활동이 그들을 돕기 때문에 중요하다(Brookfield, 1995, 2006에서 개작):

- *교수에 있어 현명한 결정을 내리고 행동하도록 하라:* 교사는 자신의 결정과 교실 행동을 정당화할 수 있다(자신에게 그리고 타인에게). 이는 그들이 이러한 결정과 행동의 결과(이론적, 실제적, 사회적, 그리고 도덕적)를 면밀히 살펴봤기 때문이다.

- *교수활동에 대한 근거를 개발하라:* 교사는 자신의 철학, 원칙, 이론에 대해 집중적으로 성찰했기 때문에, 자신이 무엇을 어떻게 하는지와 그 결과를 구체적으로 설명할 수 있다. 덧붙여 자신의 교수활동 기저에 있는 이러한 근거를 자신에게뿐만 아니라 동료와 학생들에게도 이제는 설명할 수 있다.

- *자학을 피하라:* 성찰적 실행에 대해 내가 주관했던 이전의 많은 워크숍에서, 나는 이러한 자학을 교사가 수업에서 뭔가 잘 진행되지 않았다고 "생각"할 때 은유의 야구방망이로 스스로를 때리는 것으로 설명했다. 만약 교사가 자신의 교수활동의 모든 면에 대해 비판적으로 성찰하고 현명한 결정을 내린다면, 이러한 자학은 덜 하게 될 것이다. 비판적으로 성찰한 교사는 학습이 장려되는 상황을 잘 준비하고 제공하는 데 있어 교사가 할 수 있는 일에는 한계가 있다는 것을 인지하고 있다. 만약 학생들이 배우기를 원치 않는다면, 교사는 더 이상 스스로를 탓하는 것을 멈추고, 학생들의 저항에 대해 학교 밖의 다른 이유가 존재하며, 이러한 것들이 학생들을 변화시키고자 하는 교사의 능력을 제한함을 이해해야 한다.

- *목소리를 발견하라:* 교수활동에 대해 비판적으로 성찰했기 때문에, 교사는 자신의 교수활동에 대해 체계적인 방식으로 다른 이에게 이야기할 수 있다. 이러한 교사는 교수활동에 대해 성찰하는 것을 통해 많은 것을 배웠고, 이를 자신의 목소리를 아직 개발하지 않았을 수도 있는 다른 교사들과 공유하고 싶어한다. 이런 방식으로 교사는 자신의 교수활동뿐만

아니라 TESOL 분야를 만들어 나가고 변화시키기 시작할 수 있다.

제2언어 교육 분야에서 비판적 성찰 활동과 밀접하게 관련된 것이 비판적 응용언어학이다(이전 장의 실행연구 참조). 비록 내가 TESOL 내에서 비판적 관점은 여전히 그 중심을 찾고자 한다고 시사하지만, Crookes(2009: 2)는 "비판적 관점은 더 이상 '부록'이 아니라 응용언어학 분야에 전반적으로 녹아든 관점이라고" 주장한다. Crookes(1989: 51)는 TESOL 분야에서도 비판적 접근법은 중요하다며 말하며, 이는 제2언어 교사들이 다음의 일들을 수반하는 상황에 처하기 때문이라고 설명한다: (a) 중앙집권적 의무 교육과정; (b) 학생의 성적 책임 요구와 관련된 대량의 행정업무; (c) 시간표 조정과 물리적 위치로 인한 제한된 의사소통; (d) 대규모 학급과 자원의 부족. 이러한 문제를 해소하기 위해, Crookes(2009)는 TESOL 교사들이 영어교육 분야에서 좀 더 비판적 시각을 갖기 위한 방법으로 다른 교사단체와 조합을 통해 다른 학교나 지역에 근무하는 교사들과 자신들만의 학습동아리와 네트워크를 구성할 것을 제안한다. ESL 교사들이 의회에 재정지원 도움을 요청했을 때 무엇을 할 수 있는지에 대한 흥미로운 예를 설명하면서, Crookes(2009: 4)는 하와이의 교사들이 자신의 교수활동에 대해 비판적 시각을 견지했을 때 고려할 만한 네 가지 주제를 제시했다:

1. *조직하라.* 기관의 네트워크, 학부모와의 관계, 그리고 공동체 안의 네트워크를 개발하라.

2. *지도력을 발휘하라.* 지도력을 발휘하되, 적합한 성향과 능력만 있다면 모두가 지도자라는 것을 이해하라.

3. *모금활동을 하라.* 교육학 분야에는 모금활동에 관한 문헌이 있는데, 주로 고등교육을 목표로 하고 나머지 사람들에게는 별 지침이 되지는 못

한다.

4. *행동하라:* 오래된 구호, "직접적 행동이 물건을 얻는다"가 적절하다. 왜
   냐하면, 많은 경우 관례적 정치 행위는 비판적 언어교사가 필요로 하는
   것을 제공하지 않을 것이기 때문이다.

비판적 성찰 개념과 관련 있는 마지막 측면은 도덕적 활동으로서의 교수 또
는 가치와 도덕의 교수이다. Dewey(1909: 58)가 언급했듯이, "모든 주제, 모
든 교수 방법, 학교생활의 모든 사건은 도덕적 가능성을 내포하고 있다." 따
라서 우리가 교수라는 행위와 교사의 진실성에 대해서 생각해 본다면, 우리
는 결국 학생들에게 "진리"를 가르치고자 하는 것 아닌가? 교사교육에서 응
용과학 모델에 대해 최초로 진정한 반대의 목소리를 낸 것을 나는 Tom
(1980, 1984, 1986)의 저서에서 본 것으로 기억하는데, 그는 교수를 일종의
도덕적 기술moral craft로 보았다. 나는 교사, 교육과정, 학교, 그리고 지역공동
체가 교사와 학생의 도덕적 성장에 중요한 영향력을 미치며, 학생들은 다시
교사의 도덕적 성장에 영향을 줄 수 있다고 늘 생각해 왔다. 예를 들어, 우리
는 교사가 수업의 내용, 교실에서 행동하는 방식, 그리고 학생과 소통하고 평
가하는 방식을 선택할 때, 중요한 역할을 하는 것을 알 수 있다. 우리는 이것
이 교실 안팎에서 교사의 행동과 관련이 있다고 말할 수 있으며,
Fenstermacher(1990: 265)가 이야기하듯, "교사의 행동은 언제나 그리고 모
든 면에서 도덕적 문제이다." TESOL 분야에서 교수활동의 도덕적 측면은
많이 알려지지 않았지만, 사실 언어교사는 매일의 교수 상황에서, 예를 들어,
수업에서 어떤 교재를 사용할지와 같은(이는 학생들의 도덕과 그들의 삶에
영향을 줄 수 있다) 도덕적 이슈를 다룬다. 도덕성과 TESOL은 최근 교사 지
식의 일부로 종교적 신념을 포함시켰다(Baurain, 2012). Baurain(2012)은 "정
신적, 종교적 신념은 교사 지식에 대한 학문적 대화와 연구의 일부가 되어야

한다. 왜냐하면, 정신적이고 종교적 신념은 이미 교사교육 분야에서 정의하는 탐구 분야에 적절하기 때문이다." 나는 여기에서 이 논의를 시작하지는 않을 것이고, 대신 독자 각자에게 자신의 실행 및 실행에 대한 성찰의 도덕적 측면의 본질과 수준을 정하는 것을 맡기도록 하겠다.

성찰의 시간

- 비판적 성찰이라는 용어를 당신은 어떻게 이해하고 있나요?

- 당신은 얼마나 깊게 성찰하고 싶나요? 왜 그런가요?

- 당신은 교사가 자신의 교수활동 그 이상을 살펴보고 그들이 어떻게 사회와 영향을 주고받는지에 대해 성찰해야 한다고 생각하나요?

- 당신 교실에서의 힘의 관계에 대해 당신은 어떻게 믿고 있으며, 이러한 힘의 관계는 어디에서 기인한다고 생각하나요?

- 당신은 교실에서 다양성에 대한 접근법을 가지고 있나요? 다양성에 대해 어떻게 대응하나요?

- 당신이 가르치는 곳에는 어떤 계층적 구조와 전통이 존재하나요? 동료와의 협력은 장려되나요, 아니면 좌절되나요?

- 만약 협력이 장려되지 않는다면, 왜 그런가요?

- 만약 협력이 장려된다면, 어떻게 장려되나요?

- 당신은 TESOL에서의 비판적 접근법은 단지 "부록"이라고 생각하나요?

- 당신에게 비판적 교육학은 무엇을 의미하나요?

- 비판적 접근법에 참여하기를 희망하는 교사들을 위한 Crookes(2009)의 네 가지 주제를 보고, 어떤 주제가 당신과 당신의 교수 상황에 가능한지

논하세요

- 더 많은 주제를 추가할 수 있나요?

- 당신의 도덕관 그리고/또는 종교적 신념과 교수활동 사이에 어떤 연결고리가 있다고 생각하나요?

대화를 통한 비판적 성찰

지금까지 우리는, 실행연구에 대한 비판적 접근법(이전 장 참조)을 포함하는 비판적 응용언어학이나 도덕적(그리고 종교적) 성찰과 같은, 비판적 성찰의 다양한 구성 요소 및 어떻게 이러한 것들이 TESOL 분야에 영향을 주는지를 논의했다. 이제 우리는 비판적 성찰의 과정이 어떻게 사회적 맥락 안에서 적용될 수 있는지를 살펴볼 것이다. Kumaravadivelu(2012: 95)가 주장하듯이, "교수는 이론화하는 과정을 통해 동시에 형성하고 형성되는 성찰적 실행이며, 이러한 이론화 과정은 문답적 탐구라는 협동적 과정에 의해 강화된다." 이러한 문답적 탐구 과정의 적용은, 수년간 자신의 교수활동에 대해 성찰했던 한 무리의 교사들과 함께했던 나의 이전 연구를(이 책의 서론 참조) 기반으로 하며, 또한 이 책에서 제시하는 *실행에 대한 성찰의 체계의* 중요한 측면이다. 교사가 스스로의 발전과 TESOL의 발전을 위해서 전적인 책임을 지고자 한다면, 비판적 성찰 과정의 도입은 교사의 심사숙고한 행동이어야 한다. 심사숙고한 행동을 취하는 것은, 만약 이러한 행동이 안전한 환경에서 다양하고 모순되는 관점을 환영하는 열린 분위기 속에 다른 교사들과 성찰하는 것을 수반한다면, 결국 비판적 시각과 조화를 이루는 것이다.

교사 성찰 그룹

이 책의 서론에서 언급한 것처럼, 나의 성찰적 실행은 1994년 한국 서울에서 교사 성찰 그룹과 함께 작업하면서 시작되었다. 이때 나는 개별 교사가 혼자 성찰하는 것보다 그룹으로 성찰하는 것의 힘에 대해 많은 것을 배웠는데, 이는 그룹이 함께 논의하는 것을 통해 더 힘을 부여받게 되기 때문이다. 그룹의 도움으로, 각 교사는 스스로에게 그리고 서로에게 문제를 제기하기 시작했고, 그 결과 자신의 교수활동에 대해 성찰하게 되면서 더 자신감 넘치는 교사가 되었다(Oprandy et al., 1999: 152). 이는 이제 20년도 더 된 일이고, 이후 지난 수년간 나는 다양한 경력의 교사들과 함께 일하며 그들이 자신의 교수활동에 대해 성찰하는 것을 도와왔다.

최근에 나는 교사 그룹 성찰에 다시 관심을 가지게 되어 나의 박사논문 연구를 다시 해보기로 했고, 세 명으로 이루어진 캐나다 출신의 경력교사 그룹이 자신의 일에 대해 성찰하는 것을 살펴보았다(Farrell, 2014). 이 연구를 진행하며 나는 다섯 개의 구성 요소로 이루어진 나의 성찰적 교수의 초기 체계(Farrell, 2004, 2007a)를 따랐다. 이 구성 요소에는 (a) 다양한 기회와 활동, (b) 기본 규칙, (c) 성찰의 네 가지 시간 또는 범주의 제공, (d) 외부 입력, 그리고 (e) 성찰을 촉진하기 위한 신뢰가 있다. 이 연구를 통해 나는 교사 성찰 그룹에 대해 아래에 내가 제시하는 것들을 배웠으며, 이를 통해 교사 그룹에서 비판적 성찰에 참여하고자 하는 다른 교사들을 돕고자 한다.

교사 성찰 그룹 구성하기

이러한 그룹을 구성할 때 교사는 다음과 같은 다양한 이슈를 고려해야만 한다: 교사들이 원하는 그룹의 유형, 포함할 참여자의 숫자, 각 참여자의 서로 다른 역할, 토론의 주제, 그룹을 지속시킬 방법, 그리고 성찰 기간이 끝났을 때 그룹을 평가하는 방법.

그룹 유형

ESL 교사들이 함께 성찰하고자 하는 그룹의 유형을 고려할 때, 해당 그룹의 전반적인 철학적 접근법을 고려하고 논의해야 한다. 예를 들어, 비록 참여자들이 실제로 구체적으로 설명하지 않았지만, 이 책에서 내가 보고하는 교사 그룹의 전반적인 철학적 접근법은, 협동이 강조되고 각 구성원이 다른 이에게 자신의 관심사, 주제 또는 가치관을 강요하지 않는 *힘을 공유하는* 유형이었다. 이 교사들은 그룹 안의 개인으로서가 아니라 하나의 그룹으로 함께 행동함으로써 각자가 바라는 것을 성취했다. Kriesberg(1992)가 언급하듯, *힘을 공유하는* 유형은 구성원들이 서로에게 자신의 희망사항이나 관심사를 강요하지 않으면서, 자신의 바람을 실현하고 흥미를 충족시키는 방법을 찾기 때문에 그 구성원에게 힘을 부여하게 된다. Kriesberg(1992: 85-6)가 덧붙여 설명하기를, "협력의 관계는 평등이 존재하는 관계이며, 개인과 그룹이 함께 행동함으로써 자신들의 바람을 성취하는 상황이다. 이는 함께 개발하는 능력이다." 교사 성찰 그룹의 구성원이었던 교사 1은 성찰 기간이 끝나고 다음과 같이 이야기했다: "우리는 그룹이 하나로 함께 나아갈 수 있는, 서로 공통으로 관심이 있는 주제를 찾기를 원했던 것 같습니다." 또 다른 그룹 유형은 명령과 통제(구성원 또는 촉진자에 의한)로 특징지을 수 있는 *힘을 행사하는* 유형인데, Kriesberg(1992: 47)가 설명하듯이, 힘을 행사하는 관계는 "인간의 소통을 차단하고 공감과 이해에 벽을 쌓는다." 따라서, 교사 성찰 그룹의 모든 구성원은, 이러한 그룹 성찰 경험이 각 구성원에게 힘을 부여하는 경험이 되려면, 서로의 성찰적 실행을 열정적으로 지지하고자 해야만 한다. 이 이슈에 대해 논의하고 동의가 이루어지면, 교사 성찰 그룹은 어디에서 구성원을 모으고, 얼마나 많은 구성원을 모을지를 고려할 수 있다.

예전에 나는 세 가지 유형의 교사 성찰 그룹의 개요를 설명했는데

(Farrell, 2007a 참조), 이 유형들은 학교 안에서뿐만 아니라 여러 학교 또는 학군, 그리고 다른 기관까지 확대될 수 있다. 동료 그룹은 학교 내에서 만들어질 수 있고, *교사 그룹*은 학군 차원에서, *가상 그룹*은 어디서나 만들어질 수 있다. 여기에서 보고하는 교사 성찰 그룹 형태는 동료 그룹이며(같은 학교에서 근무하는 동료와의 그룹), 한 참여자가 이야기하듯 이상적인 참여자 수는 네 명을 넘지 말아야 한다. 이 참여자는 "한 사람이 대화를 주도하는 것에 대한 걱정이 항상 있었기에" 네 명이라는 숫자가 "그룹에 충분하다"고 설명한다(교사 1). 한 무리의 교사들이 교사 성찰 그룹을 만들고자 결심하면, 이제 일반적 규칙, 참여자 역할, 그리고 주제 선정에 있어 그룹을 어떻게 운영할지를 생각해야 한다. 어떤 유형의 그룹을 구성할지 결정할 때, 교사들은 두 가지 유형의 그룹─힘을 공유하는 그리고 힘을 행사하는 그룹─을 잘 알고 있어야 한다.

성찰의 시간

- *힘을 공유하는* 유형의 그룹을 어떻게 이해하고 있나요?

- *힘을 행사하는* 유형의 그룹을 어떻게 이해하고 있나요?

- 어떤 유형의 교사 성찰 그룹을 만들고 싶나요? 왜 그런가요?

- 어떻게 구성할 건가요?

- 그룹은 명확한 목적이 필요합니다; 배움과 관련되었다면, 목적, 목표, 그리고 성과는 구체적이어야 합니다. 당신 그룹의 목적은 어떻게 설정할 건가요?

그룹 구성하기

Richardson(1997)은 동료들이 자신의 일에 대해 성찰하기 위해 그룹으로 모였을 때, 그 그룹이 성공적이기 위해서는 네 가지 기본 특징 또는 구성 요소가 있어야 한다고 설명한다.

- 각 참여자는 그룹 안에서 "안전하다고" 느껴야 한다. 내가 최근 함께 작업했던 교사 성찰 그룹에서, 한 교사는 다음과 같이 언급했다. "나의 동료들은 내 친구이고, 그들과 나의 생각을 나누는 것은 매우 편안해요."

- 각 참여자는 어떤 방식으로든 "연결되어 있다고" 느껴야 한다. 내가 최근 함께 작업했던 교사 성찰 그룹에서, 한 교사는 다음과 같이 언급했다. "저희 그룹은 공통의 경험을 공유하고, 통찰력과 충고를 요청하거나 또는 제시하고, 해결책을 고민하는 시간을 제공했어요."

- 각 참여자는 그룹에 대해 그리고 그들이 함께 성취하고자 하는 것에 대해 열정을 느껴야 한다. 내가 최근 함께 작업했던 교사 성찰 그룹에서, 한 교사는 후에 다음과 같이 회고했다. "얼굴을 맞대고 논의하는 것은 그룹을 결속시키고, 매주 우리가 이 과정에 대해 헌신하기로 새롭게 결심하는 데 중요했어요."

- 각 참여자는 그룹의 존재를 존중하고 감사히 여겨야 한다. 내가 최근 함께 작업했던 교사 성찰 그룹에서, 한 교사는 다음과 같이 말했다. "우리가 걱정 또는 의심의 마음을 표현했을 때, 서로가 긍정의 말을 하고 지지해 줄 수 있었던 것이 좋았어요."

교사들의 언급에서 볼 수 있듯이, 상기 제시한 네 개의 특징은 이 장에서 보고하는 사례연구의 참여자들에게 그룹의 존재를 정의하는 데 있어 중요했다. 왜냐하면, 이들은 교사 성찰 그룹으로서 함께 일하는 동지애를 느끼고자 서로를(그리고 촉진자를) 찾았기 때문이다. 따라서 이러한 교사 성찰 그룹은 교사의 약점이 안전한 환경에서 공유되는 그런 도덕적 지원체계를 제공해야 한다. 또한, 각 그룹 구성원에 대한 긍정적 격려와 피드백을 통해 구성원의 자신감이 향상되는 이러한 그룹에서는, 위험을 감수하는 것도 장려되어야 한다. 하지만, 그룹 구성원들은 단지 구성원이라는 이유만으로 각 구성원이 자신의 교수활동에 대해 애기한 모든 것을 그저 인정해서는 안 된다. 사실 이것이 이 장에서 내가 보고한 교사 성찰 그룹의 가장 큰 약점이었을 것이다. 왜냐하면, 이 교사들은 그룹의 모든 이야기에 대부분 동의하는 경향이 있었고, 다른 교사들의 말에 문제를 제기하는 일이 거의 없었기 때문이다. 성찰 기간이 끝난 후 한 교사는 다음과 같이 이야기했다:

> 우리가 서로에게 특별히 비판적이었다고 생각하지 않아요. 서로에게 도전하거나 의견을 달리하지도 않았어요. 우리의 오래된 직업적 관계와 우정은 위험을 감수하기에는 너무 소중했어요. 우리는 스스로에 대해서 더 엄격하게 문제를 제기하고 판단하는 경향이 있었고, 그러면 다른 두 교사는 급하게 끼어들어 "그렇게 심하게 말하지 말아요"라고 하거나, 그 교사의 행동을 지지했어요. 하지만, 우리는 서로 어떻게 일을 다르게 처리하는지의 예를 들어 주고, 우리 자신의 경험을 이야기하면서 대안을 제시하려고 했습니다.

교사 성찰 그룹은 교사의 목소리를 과도하게 미화하는 것을 경계해야만 한다. 오히려, 교사 성찰 그룹은 건설적 비판과 심지어 갈등이 환영받는 장이 되어야 한다. 이는 이러한 비판적 대화야말로 변화에 꼭 필요한 기폭제가 될 수 있기 때문이다.

성찰의 시간

- 당신은 그룹을 구성하는 데 있어 상기 제시된 네 가지 기본 특징을 어떻게 다룰 건가요?

- 그룹의 구성원들은 자신의 기대를 명확하게 할 기회가 주어져야 합니다. 이는 이러한 기대가 현실적인지를 확인하는 데 도움을 줍니다. 이 이슈를 어떻게 다룰 건가요?

- 그룹의 구성원들은 교사 성찰 그룹이 얼마나 오랫동안 같이 일하고 만날 것인지를 알아야 합니다. 이 이슈를 어떻게 다룰 건가요?

- 위험을 감수하는 것은 교사 성찰 그룹에 왜 중요한가요?

- 왜 갈등은 변화로 이어질 수 있나요?

- 왜 그룹 구성원들은 다른 구성원이 말한 모든 것을 그저 인정만 하면 안 되나요?

- 왜 그룹은 교사의 목소리를 과도하게 미화하는 것을 경계해야 하나요?

- 그룹은 다음의 이슈들을 어떻게 다루어야 하나요?:

  - 비밀

  - 건설적 비판하기

  - 다른 교사를 공격하거나 폄하하지 않기

  - 감정 표현하기

  - 시간 엄수하기

  - 정직

  - 다른 교사의 이야기 경청하기

- ○ 한 번에 한 사람만 이야기하기

- ○ 확인 질문 묻기

- ○ 침묵할 권리

- ○ 그룹 내 개개인의 다양성 인정

- ○ 성차별적, 인종차별적 언어에 대한 불관용

- ○ 성찰 기간 내내 차별하지 않는 언어 사용하기

그룹 역할

　각 교사 성찰 그룹은 서로 다른 역할을 하는 구성원으로 구성될 것이며, 이 중 가장 중요한 역할은 그룹 리더이다. 나는 토론에 있어 민주적 접근법을 제안하는데, 이 접근법에서는 어느 누구도 자신이 원하는 것을 하기 위해 그룹을 조정하려고 하지 않는다. 교사 성찰 그룹은 공동 리더십 유형을 택할 수도 있는데, 이는 일을 처리하고(한 명의 공동 리더) 그룹 결속을 유지할(또 다른 공동 리더) 더 많은 기회를 제공하기 위해서다. 그룹이 구성되고 나면, 그룹은 참여자의 역할에 있어 변화를 확인할 수 있는 발달 단계를 거치게 되는데, 이는 그룹이 성찰하는 것을 돕는 촉진자가 있을 때 더욱 그렇다. 나는 내가 함께 일한 모든 교사 그룹에서 촉진자였는데, 그룹 토론의 내용과 그룹의 운영방식에 대한 대부분의 결정을 초기에는 내가 내린다는 것을 알게 되었다. 하지만, 그룹 구성원이 더 편안해지고 자신감이 생기면서, 이 통제의 중심은 그룹 내의 다른 구성원에게 이동하기 시작했고, 내가 최근 함께 작업한 마지막 교사 그룹에서는 성찰 과정의 마지막으로 갈수록 모든 의사결정은 전적으로 그룹 그 자체에 의해 이루어짐을 발견할 수 있었다. 따라서 교사 성찰 그룹은 다음을 주목해야 한다. 효과적인 촉진자는, 그룹이 서로 대화하고 소통하는 경험을 더 쌓아가게 될 때, 그룹 구성원이 성찰 과정에서 더 많은 통제권을 가질 수 있도록 해야 한다. 내가 최근 함께 일한 세 명의 교사들은 비록 의식하지는 못했지만, 그룹 토론 중 각자 역할을 맡는 경향을 보였다. 예를 들어, 한 교사는 *팀워커*team worker의 역할을 했는데, 이는 이 교사가 그룹을 결속시키려고 항상 노력했기 때문이다. 이와 함께 이 교사는 항상 일이 완료되는 것을 확인했기에 *이행자*의 역할을 하기도 했다. 다른 두 명의 교사 역시 이러한 역할을 했지만, 그 빈도에 있어서 앞선 교사보다는 덜 했다. 또 다른 교사는 모든 의견과 선택권이 고려되었는지 보장하기를 원했기에 *점검자*의 역할을 했으며, 세 번째 교사는 세 명 중 가장 조용했기에 *경청자*의 역할을 맡았다.

성찰의 시간

- 상기 제시된 각 역할에 대해 논하세요.
- 당신의 그룹에서 생길 수도 있는, 역할과 관련된 다음의 이슈들을 어떻게 다룰 건가요?
    - 리더 선출?
    - 촉진자에 대한 지나친 의존?
    - 아무런 역할이 없어 느끼는 소외감?
    - 각자의 역할을 가진 하위 그룹?
    - 침묵을 지킴으로써 조용히 체제 전복적인 사람들?
- 당신의 그룹에 어떤 다른 역할이 필요하다고 생각하나요?

성찰 방식

그룹이 성찰 기간 동안 맡게 될 서로 다른 역할에 대한 배정을 논의 및 동의하고 나면, 성찰을 위해 어떤 기회를 제공해야 할지 고려해야 한다. 예를 들어, 내가 함께 일했던 교사 성찰 그룹은 성찰을 돕기 위해 정기적 저널 쓰기 및 서로의 수업에 대한 수업관찰과 함께 그룹 토론을 사용하기로 했다. 이를 완수하기 위해, 각 그룹은 각 성찰 활동 또는 방식을, 그리고 각 활동에서는 무엇을 어떻게 할지를 결정할 기본 규칙을 제시해야 했다. 결과적으로 각 그룹은 성찰 기간 동안 각자 시간을 내어 전념할 수 있는 그룹 모임의 횟수뿐만 아니라 교사 모두 교사저널을 쓸 것인지와 언제 쓸지를, 그리고 서로의 수업을 관찰할지와 언제 관찰할지를 논의하고 동의해야 한다. 내가 함께 일했던 교사 성찰 그룹의 구성원들은 모두 성찰 방식의 한 가지에만 집중하는 것보다 서로 대화하고, 글로 쓰고, 관찰하는 통합적인 방식을 좋아했고 이를 통해 도움을 얻는 듯했다. 대부분의 그룹은 그룹 토론, 저널 쓰기, 그리고 수업관찰을 함께 하는 것을 활용하고자 할 것이다. 내가 최근 함께 작업했던 그룹의 한 교사는 이와 관련하여 다음과 같이 말했다:

> 수업과 직장의 현실, 저널, 토론 그룹, 소규모 교실 연구 또는 전문성 개발 활동 간의 상호작용과 주기가 좋았어요. 이 활동들 각자도 "좋았겠지만", 이 모두를 한꺼번에 하는 것이야말로 저의 경험을 풍부하게 해주었습니다. 정말 완전한 경험이었어요. 제 교실과 학생들을 연구할 수 있었고, 교사로서 제 자신에 대해 성찰했으며(매우 구체적으로 그리고 전체적으로), 동료의 지지를 받는다고 느꼈고, 그들로부터(촉진자를 포함하여) 많은 것을 배울 수 있었습니다.

물론 다른 교사 성찰 그룹은 또 다른 성찰 방식을 고려하고자 할 수도 있고, 상기 제시한 세 가지 방식을 자신의 특정 교수환경과 필요에 맞도록 조정할 수도 있다.

성찰의 시간

- 이야기하기, 글로 쓰기, 그리고/또는 관찰하기 중 당신이 성찰 방식으로 선호하는 것은 무엇인가?

- 어떤 방식이 당신에게 가장 쉬울까요, 왜 그런가요?

- 어떤 방식이 당신에게 어려울까요, 왜 그런가요?

- 당신과 당신의 교사 그룹에 적합한 다른 성찰 방식을 생각해 볼 수 있나요?

토론 주제

교사 성찰 그룹이 처음 만나면, 그룹 토론을 할 주제가 있을 수도 또는 없을 수도 있다. 내가 최근 함께 작업했던 교사 성찰 그룹은 처음에는 특별한 주제를 가지고 있지 않았고, 따라서 이들은 그 당시 자신들의 교수활동 및 그룹 토론을 통해 주제가 생겨나고 개발되도록 했다. 또한, 이 그룹은 비교할만한 비슷한 다른 교사 그룹도 없었고, 고려해 볼 만한 주제 목록도 가지고 있지 않았다. 따라서 다른 성찰 그룹들은 먼저 테마나 주제를 함께 브레인스토밍하고, 이를 간추려서 구체적인 탐구 질문을 찾아낼 수 있을 것이다. 이렇게 주제를 간추리는 것은 참여자들이 자신에게 개인적 의미가 있는 이슈에 집중하도록 한다. 이 단계에서 그룹은 또한 이 특정 주제에 대해 계속해서 성찰할 수 있도록 하는 가용한 자원이 있는지를 결정할 수 있다. 주제가 일시적으로 샅샅이 다루어지면, 그룹은 새로운 브레인스토밍을 시작하고, 이후 주제를 간추리며, 이 주제를 다루는 구체적 질문을 개발할 수 있다.

성찰의 시간

- 당신은 상기 언급된 주제들을 논의할 건가요?

- 그룹에서 어떤 다른 주제를 토론하기를 원하나요?

- Brookfield(2006)는 그룹 토론을 시작할 두 가지 아이디어, 즉 "성찰 목록"과 "개인적 가설 목록"을 제시합니다. 각각을 살펴본 후 논의하고, 당신의 그룹에 적합한지 확인하세요:

  ○ *성찰 목록*: 참여자들은 차례로 아래 제시하는 여섯 개의 간단한 질문에 답하며 자신을 소개한다.

    교사로서 나의 일 중 내가 가장 자랑스러워하는 것은?

    내가 교실에 없을 때 학생들이 나에 대해 말했으면 하는 것은?

    나의 교수에 있어 내가 꼭 알아야 하는 것은?

    교사로서 나의 일에 있어 내가 가장 걱정하는 것은?

    내가 잘했다고 생각하는 때는?

    내가 한 실수 중 가장 많은 것을 배운 것은?

  ○ *개인적 가설 목록*: 참여자들은 먼저 다음의 문장을 완성하고 그룹과 공유한다.

    나는 … 했을 때 잘했다는 것을 안다.

    나는 … 했을 때 일을 잘 못했다는 것을 안다.

    나는 … 했을 때 나의 일에 대해 가장 기분이 좋다.

    나는 … 했을 때 나의 일에 대해 최악으로 느낀다.

    정말 훌륭한 교수활동을 본 마지막은 … 때이다.

학생들의 최고의 학습 경험을 본 것은 … 때이다.

그룹 유지하기

교사 성찰 그룹이 유지되기 위해서 각 구성원은 그룹에 헌신해야 한다. 내가 최근 함께 작업했던 교사 성찰 그룹은 한 학기 동안은 집중적으로 지속되었으며, 또 다른 한 학기는 간헐적으로 만났다. 첫 학기에 이 그룹은 매주 토요일 아침 한두 시간 동안 각자의 일에 대해 성찰하기 위해 만났다. 이 장에서 보고하는 연구의 참여교사들에 따르면, 한 무리의 교사들이 집중적으로 성찰하기 위한 헌신은 이상적으로 한 한기 동안은 지속되어야 한다. 비록 헌신이라는 측면에서는 이 교사 성찰 그룹의 시작은 불안했지만, 성찰 과정의 혜택에 대해 모든 교사가 깨닫게 되었을 때, 교사들 모두 이 모임을 최대한 활용했다. 한 교사는 그룹 성찰 후에 다음과 같이 말했다. "사실 처음에 토요일 아침을 포기해야 한다는 것에 대해 이야기할 때 제가 옳은 선택을 한 것인지에 대해 조금 걱정했어요. 하지만 결국 정말 유용한 시간이었다고 느꼈습니다." 교수라는 것은 매우 개인적인 활동이기 때문에, 성찰 그룹의 교사들이 자신이 알 수도 또는 모를 수도 있는 다른 교사들과 함께 자신에게 중요한 직업적(그리고 개인적) 이슈를 꺼내어 논의하기 시작할 때, 필연적으로 어느 정도의 불안감이 있을 것이다. 따라서 신뢰를 바탕으로 한 위협적이지 않은 환경이 그룹 안에 조성되어야 한다. 내가 최근 함께 작업한 교사 성찰 그룹에서는, 교사들이 15년 이상 서로 동료이고 친구였기 때문에 신뢰는 문제가 아니었지만, 그럼에도 한 교사는 그룹 성찰 이후 신뢰에 관한 이야기를 했다. "신뢰를 쌓는 것이 협동적 토론과 성찰을 장려하는 환경을 만드는 데 주요 요인이라고 생각합니다." 신뢰를 구축하는 방법은 성찰 과정 그 자체에 포함될 수도 있다. 최근 내가 함께 일했던 교사 성찰 그룹의 예처럼 그룹 토론에서 판단보다는 사실 서술 및 관찰을 강조하도록 하는 것과 같이 말이다.

그룹에서 신뢰를 쌓는 이슈와 관련된 것이 감정의 이슈이다. 교사 그룹이 자신의 교수활동의 다양한 측면에 대해 성찰하는 개개인의 인간으로 구성되어 있기 때문에, 두려움, 분노, 좌절, 기쁨, 안전, 따뜻함, 불안감, 지루함과 같은 다양한 감정이 필연적으로 나타날 것이다. 개별 구성원은 교사 성찰 모임의 문화적 맥락에 따라 다양한 방식으로 자신의 감정을 보여줄 것이고, 당연히 다양한 방식으로 자신의 감정을 숨길 것이다. 따라서 성찰 그룹이 성찰 과정의 초기에, 개별 구성원이 원하지 않을 때 자신의 감정을 드러내지 않을 권리를 존중하도록 확고히 하는 것은 중요하다. Brookfield(1995: 9)가 경고하듯이, 큰 원의 형태로 앉는 것은 사람들이 "숨을 데가 하나도 없다"는 느낌을 가질 수 있기 때문에 이러한 과정에 도움이 되지 않을 수도 있다. 각 그룹은 그룹 토론에서 생기는 감정들을 어떻게 다룰지를 결정해야 할 것이다.

성찰의 시간

- 당신은 그룹을 유지하기 위해 어떤 계획을 할 수 있나요?

- 정해진 성찰 기간이 있는 것이 그룹을 유지하는 데 도움이 된다고 생각하나요?

- 그룹 내의 신뢰 이슈를 어떻게 접근할 건가요?

- 어떻게 그룹 신뢰를 확립할 건가요?

- 사람들은 서로 다른 방식으로 감정을 다룹니다. 아래에 제시된, 몇몇 교사들이 자신의 감정을 다루었던 방식을 논하세요.

  감정을 "인정함"으로써 감정에 대해 책임지기

  감정 담아두기

감정에 대해 확신하고 표현하기

그룹 평가하기

　　교사 성찰 그룹이 성찰의 기간을 끝낸 후, 모든 그룹 참여자가 자신의 개인적, 직업적 성장에 있어 성찰 그룹의 영향력을 평가하는 것은 중요한데, 이는 이를 통해 참여자들이 이 과정을 마무리 지을 수 있기 때문이다. 참여자들은 개인과 그룹이 목표를 달성하고 소정의 성과를 이루었는지에 대해, 그리고 자신들 또는 다른 교사들이 또 다른 교사 개발 그룹을 만들고자 할 때 고려할 요인들에 대해 성찰할 수 있다. 한 교사가 자신의 경험 이후 다음과 같이 성찰했던 것과 같이 말이다. "우리는 교실에서 무슨 일이 벌어졌는지 그리고 우리의 직업적 삶에 대해 공유했어요. 사실 해결책을 찾았다고 생각하지는 않지만, 개인으로서 우리 각자가 무슨 일이 벌어지고 있는지에 대해 구체적으로 설명하고 서로 격려하며 비슷한 경험에 대해서 공유할 수 있는 장을 제공했다고 생각해요." 또한, 교사들은 이 단계에서 자신의 경험을 통해 도움받을 수도 있는 다른 교사들과 자신이 발견한 것을 공유하고 싶은지를 생각해볼 수도 있다. 교사들은 학회에 참석하여 자신의 그룹에 대해 발표할 수도 있고, 학회지에 게재하기 위해 성찰 그룹의 발전에 대한 논문을 쓸 수도 있다. 이것이 바로 이 장의 초반부에 요약된 비판적 성찰 활동의 예이다. 내가 최근 함께 작업했던 성찰 그룹의 참여자들은 학회에서 교사 성찰 그룹에 참여했던 자신들의 경험을 발표하면서 지역공동체와 관계 맺게 되었다. 그 그룹의 교사 중 한 명은 교사 성찰 그룹에서 긍정적인 경험을 했다며 다음과 같이 학회에서 이야기했다. "이 경험은 저에게 자신감과 능력을 개발하도록 했고, 이와 함께 장래에 이러한 유형의 전문성 개발 활동을 계속하고자 하는 동기 및 앞으로 제 커리어의 새로운 장에서 교수활동을 즐기고자 하는 동기를 제공했다고 생각합니다."

성찰의 시간

• 당신의 교사 성찰 그룹의 성공을 어떻게 평가할 건가요?

• 진정으로 비판적으로 성찰하기 위해서, 당신은 교사가 학회에 참석하여 다른 교사, 행정가, 그리고 제2언어 학습자들을 교육하는 일에 종사하는 사람들에게 자신의 경험을 공유해야 한다고 생각하나요? 왜 그런가요, 또는 왜 그렇지 않나요?

결론

본 장은 *실행에 대한 성찰의 체계*의 마지막 단계, 실행 그 이상을 제시했다. 실행에 대한 성찰의 체계에 있어 이 중요한 단계는 비판적 성찰 활동의 중요성 및 어떻게 비판적 성찰 활동이 비판적 응용언어학, 사회문화적 이론, 그리고 도덕적/종교적 성찰 활동 분야에서 TESOL에 영향을 주었는지를 설명하고 논의했다. 덧붙여, 이 장은 비판적 성찰의 과정은 교사 성찰 그룹 안에서 다른 교사와 함께할 때 가장 잘 진행됨을 시사했다. 하지만, 이러한 그룹이 어떻게 구성될 수 있는지를 자세히 설명하고, 교사들이 구성하기를 원하는 그룹의 유형, 그룹 구성원의 서로 다른 역할, 선호하는 성찰 방식, 논의하고자 하는 주제, 그룹을 유지할 방법, 그리고 비판적 성찰 기간 후에 자신의 그룹을 평가할 방법과 같은 이슈들을 논의하는 것은 중요하다.

이 장에 대한 성찰

• 이제 당신이 *실행에 대한 성찰의 체계*에 제시된 성찰 주기를 마쳤고, 성

찰적 실행가로서 당신에게 중요하다고 생각하는 것에 대해 성찰했으므로, 성찰적 실행이 당신에게 어떤 의미인지를 구체적으로 설명하는 편지를 당신이 신뢰하는 동료에게 쓰세요. 성찰적 실행가가 되는 것이 당신에게 어떤 의미인지를 당신의 동료가 이해할 수 있도록 편지를 쓰기 바랍니다.

9장
체계 활용하기

서론

이 책에서 제시하는 *실행에 대한 성찰의 체계*를 개괄하고 설명하면서, 지금까지 나는 다양한 교수경력을 지닌 교사들에게 자신의 전문성을 개발하는 데 도움이 되는 전반적인 성찰적 실행의 도구를 제공하고자 했다. 이 마지막 장은 서로 다른 교수경력을 가진 교사들이 어떻게 이 체계를 전체적으로 활용하고 적용할 수 있을지를 논의할 것이다. 이와 함께 교사 커리어의 서로 다른 단계에 있는 ESL 교사들이 자신의 전문성 개발의 필요에 따라 본 모델을 어떻게 적용하고자 하는지에 대한 사례를 보여줄 것이다.

체계 활용하기

　　교사 전문성 개발의 의미 있는 도구로서 이 책에서 서술한 *실행에 대한 성찰의 체계*는 세 가지 방식으로 활용될 수 있다. 이론에서 시작하여 실행(실행 그 이상)으로, 실행(그 이상)에서 시작하여 이론으로, 또는 각 단계별로 적용되는 방식이 그것이다. 따라서 이 체계는 규범적이라기보다는 기술적이다. 3장에서 언급했듯이, 교사는 이론에서 시작하여 실행으로, 또는 1단계/수준, 즉 철학에서부터 다양한 단계를 거쳐, 5단계/수준, 즉 실행 그 이상까지 진행하면서 실행에 대한 성찰에 연역적으로 접근할 수 있다. 누군가는 교실 경험이 많이 없는 예비교사들에게 이러한 방식이 가장 적합할 것이라고 생각할수도 있다. 이는 그들이 먼저 TESOL에 관한 전반적인 철학적 접근법에 대해 고민한 후, 원칙(2단계/수준) 및 이론(3단계/수준)과 같은 단계로 나아가며, 교육실습을 하는 단계에 도달했을 때 마침내 실행(4단계/수준)에 대해 성찰할수 있는 적절한 상황에 안착하게 되고, 결국 실행 그 이상(5단계/수준)으로 나아가 성찰할 수 있게 되기 때문이다.

　　이러한 실행에 대한 이론 중심 접근법은－철학과 이론이 실행에 영향을 주는－초보교사들에게는 자연스러운 발전의 단계일 것인데, 이는 그들이 교수 경험이 많지 않기 때문이다. 이들의 초기 교수활동을 관찰하면, 아마도 교수활동에서 이론이 감지될 확률이 높다; 하지만 시간이 지나면서 그리고 성찰을 통해서, 매일의 교수활동이 그들의 철학과 이론에 영향을 미치고 변화하도록 할 것이며, 이들은 실행에 대한 새로운 원칙을 만들어낼 가능성이 있다. 계속되는 성찰은 실행 및 실행의 이론 모두를 발전시킬 수 있을 것이다. 경험이 많은 교사 역시 1단계/수준, 즉 철학에서부터 성찰을 시작하기로 할수도 있는데, 이는 특히 그들이 교수활동에 있어 철학을 중요한 토대로 여기고, 두 번째는 원칙, 세 번째는 이론 등으로 생각한다면 더욱 그럴 것이다. 경력교사들은－이들 중 일부의 교수활동은 만약 이들이 자신의 커리어 동안 이론을 많이 읽고 특정 이론을 적용하면서 실험을 해왔다면 아마 이론 중심일 것인데-자신의 일을 TESOL에 대한 전반적인 철학적 접근법의 측면에서 설명하고자 할 것이며, 이러한 설명은 아마도 그들의 실행 근간에 있는 가치관, 신념, 원칙과 이론을 포함할 것이다. 이러한 경력교사들의 수업을 관찰할 때, 우리는 이들의 접근법, 교수법, 그리고 활동이 이러한 이론의 영향을 반영하고 있음을 보게 될 것이다. 이에 대한 예는, 교사가 자신의 교수활동에 과학/연구 개념 접근법을 택하고, 과업중심 교수법을 수업에 도입하고자 하는 것에서 찾을 수 있다.

이론에서 실행(그 이상)으로

여기에 한 초보 ESL 교사가 자신의 임용 첫해에 고등학교에서 ESL 학생들에게 영어 읽기를 가르치면서 어떻게 전략 훈련을 도입하고자 하는지에 대한 짧은 사례연구가 있다. 그는 학기 초반부터 수업에서 읽기 전략 훈련을 가르치고자 했는데, 그가 말하기를, 이는 자신이 "교사교육 프로그램에서 이러한 아이디어를 배웠기" 때문이었다. 그는 특히 질문하고, 확인하고, 예측하는 학습 전략을 가르치는 데 관심이 있었으며, 이와 함께 독해에 어려움을 겪고 따라서 영어 읽기를 좋아하지 않는, 영어가 능숙하지 않은 ESL 학생들에게 어휘 인식 기술을 가르치는 데 흥미가 있었다.

자신의 실행 철학에 대해 논하며, 이 초보교사는 다음과 같이 말했다: "저는 확실한 교육철학을 가지고 있습니다. 학생이 항상 먼저라고 생각해요. 만약 특정 프로그램이나 일련의 활동이 그들에게 도움이 된다면 저는 실행해 보고자 할 겁니다. 학생들에게 도움이 되지 않을 거라면, 폐기하거나 거의 하지 않을 거예요." 그는 비록 자신이 실제 교수 경험이 하나도 없다는 것을 인정하면서도-그리고 그의 교육실습 경험은 다른 교사들이 가르치는 것을 관찰하는 것뿐이었고, 따라서 그 경험으로부터 배운 것은 없다고 말하면서도

-실행에 대한 그의 접근법 대부분은 이러한 철학에 기반한다고 했다.

　　그는 특히 어려움을 겪고 있는 ESL 학생들에게 읽기를 가르치는 것에 관심이 있었는데, 그는 이것이 그의 교사로서의 "소명" 또는 사명감이라고 느끼고 있다고 말했다("소명으로서의 가르침"에 대해서는 5장 참조). 그는 뛰어난 학생들은 아마도 그의 지식으로부터 많은 혜택을 얻지 못할 것이라고 말하면서 이러한 학생들을 가르치는 데 관심이 있지 않으며, 이는 그가 교직을 택한 이유는 아니라고 말했다. 따라서 그는 다른 언어능력 대신 자신이 읽기를 가르치는 것을 관찰해 달라고 했다. 읽기 학습과 교수에 대한 그의 신념은 그가 교사교육기관에서 공부한 학습자 전략 훈련을 중심으로 하는 것이었다. 그는 읽기에 어려움을 겪고 있는 ESL 학생들에게 예측하기, 질문하기, 확인하기와 같은 전략을 사용하도록 가르친다면, 그들의 읽기가 나아질 것이라고 믿는다고 했다. 나는 그의 읽기 수업을 다섯 번 관찰했다. 2학기 초에 두 번, 중반에 두 번, 그리고 학기 말에 한 번. 각각의 수업관찰은 두 번의 80분 수업(각 40분 연속 수업)에서 진행되었고, 마지막 수업관찰은 한 번의 40분 수업이었다. 아래에 각 수업의 요약본이 제공되어 있다. 이 요약본(에피소드 형식)은 교사가 영어 읽기를 가르치는 데 어떻게 전략 훈련을 활용하고자 했는지를 보여준다.

학기 초 관찰 수업

　　이 수업들은 학기 2주 차에 진행되었다. 첫 수업은 그가 독해 방법을 리뷰할 것이라고 말하면서 시작되었다. 이 수업에서 교사는 학생들로 하여금 그들이 보통 어떻게 읽는지 그리고 본문을 읽은 후 독해 질문에 어떻게 대답하는지에 대해 생각하고 성찰하도록 했다. 먼저 교사는 그가 "10개의 독해 질문에 답하는 전통적 단계"라고 부르는 활동을 학생들이 하도록 했는데, 이는 그가 학생들이 이 방식에 익숙하면서도 대부분의 질문에 답하지 못하는 것을 확인했기 때문이었다. 이후 그는 학생들이 읽을 때 예측하는 학습 전략을 소개하고자 했다.

에피소드 1에 제시된 다음의 대화는 어떻게 교사가 예측 전략을 소개하고자 하는지, 그리고 학생들은 어떻게 반응하는지를 보여준다. 첫째 줄에서 교사는 "이 흔한 독해 방식"이라고 언급하면서, 그가 가르치는 곳에서의 전통적 영어 읽기 수업에서 학생들은 지문을 읽고, 모르는 단어에 밑줄 치고, 지문 뒤에 나오는 독해 질문에 답한다는 것을 나타내고자 한다. 이후 교사는 답을 확인하고 학생들이 맞았는지 틀렸는지 알려준다. 이 교사는 이 주기를 깨고자 했다.

에피소드 1

교사: 이 흔한 독해 방식을 이해하지 못하는 사람 있나요?

[대부분이 손을 든다]

교사: 오늘은 다른 방법 … 이야기에서 무슨 일이 일어날지 추측해 보는 거예요

[교사는 칠판에 이야기의 제목 "The Last Dance"를 적는다]

교사: 먼저 드는 생각은 무엇인가요? [대답 없음]

교사: 이 이야기는 무엇에 관한 걸까요? [대답 없음]

교사: 첫 단락을 읽으세요

교사: 자, 이제 이 이야기는 무엇에 관한 것일까요?

[교사는 첫 단락에 대해 더 많은 질문을 한다; 대답할 수 있는 학생은 없음]

[이후 교사는 메타인지적 기술에 대해 학생들에게 질문한다]

교사: 여러분들의 머릿속에서 무슨 일이 일어나나요? 생각하기, 예측하기.

[학생들의 반응은 없음]

교사: 다음 단락은 무엇에 관한 것일까요? 다음과 같이 읽으세요.

[학생들이 읽는다]

에피소드 1의 이 짧은 대화는 교사가 어떻게 학생들로 하여금 그들의 읽기 전략에 대해서 생각해 보도록, 그리고 그가 교사교육기관에서 배운 예측하는 전략을 사용하도록 돕고자 하는지를 보여준다. 하지만, 수업 그리고 그가 가르치는 학생들의 현실은 그로 하여금 이 전략을 소개하는 것이 쉽지 않으리라는 것을 재빨리 깨닫도록 했다. 실제로 수업 후, 그는 학생들이 그가 기대한 대로 독해 시 예측하는 아이디어에 반응하지 않자 좌절감을 느꼈으며, 이는 그가 교사교육기관의 이론 수업에서 기대했던 것과는 다르다고 했다.

그럼에도 불구하고 그는 학생들이 이전에는 누구도 그들이 어떻게 읽는지(그들의 읽기 전략)에 대해 질문한 적이 없다고 말했다며 약간의 희망을 보았다고 했다. 학생들은 이전에는 교사들이 보통 지문을 조용히(또는 큰 소리로) 읽고 독해 질문에 답하라고 했다고 했다. 따라서 이 교사는 적어도 그가 학생들로부터 약간의 반응을 얻었고, 학생 중 몇 명은 자신이 하고자 하는 것을 궁금해하기 시작했다고 덧붙였다. 그 결과 그는 학생들에게 새로운 접근법이 필요하기 때문에 전략 훈련을 계속하기로 했다고 말했는데, 이는 그가 교육실습에서 그리고 부임한 첫해에 수업관찰을 하면서, 학생들이 수업에서 너무나 자주 지문을 이해하지 못하는 것을 관찰했기 때문이었다.

학기 중반 관찰 수업

다음의 수업들은 2학기 중반에 일어났다. 수업 전에 교사는 지난번 나의 방문 이후로 계속해서 전략 훈련을, 특히 예측하는 전략 훈련을 해왔다고 설명했다. 하지만, 첫 수업 이후로는 매시간 이 훈련을 하지는 않았다고 말하며,

학생들이 반응하지 않았기 때문이라고 했다. 수업은 교사가 학생들에게 조용히 단락을 읽으라고 시키면서 시작되었다. 10분 후, 그는 아래 제시된 에피소드 2의 대화에서 보듯이, 학생들에게 그들이 배운 것에 대해서 성찰하도록 했다.

에피소드 2

교사: 얼마나 많이 예측하기를 사용했나요? [세 명의 학생이 손을 든다]

교사: 나머지는 … 얼마나 많이 각 단어를 읽었나요? [모든 학생이 손을 든다]

교사: 새로운 방법을 시도해 보기를 권합니다. 억지로 하도록 할 수는 없지만, 그렇게 했을 때 독해 질문에 답하는 것이 더 쉽다는 것을 알게 될 거예요. 효과가 있다는 것을 저는 압니다. 시도해 보세요. 여러분들에게 선택권이 있습니다.

에피소드 2의 짧은 예시 역시, 그가 설명하듯이, "전통적 읽기 접근법이라는 오래된 습관에서 벗어나는 것이" 읽기 실력이 좋지 않은 ESL 학생들에게 얼마나 어려운 것인지를 보여준다. 수업 후에 교사는 학생들이 "새로운" 방법을 사용하지 않아서 실망했지만, 계속 시도해 볼 것이라고 했다. 그는 약간의 저항을 감지했다며, "오래된 습관이 쉽게 없어지지는 않는다"고 덧붙였다. 또한 "영어 읽기에 약한 학생들은 자신이 읽을 수 없다는 것에 대한 의심의 패턴에 자신을 가두는 경향이 있고 여기서 쉽게 헤어 나오지 못하는 것 같다"고 했다. 교사는 학생들이 손가락을 이용해서 페이지를 따라 그들의 눈을 안내하는 것을 봤고, 이를 학생들이 한 글자, 한 글자씩 읽는다는 것을 보여주는 증거라고 해석했다. 교사는 또한 학생들이 자신이 모르는 단어가 나올 때, 지문이나 단락의 첫 문장을 이해하지 못할 때, 또는 첫 독해 질문에 답하지 못할 때면 쉽게 포기한다고도 했다. 사실, 이 학생들은 읽는다는 행동을 실패(그리고 정신적 고통)와 동일시했다. 이 교사는 그가 학생들에게 영어 시간에 읽기를 할 것이라고 말하면, 학생들은 항상 "크게 신음했다고" 덧붙였다.

학기의 중반 시점에, 교사는 전략 훈련이 실제로 학생들에게 도움이 되는지 그렇지 않은지에 대해 궁금하다며, 읽기에 어려움을 겪는 ESL 학생들을 위한 전략 훈련에 대한 그의 신념에 의문을 가지기 시작했다. 그는 또한 그가 이러한 새로운 전략을 가르치고자 하기 때문에 그의 수업이 학생들에게 지루하지는 않을지 걱정했다. 학기의 중반 시점까지 교사는 질문하고, 확인하며(하지만 교사는 그가 어떻게 이 두 전략을 가르쳤는지 예시를 제공하지 않았고, 나는 그가 이 전략 훈련을 하는 데 얼마나 많은 시간을 투자했는지 모른다), 예측하는 전략 훈련을 시도했지만 별 성과가 없었다고 했다. 그는 이제부터는 조금 천천히 진도를 나가고, 이미 소개한 전략을 강화하고자 한다고 했다. 다시 말해 이러한 전략들을 강화할 활동과 연습문제를 개발할 것이라고 했다.

학기 말 관찰 수업

이후 나는 학기 말에 수업을 관찰했다. 수업 전 교사는 그가 가르치고자 했던 독해 전략이 너무 천천히 받아들여지는 것에 대해 다소 좌절감을 느낀다고 말했다. 그는 학생들이 그가 때때로 기존의 "전통적 방식"을 사용하여 10개 정도의 독해 질문을 했을 때에도 전혀 답을 못 했으며, 그럼에도 불구하고 새로운 전략을 거부해왔다고 했다. 하지만, 그는 학생들이 "독해할 때 다소" 예측하도록 만들기 시작했다고 언급하기도 했다. 그럼에도 이는 너무 천천히 진행되었고, 학생들이 독해할 때 그들이 예측하도록 밀어붙이는 것은 그에게는 어려운 일이라고도 덧붙였다. 에피소드 3은 그가 수업 초반에 한번, 그리고 중반에 다시 한번 학생들이 예측하도록 시도하는 것을 보여주는 일부이다.

에피소드 3

교사: 오늘도 역시 예측을 할 거예요 … 읽지는 않고 이게 제목입니다. 이 이야기는 무엇에 관한 것이라고 생각하나요? [거의 모든 학생이 손을 든다. 교사는 학생 몇을 골라 대답하도록 하고, 이 학생들이 의견을 제시한다]

[15분 후 학생들은 이야기의 첫 단락을 읽는다]

교사: 어떤 단어를 모르는지 지금은 걱정하지 마세요 … 이 지문이 무엇에 관한 것인지에 집중하세요. 얼마나 많이 어려운 단어 때문에 신경이 쓰였나요? [네 명이 손을 든다-40명의 학급]

교사: 모든 세부사항이 중요한가요?

학생들: [대부분 소리 지른다] 아니요!

교사: 그럼 무엇이 중요한가요?

학생들: [대부분 소리 지른다] 이야기가 무엇에 관한 것인지 추측하는 것.

교사: 네, 예측하는 것.

에피소드 3은 어떻게 교사가 학생들에게 독해 시 독해의 내용을 예측하고자 시도해야 함을 계속해서 상기시켰어야 했는지, 그리고 전략을 가지고 독해하는 것이 얼마나 중요한지를 언제나 상기시켰어야 했는지를 보여준다. 교사는 학생들이 어떤 독해 전략이든 사용하도록 하기 위해서는 시간이 필요함을 깨달았으며, 학기 말에야 다음 학기에 "독해 전략을 밀어붙이는 데" 시간을 쏟아야 하며, 이는 쉽지 않으리라는 것을 알게 되었다.

성찰의 시간

- 부임 첫 학기에, 읽기에 어려움을 겪는 ESL 학생들에게 독해를 가르치는 이 초보교사의 성찰을 읽고, 이 교사가 자신의 교수에 대해 성찰하는 전반적 접근법에 대해 무엇을 발견했나요? 이는 이론-중심일까요, 아니면 실행-중심일까요?

- 당신은 이 교사의 교수활동이 그의 철학을 반영했다고 생각하나요?

- 당신이 생각하기에 이 교사의 원칙은 무엇인가요?

- 당신은 그의 교수활동이 이론에 영향을 받았다고 생각하나요? 만약 그렇다면, 어떤 식으로 영향을 받았나요? 만약 그렇지 않다면, 왜 그렇지 않나요?

- 당신은 그가 그의 철학, 이론, 원칙 그리고/또는 실행을 다음 학기 또는 다음 해에 조정할 것이라고 생각하나요? 만약 그렇다면, 그가 어떻게 조정할 것이라고 생각하나요? 만약 그렇지 않다면, 왜 그렇지 않다고 생각하나요?

실행(그 이상)에서 이론으로

교사는 이 체계를 활용하는 데 있어 상기 제시한 과정을 거꾸로 하기로 결정할 수도 있다. 만약 그들이 자신의 교수활동(교실 안팎에서)을 실행에 대한 성찰 접근법의 강력한 요인이라고 여긴다면, 그들은 실행(그 이상)에서 이론으로 진행하는 좀 더 귀납적 접근법을 선택할 것이다. 이 접근법을 위해 교사는 먼저 실행 그 이상(5단계/수준)에서 이슈를 고려하거나, 또는 교실 안에서 그들이 탐구하고자 하는 이슈에서 출발점을 결정하고, 이후 연역적 접근법과는 반대로 다양한 단계/수준을 거쳐 나가야 한다. 다양한 단계를 거친

후, 이 실행에서 이론으로의 접근법은 결국 교사가 1단계/수준 성찰에 도달했을 때, 교사로 하여금 어떻게 그들의 실행이 철학에서 영향을 받았는지 또는 어떻게 그들의 철학은 실행을 면밀히 점검하는지를 살펴보도록 한다. 예비교사들이 교육실습이나 또는 다른 방식으로라도 가르쳐 본 경험이 없다면, 교사교육 프로그램을 처음 시작할 때 이러한 접근법을 취하는 데 어려움을 겪을 수도 있다. 하지만 그들이 교육실습을 시작하고 나면, 이러한 접근법을 선택하지 않을 이유는 없다. 이를 통해, 그들은, 예를 들어, 어떻게 가르치는 동안 일어난 결정적 사건이 자신의 이론, 원칙, 철학에 영향을 받는지, 그리고 어떻게 이러한 이론, 원칙, 철학이 다시 교실 안과 밖에서 그들의 실행에 영향을 주는지를 확인할 수 있다. 실행(그 이상)에서 이론으로의 이러한 귀납적 접근법에서, 교사는 교수활동에서 그들에게 중요한 사건을 선택하고 그 의미를 성찰할 수 있다. 교사가 생성한 이러한 결정적 사건에 대한 성찰은 교사가 다음과 같은 것들을 성찰할 수 있도록 정보를 제공한다. 어떻게 그들이 자신의 교수활동에 있어 현재에까지 이르게 되었는지, 그들은 어떻게 교수활동을 하는지, 교수활동을 할 동안 그들의 사고 및 문제 해결 방식(또는 교수활동 동안 교사의 교수적 결정에 대한 단서를 제공할 그들의 행위 중 성찰), 그리고 그 기저에 있는 교사의 현재와 과거의 교수활동을 지배하는 철학, 가설, 가치관, 신념, 이론과 원칙들이 그것이다. 또한, 스스로와 타인에게 그들의 결정적 사건을 말로 설명하는 것을 통해, 교사는 자신의 특정 사건에 대해 성찰할 수 있을 뿐만 아니라 그동안 다른 교사들과 떨어져서 혼자 해오던 교수활동에 대한 긴장감, 감정, 좌절감을 발산함으로써 카타르시스적 안도감을 느낄 수도 있다.

　　아래에 제시된 교사 내러티브는-ESL 경력교사가 이야기하는(교사의 말로)-"부정적 피드백"(Farrell, 2007a)이라고 구체화될 수 있는 결정적 사건의 세부사항을 보여준다. 결정적 사건이 담긴 내러티브를 분석하기 위한 McCabe(2002)의 체계가 다음과 같이 사용되었다.

- *도입*: 이 부분은 다음의 질문에 답한다: 누가? 언제? 무엇을? 어디서?

- *복잡화*: 어떤 일이 일어났는지 그리고 이야기의 전환점에서 일어난 문제점의 개요를 설명한다.

- *평가*: 이 부분은 다음 질문에 답한다: 그래서? 이것은 이야기의 참여자들에게 무엇을 의미하는가.

- *결과*: 이 부분은 문제/위기에 대한 해결책을 설명한다.

특별히, 이 사건은 교사가 자신의 수업에서 수업 후 한 학생으로부터 받았다고 말한 "부정적 피드백"에 대한 그녀의 걱정을 자세히 묘사한다. 이 결정적 사건에 대한 정보는 교사가 작성한 저널과 그녀가 교사 성찰 그룹에서 다른 교사에게 사건에 관해 이야기한 것을 종합한 것이다. 이 내러티브는 가능한 한 현실 그대로를 보여주고자 교사의 말 그대로 제시된다.

도입

"저는 TESL[7])에 관한 수업을 가르치고 있었어요; 대부분은 ESL/EFL 교사가 되기를 원하는 대학원생들이었습니다. 설문은 주요성과지표Key Performance Indicators라 불리는 것이었고, 지역의 모든 대학에서 행해졌습니다. 이 설문은 수업에 대한 주요 정보의 원천이었고, 학생들의 응답에 책임을 져야 했습니다. 예를 들어, 지난해에는 학교 시설과 관련하여 우리 주요성과지표가 매우 낮았고, 학과 차원에서 학생들의 응답을 더 잘 이해하기 위해서 학생들과 초점그룹인터뷰를 해야 했습니다. 그리고 그 결과를 우리 프로그램의 자문단과 논의했고, 학과장은 개선을 위해 전략을 제시해야 했죠. 설문은 학생들에게 매우 다양한 범위의 것들에 대해서 의견을 제시하도록 했는데,

---

7) Teaching English as a Second Language

실제 수업 경험 및 프로그램의 질에서부터 대학의 자원, 시설, 테크놀로지, 카페테리아/서점, 미래 커리어를 위한 능력, 그리고 교사의 시간 엄수까지 다루었습니다. 학생들은 프로그램의 마지막에 설문을 완성했어요. 프로그램의 모든 수업이 매 학기마다 설문을 해야 하는 건 아니었고, 모든 프로그램이 매년 꼭 하는 것도 아니었습니다. 설문이 너무 비싸기 때문에, 대학의 프로그램 일부만 했습니다(제 생각에). 설문은 서술문이 주어지고 학생들은 연속선상에서—강한 동의, 동의, 동의도 부정도 않음, 동의하지 않음, 강한 부정—자신의 답에 표시하는 그런 유형이었어요.

이 사건의 그 학생은 첫 수업부터 프로그램 전체에 대해서 모욕적으로 지루함을 지속적으로 드러낸 학생이었습니다. 그는 모든 교사에게 다양한 방식으로 이를 보여주었어요. 개인적으로 만나면 그는 약삭빠르게 예의 발랐지만, 서면으로 된 숙제에서 그의 진짜 감정을 표현했습니다. 그는 항상 저항하는 듯하거나, 또는 그가 우리 프로그램 위에 있다고 생각하는 듯했습니다. 그는 막 대학을 졸업한 학생이었는데, 자신이 대학교 수준은 뛰어넘었다고 생각하는 듯했어요; 물론 이건 제 생각이지만요. 저는 왜 좋아하지도 않는 프로그램에 있으려고 하는지 이해하고자 했습니다. 부정적인 피드백이 이 학생에게서 나왔기 때문에, 저는 이 일을 좀 더 쉽게 잊어버렸을 수도 있었어요. … 예측가능 했거든요. 그는 어느 것도 좋아하지 않았고, 별로 놀랍지도 않았습니다. 하지만, 저는 여전히 부정적인 결과와 지적에 고통스러웠고, 왜라는 질문에 대해 성찰해야만 했습니다."

복잡화

"우리가 공식 설문을 했을 때, 아시다시피, 막대그래프나 백분율을 보여주잖아요, 동의하지 않음, 중립, 그리고 동의함. 7%는 항상 동의하지 않는 사람들이었어요. 이는 19명의 학생이 있는 수업에서 한 명은 모든 것을 싫어했다는 것을 나타냅니다."

평가

"저는 학기 말에 청하지도 않은 그 학생으로부터의 비판 때문에 마음이 많이 상해있었습니다. 학생들의 피드백과 이를 받아들여 변화를 가져온 우리 학과의 능력에 대해 이야기 나눈 후에도, 그리고 이 일을 개인적으로 받아들이지 않음에도, 저는 이 학생의 언급에 대해 제가 매우 부정적이고 감정적으로 반응한 것에 꽤 놀랐습니다. 이 학생이 그런 부정적인 언급을 하리라는 것을 어쩌면 알았음에도 말이에요. 이 일에 휘말리지 않았다고 생각한 바로 그 때 그런 부정적인 피드백을 받은 거예요. 이 경험에 대해 좀 생각하다가, 저의 마음을 상하게 한 것은 그가 한 언급 그 자체가 아니라(기본적으로 그 비판이 타당하지 않다는 것을 알았기 때문에), 이 학생이 수업의 많은 부분을 결석했고, 수업에 왔을 때도 열심히 하지 않았으며, 기말고사를 낙제했음에도 수업의 내용에 대해(그리고 간접적으로 저에 대해) 비판할 권리가 있다고 느꼈다는 것이었습니다. 저는 아무런 보호장치도 없다고 느껴졌어요. 누군가가 (다른 교사들?) 이 학생의 얘기를 듣고, 제 수업 그리고 저와 저의 교수 방법에 대해 판단할 것이 걱정되었던 것 같습니다."

결과

"제가 저의 이야기를 하고 성찰의 시간을 가지고 나니, 이제는 완전히 그 일을 극복했습니다. 사실, 제가 저에 대해서 아마 그 누구보다도 더 혹독한 비평가일 거라고 생각해요. 저는 긍정, 부정, 또는 중립적인 의견에 대해 개의치 않았어요. 그러니까, 그냥 그것들을 보고 흥미롭다고 생각했고, 특별히 놀라운 것도 없었어요. 그런데 이 비판을 쓴 사람이 그 학생이라는 걸 알았고, 그냥 좀 실망스러웠죠."

성찰

6장에서 언급했듯이, 교사가 성찰하기로 한 결정적 사건은 긍정적 사건 그리고/또는 부정적 사건, 또는 "teaching high"나 "teaching low"(Thiel, 1999)일 수 있다. 여기에 보고된 사건은 교사에게는 "teaching low"로 분류될 수 있는데, 이는 학생으로부터의 부정적 언급이 교사가 예상했던 것을 넘어섰기 때문이다. 이 사례연구에 요약된 자기성찰적 결정적 사건은 어떻게 실제 교수활동이 예상과 상반될 수 있는지를 보여주며, 이와 함께 교사가 이러한 사건의 깊은 의미를 탐구하면서, 자신의 철학, 이론, 원칙, 그리고 심지어 교수활동에 대해 다시 점검하는 것을 필요로 할 수도 있는 그런 결과를 보여준다. McCabe(2002: 83)가 설명하듯이, 결과가 우리의 예상과 충돌하는 그런 결정적 사건을 분석할 때, "우리는 예상 그 자체에 대해서도—우리의 신념, 철학, 이해, 개념(교실, 언어, 학생, 그리고 우리 자신에 대한)이 실제 무엇인지—더 잘 이해하게 된다." 따라서 그러한 결정적 사건을 가능한 자세히 기억하고 서술함으로써, 교사는 자신의 교수활동 기저에 있는 모든 종류의 가설들을 탐구하게 된다. 연구에 의하면, 자신의 교수에 대해서 더 잘 알고 있는 교사들은, 자신이 전문성 개발의 어느 단계에 도달했는지를 더 잘 인식하고 있기 때문에, 스스로 교수활동의 어떤 측면을 조정할 필요가 있는지 더 잘 평가할 수 있다고 한다(Richards and Lockhart, 1994).

성찰의 시간

- 당신은 왜 이 교사가 아무런 보호장치도 없다고 느꼈다고 생각하나요?

- 상기 제시된 결정적 사건을 성찰하고 분석함으로써, 이 교사는 교사로서의 자신에 대해서 그리고 자신의 교수활동에 대해서 더 잘 인식하게 되었으며, 이는 성찰적 실행의 주요 목적 중 하나입니다. 당신은 이 교사가 결정적 사건을 말로 설명함으로써, 특별히 자신의 철학, 이론, 원칙의 어떤 부분을 자각하게 되었다고 생각하나요?

단일 단계 성찰

　　교사의 교수경력과 관계없이 *실행에 대한 성찰의 체계*가 사용될 또 다른 방법은 하나의 특정 단계/수준에서 성찰하기로 하는 것이다. 교사는 그 특정 단계/수준에서 성찰하기를 멈출 수 있고, 이 체계의 위와 아래로 움직일 수 있으며, 다른 수준에서도 성찰할 수 있다. 예를 들어, 교사는 특정 시기에 자신의 흥미와 필요에 따라, 그리고 성찰할 수 있는 시간에 따라 다양한 단계/수준을 넘나들 수 있다. 예를 들어, 교사는 2단계/수준의 원칙에서 성찰을 시작하기로 하고, 3단계의 이론으로 갔다가 이후 실행(4단계)으로 움직일 수 있다. 또는 1단계의 철학에서 시작해서 5단계의 실행 그 이상으로 움직일 수도 있는데, 만약 이러한 단계에서 특별히 다루어야 하는 이슈가 있다면 말이다. 사실 누군가는 교수라는 것이 이러한 단계/수준의 위아래로 일직선의 질서정연한 방식으로 움직이지 않기 때문에, 오히려 순서가 없는 것이 진정한 실행을 반영할 수 있다고 말할 수도 있다.

　　여기에 하나의 특정 단계/수준에서 성찰을 시작하고 그 후 다른 단계/수준으로 이동했던 교사의 사례연구가 있다. 7년의 교수 경험을 가진 한 ESL 교사는 자신의 원칙(2수준/단계), 특별히 교사를 위한 은유의 사용 또는 "교사는 ___이다?"에 대해 성찰하고자 했고, 이에 비판적 친구와 함께 빈칸 채우기를 하기로 했다. 그녀는 언제나 교사를 촉진자로 여겨왔으며 ESL 교사로서 이것의 진정한 의미를 탐구하기를 원한다고 했다. 하지만, 이에 대해 성찰하기 위해 그녀가 염두에 둔 체계는 없었고, 따라서 비판적 친구와 함께 먼저 이 은유에 대한 의미를 찾아보기로 했다.

　　TESOL의 현실에 비추어 이 은유의 의미를 논하면서, 그들은 촉진자로서의 교사가 다음을 의미함을 알게 되었다; 즉, 교사는 학생들에게 자기표현과 자율성을 장려해야 하며, 학생들은 자신의 학습에 대해 책임지도록 장려되어야만 한다. 또한, 교사의 교수법은 학습자 중심이어야 하며, 수업에서의 언어사용에 있어 의미가 정확성보다 강조된다는 것도 확인했다. 교사가 선택한 대부분의 활동은 또한 의미 협상을 포함하고 있어야 한다. 수업에서 다루는 내용 역시 미리 정해지면 안 되고, 학생들과 협의하고 수업을 통해 만들어 나가야 한다. 이러한 정보로 무장한 후, 비판적 친구는 이 교사가 실제로 촉진자인지를 확인하기 위해 교사의 수업을 관찰했다.

수업관찰

교사에 의하면, 수업 토론의 주제는 학생들이 사실 서술문과 의견 서술문을 쓰도록 하는 것이었다. 수업 전 교사는 학생들이 실수를 많이 하더라도 영어 말하기를 연습했으면 한다고 했다. 덧붙여, 학생들에게 문법 측면에서 정확하게 말하도록 하는 것 대신에 영어를 유창하게 말하는 방법을 가르치고 싶다고 했다. 아래 전사된 요약본은 수업의 시작을 보여준다.

요약본 1

교사: 오늘은 영어로 사실적 서술문과 의견 서술문을 말하는 것을 연습할 거예요. Brendan, 시작해 볼까요. 사실 서술문에 대해서 무엇을 알고 있나요?

Brendan: 사실은 진실이에요.

교사: 진실이에요. 진실 서술문은 사실 서술문입니다. 이 설명에 덧붙일 사람 없나요? Susan?

Susan: 일어날 거예요.

교사: 일어날 거예요, 음. 사실이란 건 진실인 무언가를 의미합니다. 다른 사람들은요? Peter?

Peter: 이전에 일어난 일들인가요?

교사: 이전에 일어난 일들. 좋아요. 의견은 어떤가요? 누가 의견의 의미를 아

나요? John?

John: 무언가에 대해서 당신의 생각을 묻는 것이요.

교사: 무언가에 대해서 여러분의 생각을 묻는 것? 음 … Paul은 어떤가요? 무엇을 … 무엇을 이해했나요?

Paul: 무언가에 대해서 생각하는 것은 의견인가요?

교사: 무언가에 대해서 생각하는 것은 의견인가요? Sally는 어때요?

Sally: 진실이 아닌 것들.

교사: 의견은 진실이 아닌 것들을 의미합니다. Sally, 예를 들어 줄 수 있나요?

Sally: 미국영화는 좋지 않다고 생각해요 … 저는 좋아해요.

교사: 미국영화는 좋지 않다고 생각하는군요. 오케이. 하지만 그 반대를 의미하는 건가요? 선생님이 알고 싶은 것은 … 이게 Sally의 진짜 의견인가요 아니면 미국영화를 좋아하나요?

Sally: 아니요, 좋아해요. 좋아해요.

교사: 자, 그래서 Sally, 미국영화를 보는 것을 좋아한다고 말했죠. 이게 Sally의 의견이죠, 맞죠?

Sally: 네, 저는 미국영화를 좋아해요 … 좋은 액션 장면을요.

교사: Sally는 영화에 좋은 액션이 있어서 미국영화를 좋아하죠?

Sally: 네.

교사: 좋아요. 미국영화에 대한 다른 의견들 있나요?

Excerpt 1[8)]

T: Today we are going to practice speaking factual statements and opinion statements in English. Let's start with Brendan. What do you know about a fact statement?

Brendan: A fact is true.

T: True. A true statement is a fact statement. Anyone else would like to add on to that explanation? Susan?

Susan: Will happen.

T: Will happen, hmm. Fact means something that is true. Anyone else? Peter?

Peter: Are they things that has happened before?

T: Things that have happened before. Ok. How about opinion? Who knows what the meaning of opinion is? John?

John: To ask your thinking on something.

T: To ask your thinking on something? Hmm ... How about Paul? What do you ... what you understand?

Paul: What you think about something is an opinion?

T: What you think about something is an opinion? How about Sally?

Sally: Things that is not true.

T: Opinion means things that is not true. Sally, can you give me an example?

Sally: I think American movies not good ... I like.

T: You think that American movies are not good. Ok. But do you mean the opposite? What I want to know is ... is this your real opinion or do you like American movies?

Sally: No, I like, I like.

T: So, Sally, you say you like watching American movies. This is your opinion, yes?

Sally: Yes, I like American movies ⋯ good action scene.

T: You like American movies because there is good action in them?

Sally: Yes.

T: Ok. Any other opinions on American movies?

---

8) 역자: Farrell이 본문에서 설명한 바와 같이, 이 사례의 교사는 자신의 교수에 있어 영어의 정확성보다는 유창성을, 문법보다는 의미에 초점을 두어 수업을 진행하고자 했다. 이 요약본에서 보여주고자 하는 이러한 교사의 목표 및 실행을 번역서가 보여주기 어렵다고 판단하여, 독자의 이해를 돕기 위해 영문 그대로의 수업 대화를 제시한다.

성찰의 시간

- 이 사례연구에서 교사는 촉진자로서의 교사라는 은유의 의미를 논한 후 이 은유 사용을 수업의 현실과 비교하면서, 2단계/수준(원칙)에서 시작하여 4단계/수준(실행)으로 뛰어넘어갔습니다.

  - 요약본의 세부사항을 바탕으로 여러분은 이 교사가 촉진자라고 생각하나요? 왜 또는 왜 그렇지 않나요?

  - 당신은 이 교사의 원칙이 그녀의 실행과 부합한다고 생각하나요, 아니면 교사의 원칙과 실행은 일치하지 않는다고 생각하나요? 왜 또는 왜 그렇지 않나요?

이 교사는 수업 초반에 자신의 초점은 사실 서술문과 의견 서술문의 문법 구조보다는 의미에 있음을 확고히 했다. 따라서 우리는 이 짧은 요약본에서 교사의 초점과 수업의 초점에 대한 학생들의 인식이 일치한다고 말할 수 있을 듯하다. 또한 우리는 이 교사의 원칙과 실제 수업 실행이 정합하며, 그녀가 이야기한 바대로 그녀는 촉진자라고 말할 수 있겠다. 말차례turn 1에서 21까지에서, 교사는 학생들의 대답에서 문법적 정확성을 강요하기보다는 의미를 찾고자 함을 볼 수 있는데, 이는 촉진자로서의 교사의 역할을 보여주는 것이다.

상기 제시된 세 가지 예는, 실행에 대한 성찰을 위해서는 이 책에서 제시한 체계의 어디에서 교사가 성찰을 시작하는지는 큰 상관이 없다는 것을 보여준다. 성찰의 시작점이 어디든지 다 장점이 있기 때문이다. 중요한 것은 *실행에 대한 성찰의 체계*는 다양한 경력을 가진 교사들이 자신의 실행, 실행 그 이상, 그리고 실행의 기저에 있는 숨겨진 철학, 원칙, 이론에 대해 어떤 순서로든 성찰하여 이 모든 것들이 잘 체계를 이루고 있는지를 확인하도록 돕는 유용한 전문성 개발 도구라는 것이다. 내 생각에 이는 *전체론적 성찰적 실행*이다.

마지막 성찰

이제 교사교육 및 교사개발 프로그램에서 성찰의 역할 및 "성찰적 실행가"로서의 교사 개념은 예비교사와 현직교사들에게 잘 알려져 있다는 것이 일반적인 시각이다. 비록 성찰적 실행이 이제까지 적극적으로 장려되어 왔지만, 성찰에 관한 문헌을 살펴보면, 다소 혼란스러운 용어의 사용 및 다양한 모델, 수준, 전략, 그리고 심지어 성찰의 적용 방식에 있어 매우 경쟁적인 범주가 존재하는 듯하다. 성찰적 실행의 이러한 경쟁적 모델과 적용 방식은, 성찰의 개념이 얼마나 복잡한지를, 그리고 성찰적 실행과 관련된 이슈들에 대해서 우리가 얼마나 아는 것이 없는지를 보여준다고 나는 생각한다. 나는 또한 이것이 성찰적 실행에 대한 다양한 이슈들에 대해 논의하고 토론할 건강한 필요를 보여준다고 생각하는데, 이러한 논의와 토론이야말로 실행에 대한 성찰의 중심에 있기 때문이다. Jay와 Johnson(2002: 84)은 성찰을 "계속해서 진화하는 개념"이라고 했는데, 다른 모든 진화처럼 그 구조에 대한 논쟁은 계속될 것이다—결국 성찰의 의미와 그 복잡성에 대해 비판적으로 토론함으로써 우리는 우리가 설파하는 것을 실제로 행하고 있는 것 아닌가? 성찰적 실행의 복잡성은 비판적 성찰에서 "비판적"을 정의하고자 하는 수많은 시도에서, 그리고 혼자서 성찰하기보다는 타인과의 대화 속에서 성찰할 필요를 통해서 명백해진다. 대부분의 학자들이 동의하는 성찰적 실행의 지배적인 관점은, 성찰적 실행은 우리의 전문성 개발에 도움이 된다는 것이다.

전문성 개발과 관련하여, 대부분의 교사는 교실에서 어느 정도의 시간을 보낸 후에는, 자신의 지식을 최신화해야 한다는 것을 깨닫게 된다. 이는 TESOL이라는 분야가 계속해서 발전하고 있으며, 이와 함께 성공적인 언어 교사가 되기에 필요한 모든 것이 교사교육 기관에서만 제공될 수는 없다는 것을 그들이 깨달았기 때문이다. TESOL 분야는 지난 20여 년간 크게 발전했으며, 이제 수업 안팎에서 개별 교사는 끊임없이 자신의 경험과 지식을 형성하고 재형성한다는 것에 대한 인식 또한 증가하고 있다. 과거에 언어교사는 자의든 타의든 외부전문가에게 의존적이었으며, 상황과 학생들에 대한 정보도 없이 전문가가 말하는 것은 무엇이든 수업에서 행해야만 했다. 언어교사는 자신의 독특한 경험을 바탕으로가 아니라 외부전문가가 발견한 것들을 살펴봄으로써 자신의 교수활동에 대해 배우도록 기대되었다. 교사는 지식의 창조자보다는 실행에 대한 지식의 소비자였다. 여기서 나는 전문가의 연구가 중요하지 않다는 것을 말하는 것이 아니며, 이러한 연구는 교사가 더 나은 실행가가 될 수 있도록 도울 수 있다. Van Lier(1994: 31)가 지적하듯이, 제2언어 습득 이론, 과업중심 언어교수법, 또는 제2언어 교수와 학습의 다른 부수적 이론들에 있어 이러한 전문가의 연구는 "타당하고 중요한 노력"이다. 하지만 우리는 실용적 목적을 위한 실제적 활동에 대한 연구 역시 똑같이 중요하다는 것을 잊어서는 안 된다. 그렇지 않다면, Van Lier가 시사하듯이 "실행 없이 성찰하는 사람들과 성찰 없이 실행하는" 사람들 사이가 극명히 나뉜 분야에서 우리를 발견하게 될 것이다(Van Lier, 1994: 31). 이러한 타당한(교사의 상황에서 생성된 것이라는 점에서) 성찰을 할 수 있기 위해서, 언어교사는 매일의 전문적 교수활동에서 성찰적 실행가의 역할을 해야 할 것이다.

성찰적 실행 (다시)정의하기

이 책의 1장에서 나는 성찰적 실행은 다양한 사람들에게 서로 다른 것을 의미할 수 있으며, 그 결과 성찰적 실행에 대한 다양한 정의—이 중 많은 것들을 여러분이 고려해 볼 수 있도록 1장에서 제시했는데—가 존재한다는 것을 언급했다. 이후 장에서 나는 일부러 성찰적 실행에 대한 정의를 내리지 않았는데, 이는 이 책에서 내가 제시한 내용을 독자들이 면밀히 살펴보기를 바랐기 때문이다. 이제 나는 성찰적 실행이 나에게 무엇을 의미하는지 정의할 준비가 되었고, 성찰적 실행에 대한 나의 정의는 이전 장들에서 내가 제시한 내용을 통해서 충분히 이해 가능하다는 것을 독자들이 알 수 있기를 바란다. 성찰적 실행은:

교사가 체계적으로 자신의 실행에 대한 자료를 모으고, 다른 사람과의 대화 속에서 이러한 자료를 사용하여 수업 안과 밖에서 자신의 실행에 대해 현명한 결정을 내리는 일련의 태도를 수반한 인지적 과정이다.

참고문헌

Acheson, K.A. and Gall, M.D. (1987) *Techniques in the clinical supervision of teachers*. New York: Longman.

Alger, C. (2008) Secondary teachers' conceptual metaphors of teaching and learning: Changes over the career span. *Teaching and Teacher Education* 25: 743−51.

Anzalone, F.M. (2010) Education for the law: Reflective education for the law. In: N. Lyons (ed.), *Handbook of reflective inquiry: Mapping a way of knowing for professional reflective inquiry*. New York: Springer, pp. 85−99.

Argyris, C. and Schön, D. (1974) *Theory in practice: Increasing professional effectiveness*. Washington, DC: Jossey Bass.

Ashcraft, N. (2014) *Lesson planning*. Alexandria, VA: TESOL International.

Association for Mindfulness in Education. (2008) Mindfulness in education: Laying the foundation for teaching and learning. www.mindfuleducation.org/ (accessed April 1, 2008).

Bailey, K.M. (2001) Action research, teacher research, and classroom research in language teaching. In: M. Celce-Murcia (ed.), *Teaching English as a second or foreign language* (3rd edn). Boston, MA: Heinle and Heinle, pp. 489–98.

Bailey, K.M. (2010) Observing classroom lessons for professional development. In: G. Park, H.P. Widodo and A. Cirocki (eds), *Observation of teaching: Bridging theory and practice through research on teaching*. Munich, Germany: Lincom Europa, pp. 19–35.

Barkhuizen, G. and Wette, R. (2008) Narrative frames for investigating the experiences of language teachers. *System* 36(3): 372–87.

Bartlett, L. (1990) Teacher development through reflective teaching. In: J.C. Richards and D. Nunan (eds), *Second language teacher education*. New York: Cambridge University Press, pp. 202–14.

Basturkmen, H. (2012) Review of research into the correspondence between language teachers' stated beliefs and practices. *System* 40(2): 282–95.

Baurain, B. (2012) Beliefs into practice: A religious inquiry into teacher knowledge. *Journal of Language, Identity, and Education* 6: 201–19.

Block, D. (1992) Metaphors we teach and learn by. *Prospect* 7(3): 42–55.

Boud, D., Keogh, R. and Walker, D. (1985) Promoting reflection in learning: A model. In: D. Boud, R. Keogh and D. Walker (eds), *Reflection: Turning experience into learning*. London: Kogan Page.

Brislin, R. W., Cushnew, K., Cherrie, C. and Young, M. (1986) *Intercultural interactions: A practical guide*. Thousand Oaks, CA: Sage.

Brookfield, S. (1990) *The skillful teacher*. San Francisco, CA: Jossey Bass.

Brookfield, S. (1995) *Becoming a critically reflective teacher*. San Francisco, CA: Jossey Bass.

Brookfield, S. (2006) *The skillful teacher* (2nd edn). San Francisco, CA: Jossey Bass.

Brown, R. (1998) The contemplative observer. *Educational Leadership* 56: 70–3.

Buchman, M. (1989) The careful vision: How practical is contemplation in teaching? *American Journal of Education* 78: 35–61.

Bullough, R.V. (1997) Practicing theory and theorizing practice in teacher education. In: J. Loughran and T. Russell (eds), *Teaching about teaching: Purpose, passion and pedagogy in teacher education*. London: Falmer Press, pp. 13–31.

Burns, A. (1995) Teacher-researchers: Perspectives on teacher action research and curriculum renewal. In: A. Burns and S. Hood (eds), *Teachers' voices: Exploring course design in a changing curriculum*. Sydney: NCELTR, Macquarie University, pp. 3–29.

Burns, A. (1999) *Collaborative action research for English language teachers*. Cambridge: Cambridge University Press.

Burns, A. and Richards, J.C. (eds) (2009) *The Cambridge guide to second language teacher education*. New York: Cambridge University Press.

Burton, J. (2009) Reflective practice. In: A. Burns and J.C. Richards (eds), *The Cambridge guide to second language teacher education*. Cambridge: Cambridge University Press, pp. 298–307.

Calderhead, J. (1996) Teachers: Beliefs and knowledge. In: D. Berliner and R. Calfree (eds), *Handbook of educational psychology*. New York: Macmillan, pp. 709–25.

Cameron, L. and Low, G. (1999) Metaphor. *Language Teaching* 32: 77–96.

Carr, W. and Kemmis, S. (1985) *Becoming critical: Education, knowledge and action research*. Brighton: Palmer Press.

Carter, K. (1993) The place of story in the study of teaching and teacher education. *Educational Researcher* 22: 5–12.

Chaudron, C. (1988) *Second language classrooms: Research on teaching and learning*. Cambridge: Cambridge University Press.

Chien, C. (2013) Analysis of a language teacher's journal of classroom practice as reflective practice. *Reflective Practice* 14(1): 131−43.

Cogan, M. (1973) *Clinical supervision.* Boston, MA: Houghton Mifflin.

Copeland, W.D., Birmingham, C., De La Cruz, E. and Lewin B. (1993) The reflective practitioner in teaching: Toward a research agenda. T*eaching and Teacher Education* 9(4): 347−59.

Crookes, G. (1989) Grassroots action to improve ESL programs. *UH Working Papers in ESL*, 8(2): 45−61.

Crookes, G. (2009) The practicality and relevance of second language critical pedagogy. *Language Teaching* 00: 1−16.

Crookes, G. (2013) *Critical ELT in action: Foundations, promises, praxis.* New York: Routledge.

Crow, J. and Smith, L. (2005) Co-teaching in higher education: Reflective conversations on shared experience as continued professional development for lecturers and health and social care students. *Reflective Practice* 6(4): 491−506.

Cruickshank, D. and Applegate, J. (1981) Reflective teaching as a strategy for teacher growth. *Educational Leadership* 38: 553−4.

Day, R. (1990) Teacher observation in second language teacher education. In: J.C. Richards and D. Nunan (eds), *Second language teacher education.* Cambridge: Cambridge University Press, pp. 43−61.

De Guerrero, M. and Villamil, O. (2000) Exploring teachers' roles through metaphor analysis. *TESOL Quarterly* 34: 341−51.

de Mello, A. (1992) *Awareness.* New York: Doubleday.

Dewey, J. (1909) *Moral education.* Boston, MA: Houghton Mifflin.

Dewey, J. (1933) *How we think: A restatement of the relation of reflective thinking to the educative process.* Boston, MA: Houghton Mifflin.

Dickmeyer, N. (1989) Metaphor, model, and theory in educational research. *Teachers College Record* 91: 151−60.

Edge, J. (ed.) (2001) *Action research*. Alexandria, VA: TESOL.

Edge, J. (2011) *The reflexive teacher educator in TESOL*. New York: Routledge.

Elbaz, F. (1991) Research on teachers' knowledge: The evolution of a discourse. *Journal of Curriculum Studies* 23: 1−19.

Elliott, J. (1991) *Action research for educational change*. Philadelphia, PA: Open University Press.

Entwistle, N., Skinner, D., Entwistle, D. and Orr, S. (2000) Conceptions and beliefs about good teaching: An integration of contrasting research areas. *Higher Education Research & Development* 19(1): 5−26.

Farrell, T.S.C. (1999a) The reflective assignment: Unlocking pre-service English teachers' beliefs on grammar teaching. *RELC Journal* 30: 1−17.

Farrell, T.S.C. (1999b) Reflective practice in an EFL teacher development group. *System* 27(2): 157−72.

Farrell, T.S.C. (2001) Tailoring reflection to individual needs. *Journal of Education for Teaching* 27(1): 23−38.

Farrell, T.S.C. (2004) *Reflective practice in action*. Thousand Oaks, CA: Corwin Press.

Farrell, T.S.C. (2006) Reflective practice in action: A case study of a writing teacher's reflections on practice. *TESL Canada Journal* 23(2): 77−90.

Farrell, T.S.C. (2007a) *Reflective language teaching: From research to practice*. London: Continuum Press.

Farrell, T.S.C. (2007b) Failing the practicum: Narrowing the gap between expectation and reality with reflective practice. *TESOL Quarterly* 41: 193−201.

Farrell, T.S.C. (2010) Professional development through reflective practice IN and FOR action. In: G. Park, H.P. Widodo and A. Cirocki (eds), *Observation of teaching: Bridging theory and practice through research on teaching*. Munich, Germany: Lincom Europa, pp. 37−47.

Farrell, T.S.C. (2011) 'Keeping SCORE': Reflective practice through classroom observations. *RELC Journal* 42: 265−72.

Farrell, T.S.C. (2012) Reflecting on reflective practice: (Re)visiting Dewey and Schön. *TESOL Journal* 3(1): 7−16.

Farrell, T.S.C. (2013) *Reflective writing for language teachers.* London: Equinox.

Farrell, T.S.C. (2014) *Reflective practice in ESL teacher development groups: From practices to principles.* Basingstoke, UK: Palgrave MacMillan.

Farrell, T.S.C. (forthcoming) Reflecting on teacher-student relationships. *ELT Journal.*

Farrell, T.S.C. and Bennis, K. (2013) Reflecting on ESL teacher beliefs and classroom practices: A case study. *RELC Journal* 44: 163−76.

Farrell, T.S.C. and Ives, J. (forthcoming) Exploring teacher beliefs and classroom practices through reflective practice: A case study. *Language Teaching Research.*

Farrell, T.S.C. and Lim, P.C.P. (2005) Conceptions of grammar teaching: A case study of teachers' beliefs and classroom practices. *TESL-EJ* 9(2): 1−13.

Fenstermacher, G.D. (1990) Some moral considerations on teaching as a profession. In: J.I. Goodlad, R. Soder and K.A. Sirotnik (eds), *The moral dimensions of teaching.* San Francisco, CA: Jossey-Bass, pp. 130−51.

Fook, J. and Askeland, G. (2007) Challenges of critical reflection: 'Nothing ventured, nothing gained.' *Social Work Education* 1: 1−14.

Francis, D. (1995) Reflective journal: A window to preservice teachers' practical knowledge. *Teaching and Teacher Education* 11(3): 229−41.

Freeman, D. and Richards, J.C. (1993) Conceptions of teaching and the education of second language teachers. *TESOL Quarterly* 27: 193−216.

Gebhard, J.G. (1999) Reflecting through a teaching journal. In: J.G. Gebhard and R. Oprandy (eds), *Language teaching awareness.* New York: Cambridge University Press, pp. 78−98.

Gebhard, J.G. and Oprandy, R. (1999). *Language teaching awareness*. New York: Cambridge University Press.

Ghaye, A. and Ghaye, K. (1998) *Teaching and learning through critical reflective practice*. London: David Fulton Publishers.

Golombek, P.R. and Johnson, K.E. (2004) Narrative inquiry as a mediation space: Examining emotional and cognitive dissonance in second language teachers' development. *Teachers and Teaching: Theory and Practice* 10(3): 307−27.

Good, T. and Brophy, J. (1991) *Looking into classrooms* (7th edn). New York: Longman.

Graves, K. (2008) The language curriculum: A social contextual perspective. *Language Teaching*. 41(2): 147−81.

Hart, T. (2004) Opening the contemplative mind in the classroom. *Journal of Transformative Education* 2(1): 28−46.

Hatton, N. and Smith, D. (1995) Reflection in teacher education: Towards definition and implementation. *Teaching and Teacher Education* 11(1): 33−49.

hooks, B. (1994) *Teaching to transgress: Education as the practice of freedom*. New York: Routledge.

Hyde, A.M. (2013) The yoga of critical discourse. *Journal of Transformative Education* 11(2): 114−26.

Jackson, J. (1997) Cases in TESOL teacher education: Creating a forum for reflection. *TESL Canada Journal* 14(2): 1−16.

Jackson, P. (1968) *Life in classrooms*. New York: Holt.

Jay, J.K. and Johnson, K.L. (2002) Capturing complexity: A typology of reflective practice for teacher education. *Teaching and Teacher Education* 18: 73−85.

Johnson, K.E. (1991) The relationship between teachers' beliefs and practices during literacy instruction for non-native speakers of English. *Journal of*

Reading Behavior 24(1): 83−108.

Johnson, K.E. (2009) *Second language teacher education: A sociocultural perspective*. New York: Routledge.

Johnson, K.E. and Golombek, P.R. (2002) *Teacher's narrative inquiry as professional development*. New York: Cambridge University Press.

Johnson, K.E. and Golombek, P.R. (2011) The transformative power of narrative in second language teacher education. *TESOL Quarterly* 45: 486−509.

Johnston, B. (2003) *Values in English language teaching*. Mahwah, NJ: Lawrence Erlbaum Associates.

Josten, M.L. (2011) *Reflective thinking: A tool for professional development in educational practice*. (Doctoral Dissertation) Retrieved from UMI Dissertation Publishing. (UMI No. 3468504).

Kabat-Zinn, J., Lipworth, L. and Burney, R. (1985) The clinical use of mindfulness meditation for the self-regulation of chronic pain. *Journal of Behavioral Medicine* 8(2): 163−90.

Kelchtermans, G. (2009) Who I am in how I teach is the message: Self-understanding, vulnerability and reflection. *Teachers and Teaching: Theory and Practice* 15: 257−72.

Kember, D. (1997) A reconceptualisation of the research into university academics' conceptions of teaching. *Learning and Instruction* 7(3): 255−75.

Kemmis, S. and McTaggart, R. (1988) *The action research planner*. Geelong, Australia: Deakin University Press.

Kim, H., Clabo, L., Burbank, P. and Martins, M. (2010) Application of critical reflective inquiry in nursing education. In: N. Lyons (ed.), *Handbook of reflective inquiry: Mapping a way of knowing for professional reflective inquiry*. New York: Springer, pp. 159−72.

Knezedivc, B. (2001) Action research. *IATEFL Teacher Development SIG Newsletter* 1: 10−12.

Kolb, D.A. (1984) *Experiential learning as the science of learning and development.* Englewood Cliffs, NY: Prentice Hall.

Kolb, D.A. and Fry, R. (1975) Towards an applied theory of experiential learning. In: C.L. Cooper (ed.), *Theories of group processes.* New York: Wiley, pp. 33−58.

Korthagen, F. (1985) Reflective teaching and preservice teacher education in the Netherlands. *Journal of Teacher Education* 36(5): 11−5.

Korthagen, F. (1993) Two modes of reflection. *Teaching and Teacher Education* 9(3): 317−26.

Kriesberg, S. (1992) *Transforming power: Domination, empowerment, and education.* New York: SUNY Press.

Krishnamurti, J. (2009) *On knowing oneself.* Selected Texts.

Kumaravadivelu, B. (2012) *Language teacher education for a global society: A modular model for knowing, analyzing, recognizing, doing, and seeing.* New York: Routledge.

Kuzborska, I. (2011) Links between teachers' beliefs and practices and research on reading. *Reading in a Foreign Language* 23(1): 102−28.

Lakeoff, G. and Johnson, M. (1980) *Metaphors we live by.* Chicago: University of Chicago Press.

Larrivee, B. (2008) Development of a tool to assess teachers' level of reflective practice. *Reflective Practice* 9(3): 341−60.

Lewin, K. (1943) Forces behind food habits and methods of change. *Bulletin of the National Research Council* 108: 35−65.

Lin, W., Shein, P. and Yang, S. (2012) Exploring personal EFL teaching metaphors in pre-service teacher education. *English Teaching: Practice and Critique* 11(1): 183−99.

Lortie, D.C. (1975) *Schoolteacher: A sociological study.* Chicago: University of Chicago Press.

Loughran, J. (2002) Effective reflective practice: In search of meaning in learning about teaching. *Journal of Teacher Education* 53(1): 33 −43.

Luft, J. and Ingham, H. (1963) *Group processes: An introduction to group dynamics*. Palo Alto, CA: National Press Books

Majid, F.A. (2008) Tracing decision-making from reflective journals: A case study of pre-service teachers. In: M. Kabilan and M. Vethamani (eds), *Qualitative studies on English language development*. Kuala Lumpur: Sasbadi, pp. 8 −44.

McCabe, A. (2002) Narratives: A wellspring for development. In: J. Edge (ed.), *Continuing professional development*. UK: IATEFL, pp. 82 −9.

McGregor, D. (1960) *The human side of enterprise*. New York: McGraw-Hill.

Meddings, L. and Thornbury, S. (2009) *Teaching unplugged: Dogme in English language teaching*. Peaslake, UK: Delta Publishing.

Merton, T. (1959) *The secular journal of Thomas Merton*. New York: Farra, Straus & Cudahy.

Miller, J.P. (1994) *The contemplative practitioner: Meditation in education and the professions*. Toronto: OISE Press.

Nishino, T. (2012) Modeling teacher beliefs and practices in context: A multimethods approach. *The Modern Language Journal* 96(3): 380 −99.

Oberg, A. and Blades, C. (1990) The spoken and the unspoken: The story of an educator. *Phenomenology+Pedagogy* 8: 161 −80.

Olshtain, E. and Kupferberg, I. (1998) Reflective-narrative discourse of FL teachers exhibits professional knowledge. *Language Teaching Research* 2: 185 −202.

Oprandy, R., Golden, L. and Shiomi, K. (1999) Teachers talking about teaching. In: J.G. Gebhard and R. Oprandy (eds), *Language teaching awareness*. New York: Cambridge University Press, pp. 149 −71.

Oxford, R.L., Tomlinson, S., Barcelos, A., Harrington, C., Lavine, R.Z., Saleh, A.

and Longhini, A. (1998) Clashing metaphors about classroom teachers: Toward a systematic typology for the language teaching field. *System* 26(1): 3−50.

Pajak, E.F. (1986) Psychoanalysis, teaching, and supervision. *Journal of Curriculum and Supervision* 1: 122−31.

Pajares, M.F. (1992) Teachers' beliefs and educational research: Cleaning up a messy construct. *Review of Educational Research* 62: 307−32.

Palmer, P.J. (1998) *The courage to teach*. San Francisco, CA: Jossey-Bass.

Perfecto, M.R. (2008) Teachers' beliefs system and their professional development training: The case of four teachers in Philippine secondary schools. In: M. Kabilan and M. Vethamani (eds), *Qualitative studies on English language development*. Kuala Lumpur: Sasbadi, pp. 45−74.

Phipps, S. and Borg, S. (2009) Exploring tensions between teachers' grammar teaching beliefs and practices. *System* 37(3): 380−90.

Polanyi, M. (1962) *Personal knowledge: Towards a post-critical philosophy*. Chicago: University of Chicago Press.

Polanyi, M. (1967) *The tacit dimension*. Chicago: University of Chicago Press.

Pratt, D.D. (1992) Conceptions of teaching. *Adult Education Quarterly* 42(4): 203−20.

Richards, J.C. (1990) Beyond training: Approaches to teacher education in language teaching. *Language Teacher* 14: 3−8.

Richards, J.C. (1996) Teachers' maxims in language teaching. *TESOL Quarterly* 30: 281−96.

Richards, J.C. (1998) *Beyond training*. New York: Cambridge University Press.

Richards, J.C. (2013) Curriculum approaches in language teaching: Forward, central, and backward design. *RELC Journal* 44: 5−33.

Richards, J.C. and Farrell, T.S.C. (2005) *Professional development for language teachers*. New York: Cambridge University Press.

Richards, J.C., Gallo, P.B. and Renandya, W.A. (2001) Exploring teachers' beliefs and the processes of change. *PAC Journal* 1: 41–58.

Richards, J.C. and Lockhart, C. (1994) *Reflective teaching.* New York: Cambridge University Press.

Richardson, L. (1997) *Fields of play: Constructing an academic life.* New Brunswick, NJ: Rutgers University Press.

Robbins, P. (1991) *How to plan and implement a peer coaching programme.* Alexandria, VA: Association for Supervision and Curriculum Development.

Roeser, R.W. and Peck, S.C. (2009) An education in awareness: Self, motivation, and self-regulated learning in contemplative perspective. *Educational Psychologist* 44: 119–36.

Rolfe, G., Freshwater, D. and Jasper, M. (2011) *Critical reflection in practice* (2nd edn). Basingstoke, UK: Palgrave.

Sarbin, T.R. (1986) The narrative as a root metaphor for psychology. In: T.R. Sarbin (ed.), *Narrative psychology: The storied nature of human conduct.* New York: Praeger, pp. 3–21.

Scholes, R. (1981) Language, narrative, and anti-narrative. In: W.J.T. Mitchell (ed.), *On narrative.* Chicago: University of Chicago Press, pp. 200–8.

Schön, D.A. (1983) *The reflective practitioner: How professionals think in action.* New York: Basic Books.

Schön, D.A. (1987) *Educating the reflective practitioner: Towards a new design for teaching and learning in the profession.* San Francisco, CA: Jossey-Bass.

Seidel, J. (2006) Some thoughts on teaching as contemplative practice. *Teachers College Record* 108: 1901–14.

Senge, P., Scharmer, C.O., Jaworski, J. and Flowers, B.S. (2004) *Presence: An exploration of profound change in people, organizations, and society.* New York: Doubleday.

Senior, R. (2006) *The experience of language teaching.* New York: Cambridge

University Press.

Shapiro, S.B. and Reiff, J. (1993) A framework for reflective inquiry on practice: Beyond intuition and experience. *Psychological Reports* 73: 1379−94.

Shulman, J. (ed.) (1992) *Case methods in teacher education*. New York: Teachers College Press.

Smith, E. (2011) Teaching critical reflection. *Teaching in Higher Education* 16(2): 211−23.

Stanley, C. (1998). A framework for teacher reflectivity. *TESOL Quarterly*, 32: 584−91.

Stern, H.H. (1983). *Fundamental concepts of language teaching*. Oxford: Oxford University Press.

Struman, P. (1992) Team teaching: A case study from Japan. In: D. Nunan (ed.), *Collaborative language learning and teaching*. Cambridge: Cambridge University Press, pp. 141−61.

Taba, H. (1962) *Curriculum development: Theory and practice*. New York: Harcourt Brace and World.

Tabachnik, R. and Zeichner, K. (2002) Reflections on reflective teaching. In: A. Pollard (ed.), *Readings for reflective teaching*. London: Continuum, pp. 13−16.

Taggart, G. and Wilson, A.P. (1998) *Promoting reflective thinking in teachers*. Thousand Oaks, CA: Corwin Press.

Thepyanmongkol, P. (2012) *A study guide for the right practice of the Three Trainings* (3rd edn). Bangkok: The National Coordination Institute of Meditation Institutes of Thailand.

Thich Nhat Hanh. (2006) The keys to the kingdom of God: New Year's Eve Dharma Talk. www.mindfulnessbell.org/articles/keys.php (accessed December 12, 2013).

Thiel, T. (1999) Reflections on critical incidents. *Prospect* 14: 44−52.

Thompson, A.G. (1992) Teachers' beliefs and conceptions: A synthesis of the research. In: D.A. Grouws (ed.), *Handbook of research on mathematics teaching and learning*. New York: Macmillan, pp. 127−46.

Tom, A.R. (1980) Teaching as a moral craft: A metaphor for teaching and teacher education. *Curriculum Inquiry* 10(3): 317−23.

Tom, A.R. (1984) *Teaching as a moral craft*. New York: Longman.

Tom, A.R. (1986) *Bloomsbury's prophet: G.E. Moore and the development of his moral philosophy*. Philadelphia, PA: Temple University Press.

Tsui, A. (1995) Exploring collaborative supervision in in-service teacher education. *Journal of Curriculum and Supervision* 10(4): 346−71.

Ur, P. (1992) Teacher learning. *ELT Journal* 46(1): 56−61.

Valli, L. (1997) Listening to other voices: A description of teacher reflection in the United States. *Peabody Journal of Education* 72(1): 67−88.

Van Lier, L. (1994) Action research. *Sintagma* 6: 31−7.

Van Manen, M. (1977) Linking ways of knowing with ways of being practical. *Curriculum Inquiry* 6: 205−28.

Van Manen, M. (1991) *The tact of teaching: The meaning of pedagogical thoughtfulness*. Albany, NY: SUNY Press.

Vaughan, F. (ed.) (1979) *Beyond ego: The transpersonal dimensions in psychology*. Los Angeles, CA: J.P. Tarcher.

Wajnryb, R. (1992) *Classroom observation tasks*. Cambridge: Cambridge University Press.

Wallace, M.J. (1991) *Teacher training: A reflective approach*. Cambridge: Cambridge University Press.

Wallace, M.J. (1998) *Action research for language teachers*. Cambridge: Cambridge University Press.

Wassermann, S. (1993) *Getting down to cases: Learning to teach with case studies*. New York: Teachers College Press.

Widdowson, H.G. (1984) The incentive value of theory in teacher education. *ELT Journal* 38(2): 86—90.

Wiggins, G. and McTighe, J. (2005) *Understanding by design* (2nd edn). Alexandria, VA: Association for Supervision and Curriculum Development.

Wilkins, E. (2009) Revisiting the list of Richard's maxims. http://ows.edb.utexas.edu/site/teaching-russian-e-portfolio/revisiting-list-richards-maxims (accessed January 13, 2014)

Woods, D. (1996) *Teacher cognition in language teaching.* Cambridge: Cambridge University Press.

Yang, S. (2009) Using blogs to enhance critical reflection and community of practice. *Educational Technology & Society* 12(2): 11—21.

Zahorik, J. (1986) Acquiring teaching skills. *Journal of Teacher Education* 27(2): 21—5.

Zeichner, K. and Liston, D.P. (1996) *Reflective teaching: An introduction.* Mahwah, NJ: Lawrence Erlbaum Associates.

Zwozdiak-Myers, P. (2012) *The teacher's reflective practice handbook: Becoming an extended professional through capturing evidence-informed practice.* London and New York: Routledge.

찾아보기

옮긴이 **최수정**

현재 연세대학교 미래캠퍼스 영어영문학과에 재직 중이며, 미국 University of Illinois에서 영어교육 (TESOL)으로 M.A.와 Ph.D.를 취득했다. 주요 연구 분야는 교사교육, 비판이론, 언어정책, 국제어로서의 영어교육이며, 연세대학교 학부와 대학원 과정에서 영어교육론, 영어교육방법론, 영어교재개발론 및 질적 연구방법론 등을 가르치고 있다. 『영어교육연구』, 『외국어교육』, 『응용언어학』 등의 학회지에 교사교육 및 비판적 영어교육 관련 다수의 논문을 출간하였으며, 역서로 『교재와 EFL/ESL 교사의 역할: 실제와 이론』 이 있다.

제2언어 교육에서 교사의 성찰 – 영어교육전문가를 위한 체계

초판1쇄 발행일 ● 2020년 2월 29일
옮긴이 ● 최수정 / 발행인 ● 이성모 / 발행처 ● 도서출판 동인
주소 ● 서울시 종로구 혜화로3길 5 118호 / 등록 ● 제1-1599호
Tel ● (02) 765-7145~55 / Fax ● (02) 765-7165
E-mail ● dongin60@chol.com

ISBN 978-89-5506-817-7   정가 16,000원